Emilia Pardo Bazán

I0651137

L A
T RIBUNA

Introducción y Notas
Víctor Fuentes

 - STOCKCERO -

Foreword, bibliography & notes © Víctor Fuentes
of this edition © Stockcero 2024
1st. Stockcero edition: 2024

ISBN: 978-1-949938-22-7

Library of Congress Control Number: 2024951336

Set in Linotype Granjon font family typeface
Printed in the United States of America on acid-free paper.

Published by Stockcero, Inc.
3785 N.W. 82nd Avenue
Doral, FL 33166
USA
stockcero@stockcero.com

www.stockcero.com

Emilia Pardo Bazán

La Tribuna

Introducción y Notas

Víctor Fuentes

Emilia Pardo Bazán

Indice

Introducción

Al publicarse, *La Tribuna,* escrita en 1882 y dada a la estampa en 1883, trayendo a la novela española el cuño del provocador naturalismo francés y el mundo político-social-cultural de su nativa A Coruña, bajo la ficticia Marineda, y centrada en las obreras de la Fábrica de Tabacos, causó cierta sensación y viva polémica con una serie de reseñas y comentarios positivos y negativos. No obstante, pronto, y con el acopio de la magna obra de la autora, quedó bastante opacada. Se da el caso de que en la celebrada edición de Emilio Varela Jácome, en 1975, con tantas otras ediciones posteriores, en la Bibliografía no aparecía ningún ensayo o artículo crítico exclusivamente centrado en ella a excepción del mío, «La aparición del proletariado en la novelística española. Sobre *La Tribuna*», publicado en 1971 en *Grial*, la prestigiosa revista gallega. Tal opacidad, empezó a aclararse en las décadas finales del siglo XX. En el 2003, la novela dio nombre a la magnífica revista *La Tribuna. Cadernos de Estudios da Casa Museo Emilia Pardo Bazán,* y en las primeras dos décadas del presente siglo se ha dado todo un auge de estudios críticos, y ediciones en distintas lenguas de la novela[1], culminado con lo mucho publicado sobre ella en las celebraciones, y alrededor del centenario del fallecimiento de doña Emilia Pardo Bazán (1851-2021), en un amplio número de Congresos, Actas, y Revistas, dedicados a su vida y obra. Se da el caso de que en los últimos veinte años, *La Tribuna* es una de las novelas españolas que ha atraído mayor atención crítica. A ella, se suma la presente edición[2].

Partía del señalado artículo, dado que el tema central de la novela es el de la vida y trabajos de la heroína, la joven proletaria Amparo, y sus compañeras cigarreras. A lo tratado entonces, añado otros temas que ha ido destacando la posterior crítica: el de la ciudad, con su en-

---

[1] Hasta se ha publicado una edición bilingüe, juntando la versión en español con su traducción al inglés, realizada por Graham Whittaker, el 2017.

[2] Contamos con el detallado estudio «Lecturas críticas de *La Tribuna*, de Emilia Pardo Bazán, 1883-2018», del preclaro y distinguido crítico José Manuel González Herrán. Desde tal fecha al presente, han seguido publicándose ensayos sobre la novela

tramado urbano y paisajista, tan entrañado en los personajes, el feminismo y la cuestión de género, deseo y sexualidad. Se acentúan en *La Tribuna*, procedimientos del Naturalismo, tales como la detallada documentación, el énfasis en los condicionamientos del medio ambiente, la corporeidad, destacando lo fisiológico y la fuerza de las pasiones. Moviéndose en la dirección de Émile Zola, y en la estela de *L´Assommair* (1876)[3], Pardo Bazán, no obstante, se vale de un «Naturalismo a la española», como ella le designara, el llamado realismo tradicional español en la estela de Cervantes, la novela picaresca y Galdós y, en pintura, de Velázquez y de Goya. Se debe resaltar que, dentro de la nueva modalidad del Naturalismo y con su novela de las proletarias cigarreras, doña Emilia se adelantó a la tan celebrada novela posterior de Zola, *Germinal* (1885) sobre la opresión y lucha de los mineros, En ambas, está presente y se documenta, el eco de lo vivido y escrito, a partir de los años 40 del siglo XIX sobre las pésimas y degradantes condiciones de vida y de trabajo de la clase obrera europea dentro de la revolución industrial, y sobre sus luchas liberadoras. Desde aquellas fechas y de Francia llegó a España una literatura de novelas de entregas, folletinesca y melodramática de un sentido democrático-republicano, y de cierto socialismo utópico con el apoyo a las clases populares y un fuerte anticlericalismo, cuyo principal autor fuera Eugéne Sue, y bajo su influencia destacaron Ayguals de Izco y Manuel Fernández y González, cuyas obras se vendían por millares y gozaron de gran popularidad[4], como la tuvieran dos de las grande novelas, en varios volúmenes, de Sue, traducidas: *Los misterios de París* (1842-43) y

---

3   Sobre ello, entre varios ensayos, destacamos el de Gonzalo Sobejano, «El lenguaje de la novela naturalista (en *La Tribuna*)».

4   De la difusión e intención político-social de tales novelas y de sus escritores, el crítico conservador José María Asensio escribiera: «Eran por lo general aquellos escritores, aunque a novelistas se lanzaran, hombres políticos y de acción más que de las letras; periodistas que representaban a los partidos políticos exaltados y fomentando las pasiones del pueblo iba preparando a nombre de la libertad el triunfo de la revolución y el advenimiento de la democracia. No eran sólidas sus doctrinas en ningún terreno, por más que a veces brillaran en sus escritos el fuego y la espontaneidad del verdadero patriotismo: Creían tener en sus manos la revolución social y procuraban ayudarse en ella con la gran circulación que tenían las novelas y la facilidad de exponer en su capítulos doctrinas que en otras manifestaciones los exponían a muchas contrariedades». citado por Andrés González-Blanco en *Historia de la novela en España*, 1909. 165. Quedaron muy olvidados por la crítica literaria, atenida a juicios como los de la cita. En 1969, la eximia crítica Iris Zavala publicó un documentado ensayo, «Socialismo y literatura: Iguals de Izco y la novela española». El cual contiene un Apéndice de «las novelas españolas de tendencia progresista» que se publicaron en su tiempo: 18 obras, entre 1845 y 1855. En torno a tales novelas, asimismo contamos con el ensayo «Radiografía de una colección de novelas a mediados del siglo XIX ("El novelista Universal", de la Sociedad Literaria», de Víctor Carrillo.

El judio errante (1844-1845), tan influyentes en dos de las más famosas de Ayguals, quien fuera elogiado por el novelista francés: *María, la hija de un jornalero* (1849), de tan gran popularidad, y *Pobres y ricos o la bruja de Madrid*.(1855). Tal tipo novela del período isabelino y de idealismo folletinesco, ya para la década de los 70, había decaído, y siendo superada por la de Galdós, Varela y, posteriormente Pereda, y la propia Pardo Bazán, quien sí debió conocer tales otras novelas (en sus comienzos la María de Ayguals[5], tiene sus afinidades con su Amparo, «la hija de un barquillero»). Sin embargo, sin mencionar autores ni títulos, indirectamente, en el prólogo de *La Tribuna,* se distancia de tal novela y de sus autores, cuando dice que en su novela va a «pintar al pueblo»: «huyendo del *patriarcalismo* de Trueba como del socialismo humano de Sue» y añadiendo, como parte de la tendencia que quiere llevar a su novela: «y del método de cuantos, trocando los frenos, atribuyen a Calibán, las seductoras gracias de Ariel». No obstante, Calibán, con sus virtudes, se meterá en su novela en la figura de Chinto.

En *La Tribuna,* la vida de la clase obrera, con su solidaridad y militancia centrada en las cigarreras de A Coruña, se refleja, por primera vez en nuestra novelística de altura, detallada documental y testimonialmente, y vinculada al contexto histórico del sexenio democrático, revolucionario, 1868-1874, de intensa actividad proletaria nacional. Recordemos que, en fechas de la «Gloriosa», septiembre de 1868, llegó a España Giuseppe Fanelli enviado por Bakunin a entrar en contacto con los medios obreros de Barcelona y Madrid, y que, en ésta, se fundó la primera sección Española de la Asociación Internacional de Trabajadores, en enero de 1869, extendiéndose a través de la península. En el contexto de tal surgente movimiento proletario y el federal republicano extendidos a Galicia, se sitúa *La Tribuna,* cuya acción, a partir del capítulo IV, abarca desde 1868, año de «La Gloriosa», la cual da título al capítulo IX, hasta el 11 de febrero de 1873, el del capítulo final, día de la victoriosa proclamación de la I República, la cual tanto anhelara su joven heroína obrera. No se suponga, sin embargo, que la autora aspirara a escribir una novela social favorable al movimiento revolucionario republicano federalista en su tierra al cual su ideología política conservadora tanto repudiaba[6]. Lo

---

5   Sobre el tan olvidado Ayguals, recientemente, Xavier Andreu ha escrito un libro revalorizándole: *España o la hija de un jornalero. Wenceslao Ayguals de Izco y el primer republicanismo* (2023).

6   Sobre tal tema, véase el detallado ensayo del historiador Xosé R. Barreiro Fernández, «A ideología política de Emilia Pardo Bazán. Una aproximación ao tema» (2003).

que sucedió fue que su adhesión a los supuestos naturalistas, con su imperativo de una objetividad y un estudio cientificista sociológico, la llevó a la descripción fidedigna de la realidad que documenta y novela, aunque no concordara con los ideales de Emilia Pardo Bazán, quien y junto a su esposo, en fechas en que se sitúa la acción de la novela, eran adeptos al carlismo. No obstante, persona de gran agudeza, muy al corriente de todo lo que la rodeaba y se manifestaba en la Europa del momento y en el pensamiento político español de aquellos años, en su novela sí se manifiesta una nueva sensibilidad *demófila,* con su «orientación afectiva hacia las clases y los grupos desheredados», y el «humanismo popular», que se fomentara durante el sexenio revolucionario, y plasmara en las letras y el arte del fin de siglo español, según estudiara el historiador José María Jover[7]. Se anticipa en *La Tribuna* lo que él fija a partir de 1885, lo cual ya se expresaba a través de la novela:

> La orientación demófila propia del fin de siglo se manifiesta inducida por el descubrimiento en el pueblo de unas cualidades de que carece la burguesía: espontaneidad, sinceridad: tendencia innata a la solidaridad, a la ayuda al prójimo: generosidad. (Vísperas del 98, 31)

Asimismo, en 1883, bajo el gobierno liberal se estableció la Comisión de Reformas Sociales con sus estudios y estadísticas de las clases menesterosas. En cuyo estudio, ya entraba Pardo Bazán en su novela escrita en 1882, y apuntando –podríamos decir– a a lo que, en nuestros días, Pierre Bordieu teorizara sobre los campos y capas sociales, dinámicos y antagónicos, con su concepción del *habitus* bajo el criterio de la subjetividad socializada, tan presente en *La Tribuna.* Y así, en los seis primeros capítulos con la descripción del entramado urbano de Marineda, se van detallado los dos espacios sociales antagónicos de la dividida la sociedad coruñesa, y con lo mucho que el medio ambiente entraña en la vida de los personajes: un medio de miserables calles e inmundas casas y habitaciones de la más decrépita pobreza contrapuestas a las de la riqueza con sus elegantes casas y lugares[8]. Los dos

---

7   En el libro *Política, diplomacia y humanismo popular en la España del siglo XIX.* Igualmente, se extiende sobre ello en sus apartados «La nueva sensibilidad de las clases medias ante el pueblo» y «La expresión literaria y artística en la nueva sensibilidad», en el cual incluye a *La Tribuna,* añadiendo que, en ella, son visibles determinados caracteres que lograran pleno desarrollo en *Fortunata y Jacinta* de Galdós, en *Vísperas del 98,* 31).

8   En torno a la descripción de estos antagónicos espacios sociales, se extendía Benito Varela Jácome en su edición de la novela (1975), en detallados apartados apuntando a lo que se

capítulos primeros tienen lugar al amanecer en la casucha, en la calle
de los Castros, de la niña Amparo, a sus treces años, y su padre, Rosendo, el barquillero, y su impedida madre, postrada en la cama de
un lúgubre cuchitril. Sobresale, ya desde el primer capítulo, como
nunca antes en la novelística española, la detalladísima descripción
naturalista revelando la sórdida miseria del mundo de los humildes
y desposeídos, centrándose en el destartalado espacio habitacional
donde el artesano señor Rosendo ultima el ímprobo trabajo de la fabricación de los seis mil barquillos diarios, con su «desgreñada», hijita,
Amparo, ayudándole y, también, yendo ella al cuartucho de la inca-
pacitada madre, llevándola el desayuno o preparando, en la tenebrosa
cocina, el caldo del «humilde menaje» familiar. El segundo capítulo,
«Padre y Madre», trata de los duros antecedentes obreros de la pareja,
y de la impedida madre, de quien ni se menciona el nombre. Desde
el primer capítulo, la atención se centra en la precoz niña-adolescente,
quien, hechas las tareas de ayuda a padre y madre, se arregla para salir
a la calle, su gran pasión y paraíso. Ya desde niña, se da en ella un
rasgo feminista: el de salir la mujer de lo privado a lo público.

Un logro original desde el principio de la novela, es el de convertir,
en el capítulo III, a la avispada Amparo y, desde su niñez, en una *flâneur*
(trotacalles) en la estela de lo vivido y hecho por Poe y Baudelaire[9], de-
ambulando, y fijándose en todo, por las calles céntricas y sitios de lujo
y recreo, con la autora presentando, bajo Marineda, una A Coruña en
proceso de modernización ya para 1867. Saliendo a las ruinosas calles
del desahucio social, la jovencita respira con alegría y se adentra en los
lugares céntricos donde queda deslumbrada ante el despliegue de lujo
de la clase alta de la ciudad. Hay en ella, y a lo largo de la novela, elementos de personaje de la sociedad del consumo, como leemos:

> La calle le brindaba mil distracciones, de balde todas. Nadie le
> vedaba creer que eran suyos los lujosos escaparates de las tiendas,
> los tentadores de las confiterías, las redomas de color de las boticas,

---

vive en ellos: «La pescadería» o el «Barrio de Abajo», el de los ricos, con sus paseos,
tiendas, cafés, teatro, sociedades de recreo y jardines, y, en contraposición, «Las callejas
suburbanas», el barrio alto con sus míseras calles y casuchas, donde habita la heroína y
tantas de las obreras de la Fábrica en el minucioso apartado «Historia de la pobreza»

La segunda edición de la novela en si, tardó casi un siglo. en aparecer, la publicó Taurus
en 1968, año tan propicio para su reaparición, aunque ya, en 1947, se había incluido *La
Tribuna* dentro de una supuesta edición, en Aguilar, de *Obras Completas* de la autora.

9   Recientemente (1923), Cristina Oñoro en «Paseos proletarios en *La Tribuna*», afirma
que son «De un sorprendente parecido a los descritos por Baudelaire en *El pintor de la
vida Moderna*».

los pintorescos tinglados de la plaza (35)[10].

Se centra la autora en la descripción y narración de dos de aquellos lugares, la iglesia de «San Efraín» y el «Paseo de las Filas», con el despliegue de un lujo, y modas y modales, algo tan conocido y vivido por ella en su A Coruña y en Madrid, pero presentado con cierta ironía crítica y con tanto de la mirada de la «hija del pueblo», deslumbrada por todo ello y apuntando a su posterior concepción de la joven obrera por una sociedad de armonía entre las clases y en la que haya una movilidad social, la cual permita la ascensión de la clase baja a la alta. En el «Paseo de las Filas», con el despliegue de todo el lujo, y también vacuidad, de la clase dominante, en su escena final, la de un grupo de oficiales militares, la mayoría jóvenes, con sus mujeres y niños y niñas, al que se acerca el señor Rosendo a ofrecer sus barquillos, y estando cerca su hija, quien vino a su encuentro, se da ya un indicio, el cual apunta al segundo tema central de la novela, el de la relación amorosa. El joven teniente Baltasar al divisar «a la niña pobre que devoraba con los ojos la reunión», la invita a regalarle algunos barquillos, a lo que ella, con desgana, contesta que está harta de ellos. Y se pasa al comentario del capitán Borrén, que, dentro del incipiente decadentismo de la novela, actúa, y lo largo de toda ella, con atisbos de perversión *voyeurista*, describiendo con saboreo, aunque sin catarlos, los cuerpos femeninos, diciendo, en este caso, que la jovencita es de lo mejor que pasea por Marineda, lo cual contagia al alférez Baltasar, quien dice que «la chica es una perla, dentro de dos años nos mareará a todos», y la ofrece convidarla a lo que quiera, si le da un beso, lo cual la hace ruborizarse a ella, «y echó a correr como alma que lleva el diablo.» (20). ¿o como si ya llevara la picazón de Baltasar dentro de su subconsciente?

Los capítulos IV y V, pasado casi un año, en contraposición a los dos primeros, se centran en la espléndida riqueza, y elegancia de las viviendas, modos y modas de la burguesía del «Barrio Bajo», pero, insistimos, con la ironía crítica de la autora que los había vivido y conocía tan íntimamente. En el IV, se trata de la fiesta, «en una casa de ricos comerciantes», del cumpleaños de Baltasar, el único vástago, junto a

---

10   Sobre el tema contamos con el valioso ensayo de Akiko Tscuchiya, «Deseo y desviación sexual en la nueva sociedad de consumo: la lectura femenina en *La Tribuna* de Emilia Pardo Bazán». En cuanto al consumismo, ya se adelantara Isidora Rufete, otra «hija del pueblo», aunque no quiera serlo, en *La desheredada* (1881) de Galdós, con su deambular por el centro comercial de Madrid, según se trata en el ensayo y extendiéndose la autora en los deseos y destinos de ambas jóvenes. Los números de las páginas de citas de la novela son lo de la presente edición.

dos hermanas, de la familia de los Sobrado; «sobrados» de un egoísmo capitalista. Frente al escaso y pobrísimo menaje de los Rosendo en el primer capítulo, se nos describe un banquete pantagruélico de cumpleaños, platos tras platos: «…los cebados capones … el pavo relleno, el jamón en dulce, con costra de azúcar tostado, las natillas, los arabescos de canela…» (22)[11]. En tal reunión, y tocando el piano, se nos presenta a la burguesita Josefina, adolescente de trece años, hija de la viuda García, amiga de la familia, y quien será la anti-Amparo a lo largo de la narración, y con quien Baltasar insinúa unos «tempranos coqueteos inconscientes» (*se apunta ya, en estas escenas, el papel que el pataleo de las pulsiones inconsciente jugará en la triangular relación de amores que se vive en la novela*). Es tarde tormentosa, del día de Reyes, o en vísperas de él, y de un gran aguacero. De repente, la ostentosa e insulsa fiesta es interrumpida por el sonido de una algarabía de voces cantando villancicos con panderos y castañuelas. Las niñitas de los Sobrado, saltan de alborozo, pero su madre, doña Dolores, exclama: «Ya están ahí esas holgazanas –dijo ásperamente doña Dolores–. Anda, Lola –añadió dirigiéndose a su hija mayor–: dile a Juana que las eche del portal, que lo ensuciarán» (24), aunque sus hijas imploran, y lo consiguen que las dejen subir. El capítulo V es uno de los más conmovedores de toda la novela. Irrumpen en la sala, el grupo musical de las desharrapadas niñas y adolescentes con Amparo (posteriormente en la novela se nos dirá que, entonces, iba descalza), y su amiga, la costurera Carmela, al frente, haciendo a doña Dolores quejarse de cómo van a poner la alfombra de la elegante casa. La pluma naturalista de la autora describe, cómo bajo la luz de las bujías, «tan propicia a la hermosura», se alumbraba «cruelmente las fealdades de aquella tropa…» (27). Sin embargo, al final del capítulo, y cantando y bailando el villancico con sus castañuelas y panderos, la pobreza y la fealdad deviene un corro de alegría y de belleza. Lola, sin que la madre la viera, se escurrió para traerlas en la falda de su vestido una mezcolanza de frutas y dulces, con la protesta de la madre al descubrirlo, «¡Con una taza de caldo que les diesen!», y doña Dolores, puso en la escalera al grupito de músicas y danzantes. A través de la

---

11 De las referencias culinarias en la novela, ya iniciadas en el primer capítulo, tenemos el ensayo de Rafael Climent-Espinoso, «Culinaria, recetarios y clase social en "La Tribuna" y "Los Pazos de Ulloa"». Habría que añadir que en tal cuestión y, al igual, que en lo referente a la vestimenta y a las modas, las descripciones de Pardo Bazán, añaden una aguda impronta femenina al Naturalismo internacional y al Realismo español.

xiv   Emilia Pardo Bazán

doña, vemos muestra de lo citado del historiador Jover Zamora: el que
la burguesía, contrario al pueblo, carece de sentimiento «de ayuda al
prójimo, de generosidad». Ya Pardo Bazán en una ocasión, escribía:
«la mujer del pueblo será una personalidad ordinaria, pero es mucho
más persona que la burguesa»[12]. Y eso se personificará a través de la
novela en el contraste entre la «refinada» burguesa Josefina y la impetuosa proletaria Amparo.

En el capítulo VI, penetramos en el tema central de *La Tribuna*,
el de la vida y labores de las obreras en la Real Fábrica de Tabacos in-
augurada en 1804, de A Coruña, donde la autora acudiera durante
dos meses a estudiar minuciosamente a las cigarreras, sus vidas y trabajos, siendo ganada a ellas y a sus sentimientos y acciones de
sororidad dada su propia sensibilidad feminista. En una ocasión. la
Condesa Emilia Pardo Bazán expresara que la tan rutinaria vida de
ocio, paseos y espectáculos de su clase social, vivida por ella y su
marido en los primeros años de residencia en Madrid, «empezaron a
dejarme en el alma un vacío, un sentimiento de angustia inexpli-
cable»[13]; estado, el cual explicaría el salto dado desde una vida palacial
y recreacional a encerrarse, en su estudio, mañana y tarde, en la
fábrica de su A Coruña natal, centro en aquellos años de la vida
laboral gallega, de lo cual surgió la novela, bien recibida pero, también
recusada, tanto por los liberales como por los conservadores, según
ella misma consignara:

> La Tribuna descontentó a Tirios y a Troyanos. Los republicanos se
> creyeron puestos en caricatura y los conservadores, gente
> almizclada, se sublevaron contra la descripción sincera y franca del
> pueblo y la vida obrera[14] .

Y habría que añadir que, dentro de la ambigüedad que preside la
novela, ambas creencias la conforman. Las documentadas descripciones de las condiciones de la vida y del trabajo obrero logran, por

---

12   *La mujer y otros artículos feministas.* 50.
13   Antes de esta frase, y según cita José Hesse en su Introducción a la edición de *La Tribuna*,
     Emilia Pardo Bazán aducía a lo que la llevara a tal vacío: «Todas las mañanas, visitas, o
     al picadero a aprender equitación; todas las tardes en carruaje a la Castellana; todas las
     noches a teatros o a saraos; en primavera, conciertos Monasterios, y a la salida de
     concierto, ver matar al Tato; en el verano, Retiro por la noche; a caballo algunas veces a
     la Casa de Campo o a la ronda, y de higos a brevas, una jira al Escorial o a Aranjuez…
     »(8).
14   En «Apuntes Autobiográficos». publicados en *Los Pazos de Ulloa* (1886), La cita la recojo
     de los publicados en *Obras completas* III, 725.

su verismo y fuerte plasticidad, reflejar con fidelidad el ambiente de
pobreza y explotación de la clase trabajadora en aquel entonces, per-
sonificada en las mujeres cigarreras coruñesas y, en contraste con ello,
igualmente, se expresa el sentido de solidaridad colectiva y rebelión
de ellas frente a las injusticias y por un mundo mejor. En torno a ello,
en la Bibliografía se citan varios documentados ensayos. Hay que su-
brayar, que, gran lectora y llena de inquietudes intelectuales, y según
se va viendo a través del relato de la novela, doña Emilia estaba al
tanto del pensamiento político del momento y del revolucionario federalista republicano, el cual rechazaba, pero que las cigarreras abrazaban, y cuyos valores se van exponiendo en boca de la heroína
Amparo y en palabras y acciones concertadas de ellas. No obstante, la
novela se escribe cuando el proyecto republicano federalista se había
hundido, suplantado por la Restauración monárquica en 1874. Se
evoca, pues, retrospectivamente y desde la posición ideológica y política conservadora de la autora, envuelto en una paradójica moraleja,
de visos negativos, expresada en el prólogo: la de que «es absurdo el
que un pueblo cifre sus esperanzas de redención y ventura en formas
de gobierno que desconoce, y a las cuales por lo mismo atribuye pro-
digiosas virtudes y maravillosos efectos» (2). Tal moraleja, produce
en la novela la simultaneidad de lo no simultáneo[15], y, así, se nos pre-
sentan hechos y acciones de tales esperanzas de redención, pero, en
gran parte, socavado sarcásticamente por el propósito de dicha moraleja. Ya el propio Clarín, en su reseña, donde calificara a Pereda y
a Emilia Pardo Bazán, de «un par de neos», aunque, asimismo, les
consideraba muy valiosos novelistas, criticaba el perfil cómico y de
burla de la revolución a lo largo de la novela. No obstante, advirtió
un «sexto sentido del novelista insurrecto» en la Pardo Bazán de *La
Tribuna*, al cual nos atenemos en la presenta lectura y que mina tanto,
y por dentro, lo expresado en la «moraleja. «La obra es la muerte de
la intención», dijera ya Walter Benjamín[16], y eso se dio en *La Tribuna,*
con el mundo de la novela excediendo, en mucho, las intenciones ide-

---

15 Esto se da, asimismo, en la crítica de la novela, donde encontramos lecturas como la de
    mi citado ensayo de 1971, y la del renombrado crítico Cecilio Alonso, a quien me une la
    amistad, considerando la novela como una sátira de las aspiraciones políticas de las clases
    populares, una manera literalmente «de cortar las alas al pueblo»; las cuales, en mi lectura
    se las repongo.
16 En *El Origen del drama barroco alemán*, 182. Uniendo ambos nombres, asimismo, con-
    tamos con el artículo de Iñigo Sánchez Llama: «Emilia Pardo Bazán (1851-1921) y la ex-
    periencia de lo urbano: un diálogo con Walter Benjamín (1892-1940)». Se echa de menos
    el que no trate de la joven Amparo como *flâneur*

ológicas de la autora, y creándose a lo largo de la narración un conjunto de contradicciones y ambigüedades que la enriquecen tanto. Y comenzando con el tratamiento de la joven obrera heroína, por un lado hasta se la ensalza con un simbolismo celestial, dándole el nombre de Amparo, el de la Virgen patrona de las cigarreras, y, por otro, se la rebaja a ras de tierra con sus «venturas y desventuras de redención», teñidas de un simbolismo quijotesco que la aboca al fracaso; claro que, como en el caso del hidalgo manchego, sus fracasos tienen lo suyo de triunfos.

En el tratamiento de la heroína y las cigarreras, la «novelista insurrecta», igualmente supera otra intención declarada por la autora: «...aquellas mujeres habían sido las más ardientes sectarias de la idea federal en los años revolucionarios y parecióme curioso estudiar el desarrollo de una creencia política en un cerebro de hembra, a la vez católica y demagoga, sencilla por naturaleza y empujada al mal por la fatalidad de la vida fabril» («Apuntes autobiográficos», *Obras completas* III. 725). ¿Empujada al mal? ¿Hay aquí un respingo ultracatólico y reaccionario de la insigne doña Emilia? Por lo contrario, y, como en tantas otras novelas universales, creo que se puede afirmar que la joven proletaria se escapa de los designios de la autora y, «empujada al bien», hay mucho en ella de una de aquellas «Mujeres radicales, utópicas, republicanas e internacionalistas en España (1848-1874)», sobre las cuales se extiende Gloria Espigado Tocino en el ensayo de tal título.

A tono con el enfoque del Naturalismo, se resaltan, detalladamente, las oscuras y antihigiénicas salas y talleres de la fábrica y se describen las callejuelas sucias de «ahogados» edificios y pobres comercios, en donde habitan pescadores, cigarreras y sus niños marcados por las taras de la miseria y de enfermedades hereditarias, algo tan propio del Naturalismo, como en el caso de los cuatro hermanitos de la huérfana, de *la Guardiana,* tan amiga compañera de Amparo: «epiléptico el uno, escrofulosos y raquíticos dos, y la última, niña de tres años, sordo-muda»[17], con ella afrontando tal carga y acu-

---

17   En las condiciones horripilantes, vividas en tales calles y viviendas, fomentadas por el capitalismo industrial, latía el eco, en *L'ásommoir* y en *La Tribuna,* de los *Manuscritos económicos y filosóficos de Carlos Marx* los llamados *Manuscritos de París* (aunque no se conocieran pues escritos en 1844, con su autor de 25 o 26 años, no se publicaron hasta 1932), en donde leemos que, en dichos lugares: «el hombre retorna a la caverna, envenenada ahora por la mefítica pestilencia de la civilización... La basura, esta corrupción y podredumbre del hombre, la cloaca de la civilización se convierte para él en un elemento

diendo al trabajo con gran entereza. En el interior de la fábrica trabajan niñas de siete u ocho años, y ancianas hasta de ochenta: En el capítulo «Pitillos» (XI), leemos: «... encaramada sobre un almohadón, había una aprendiza, niña de ocho años, que con sus deditos amorcillados y torpes apenas lograba en una hora liar media docena de papeles...» (61). Como ejemplo de las más duras condiciones de trabajo, sobresale la descripción semi-dantesca del pequeño grupo de hombres obreros en el taller de la picadura del tabaco en la fábrica, y con una detallada descripción de sus vapuleados, consumidos, cuerpos, del capítulo: «Tabaco picado» (XXI). Se apunta en ella a la alienación y cosificación a que el capital industrial europeo sometía a los obreros en dicha época, y sobre las que ya se extendiera Marx en sus *Manuscritos de París*.

Sobresale en la novela, y dándole tanto valor social e histórico, la detallada documentación sobre toda la fábrica, con la descripción de distintas secciones y tipos de, trabajos, vida, habla y costumbres de las cigarreras, a la cual entró a trabajar la adolescente Amparo a sus 14 años[18]. Pronto, se nos dice, y dado el historial de su madre trabajando en ella por 30 años: «Pero no tardó en encariñarse con la fábrica, en sentir ese orgullo y apego inexplicables que infunde la colectividad y la asociación: la fraternidad del trabajo» (37). Nuevamente encontramos en tales palabras ecos de lo que diría Marx sobre el trabajo obrero, y con dicho apego infiltrado en el «sexto sentido» de la «novelista insurrecta». A la luz de la actividad política de Amparo y el de la vida y aspiraciones del grupo colectivo de cigarreras de la Fábrica, sí se puede decir que *La Tribuna* apuntaba a la novela social española de los años 20-30 y los 50 del pasado siglo[19]. «*La Tribuna,* símbolo de la Revolución», titulaba el historiador José María Jover Zamora, el apartado que le dedica en su *Realidad y Mito de la Primera República* (1991).

---

vital...» Traducidos al español, los *Manuscritos* se pueden leer en el Internet.

18   En articulo en el diario coruñés, *EntreNós* (8 marzo 2021), «Revolución femenina: Las Cigarreras de A Palloza», leemos que las primeras cigarreras, unas 400, en entrar a trabajar en la Fábrica en el año de su inauguración, 1804, «rondaban los 14 años». Y en la novela nos encontramos con el personaje de la anciana Porcona, quien en el capítulo XXI, «Tabaco picado», les dice a Amparo y a *La Comadreja*: «...sepades que cuando se puso aquí la fabrica de las dieciséis primeritas fui yo que aquí trabajaron...» (165). ¡Y está hablando mientras sigue trabajando en ella en 1869!

19   Difiero con ello, de la interpretación de mi admirado amigo y sobresaliente crítico, Germán Gullón en su «¿Es *La Tribuna novela social?*» y de la tan destacada estudiosa de la obra pardobaziana, Marisa Sotelo Vázquez, quien en la Introducción a su edición de la novela dedica el apartado 2 a: «*La Tribuna, frustrada novela social*».

En el panorama político y social en el que se integra la vida y obra de la joven cigarrera, en el capítulo IX, «La Gloriosa», se destaca, fundiendo la ficción con la realidad, que en la costa cantábrica, como de hecho ocurriera, y en «el Malecón y Marineda se distinguieron por la abundancia de comités, juntas, clubs, proclamas, periódicos y manifestaciones» y que «La Fábrica de Tabacos de Marineda fue centro simpatizador (como ahora se dice), para *la federal*» (50); la República Federal, por la cual la autora –¡valga la paradoja!– no sentía ninguna simpatía, aunque sí conocía, por su trato con alguno de sus gestores[20] y por las lecturas, su historia e ideales, los cuales, a lo largo de la novela, se van desparramando en las voces de Amparo y de otras cigarreras, más en la voz narradora, en su caso, con frecuente burlona ironía, pero, en múltiples veces, con el uso del estilo indirecto libre dejando oír el sentir y el pensamiento de la joven y de sus proletarias compañeras. En tal situación, la jovencísima Amparo, quien en su pocos años de escolarización infantil había aprendido a leer y a escribir (algo muy único entre las mujeres pobres en la Galicia y España de la época) deviene lectora en la fábrica[21]; ella, quien y desde su infancia, leía los periódicos en la Barbería vecina. Se extienden las páginas en donde la vemos y oímos contribuyendo con su voz, dinamismo y persona, a la politización vivida en la fábrica en aquellas fechas del sexenio revolucionario, según estaba sucediendo en la realidad, y destacando como líder obrera ya a los quince o dieciséis años. La novelista insiste en ello, señalando a la joven Amparo, muy al tanto, metida en sus lecturas, de los diarios republicanos y radicales, gallegos y de Madrid (como lo haría la propia Pardo Bazán para escribir su novela), y con el impacto político que, con su elocuente voz y donosa gesticulación, la joven tenía entre sus compañeras[22]. No obstante, y dada su ideología conservadora, la narradora critica irónicamente tales lecturas, a veces, de un modo muy sarcástico e inquino, como en su referencia a los artículos de fondo que leía y de que se valía Amparo:

---

20   La figura, quizá las más insigne del movimiento federalista en A Coruña, el altruista médico, político republicano y distinguido intelectual, Ramón Pérez Costales (1832-1911) era médico de Emilia Pardo Bazán y de su familia y colaboró con ella en la formación de la Sociedad del folklore gallego en 1883. También Pardo Bazán tuvo ella trato y correspondencia con don Francisco Giner de los Ríos.

21   Era uso frecuente en las Fábricas de Tabaco en España, En Cuba y en las fábricas hispanas de Tampa y Nueva York, tener lectores, leyendo en voz alta acompañando el trabajo.

22   Sobre el tema, se extendió Marisa Sotelo Vázquez en su ensayo «Amparo lee periódicos: la función educativa de la prensa revolucionaria en 'La Tribuna' de Emilia Pardo Bazán» (2007).

«... de estos kilométricos y soporíferos, que hablan de justicia social, redención de las clases obreras, instrucción difundida, generalizada y gratis, fraternidad universal, todo en estilo de homilía y con oraciones largas y enmarañadas como fideos cocidos.» (53). Aunque tras burlarse de ello, la «novelista insurrecta», inmediatamente, cambia la voz de la narradora pasando a expresar el cómo las cigarreras, con su solidaria sororidad, oían y abrazaban tales nobles ideales democráticos, revolucionarios, en la voz de la joven lectora.

El activismo político republicano federal (recordemos que, en aquel momento, el federalismo estaba muy cercano a la Internacional obrera), abrazado por las obreras de la de la fábrica, extendido por toda Galicia y ligado al general de la Costa Cantábrica como sucedía en la realidad histórica, se describe puntualmente. Todo ello, se vive en varios de los capítulos y desde los títulos: «La Gloriosa» (IX). «Estudios históricos y políticos» (X), «Himno de Riego, de Garibaldi, Marsellesa» (XV) ,«Revolución y Reacción, mano a mano» (XVI», «Altos impulsos de la heroína» (XVII), «La Tribuna del pueblo» (XVIII) y «La Unión del Norte» (XIX)[23], en el cual culmina, llevando a la ficción, lo que, en realidad, fueran los actos que concluyeron con la firma del importante e histórico Pacto federal Galaico-Asturiano, el 18 de junio de 1869, en A Coruña[24], con el entusiasta respaldo de las cigarreras y, en general, de las capas populares y liberales de la ciudad. En el relato de la novela, tales comunitarios actos, no obstante, repetimos, aparecen contados con burlona ironía, y con el respaldo de comentarios negativos y reaccionarios de la pareja de burgueses, el maduro Borrén y el joven alférez, Baltasar, que, los siguen, aunque más centrados en ir atisbando eróticamente el despliegue de hermosura de la joven obrera, con el «tentador», Borrén alentando al joven, a que lleve a cabo la seducción de la joven cigarrera que tanto le gusta. y apetece como uno de los más sabrosos cigarros, según se alude en tantas ocasiones. Sobre Amparo objeto del consumo «cigarrista-erótico» para Baltasar, se extiende Akiko Tsuchiya en el artículo ya citado.

---

23   Y, también en otros dos posteriores: «Segunda hazaña de *la tribuna*» (XXXII) y «Ensayo sobre la literatura dramática revolucionaria» (XXXVI), culminando con el final «Por fín llegó».

24   Poco antes se habían firmado varios más pactos federales republicanos: el de Tortosa (Cataluña, Aragón, Valencia y Mallorca), de Córdoba (Andalucía y Extremadura), de Valladolid (Castilla) y el de Eibar (las Vascongadas y Navarra). Señalo que el mencionado Ramón Pérez Costales fue uno de los principales firmantes del Pacto.

En los capítulos del movimiento político federal republicano
vivido en Galicia, la joven proletaria se expresa y actúa plenamente
identificada con él. Sobre el triunfo de «La Gloriosa», y haciendo el
gesto de cómo si ella misma lo estuviera dictando, en una pausa de sus
lecturas, afirmaba: «Decreto yo, el pueblo soberano, en uso de sus derechos individuales, que todos los generales, gobernadores, ministros
y gente gorda, salga del sitio que ocupan y se los dejen a otros que
nombraré yo del modo que me de la realísima gana. He dicho» (57).
En el capítulo, XVII, titulado «Los altos impulsos de la heroína», la
autora, con ironía, pero, también con cierto cariño, resaltando lo quijotesco de estar embebida en sus lecturas revolucionarias, y su «calenturienta imaginación», nos dice de ella: «…y quién sabe si andando
los tiempos no figuraría su retrato al lado del de Mariana Pineda en
los cuadros que representan a los mártires de la libertad...» (92) [25]. No
obstante, en aquel momento, y como final del capítulo, la narradora
añade, y con la cierta ironía que comparte con la autora que «los
tiempos eran más cómicos que trágicos y los loables esfuerzos de
Amparo no le conquistaron otra corona de martirio, sino el que la fábrica prohibiese la lectura de los diarios, manifiestos y hojas sueltas»,
añadiendo que «a ella y a otras cuantas que pronunciaron vivas subversivos y cantaron canciones alusivas a la Unión del Norte las suspendieran, como suele decirse, de empleo y sueldo»[26]. Sin embargo,
en el capítulo siguiente, «Tribuna del pueblo» (XVIII), fundiéndose
la ficción con la realidad, Amparo tiene su propio momento glorioso.
Tras el fastuoso banquete celebrando la llegada de los delegados de

---

25   Mariana Pineda (1804-1831); unida a los insurrectos granadinos frente al tiránico Fer-
      nando VII, y bordadora de la bandera republicana, tan injustamente, agarrotada en 26
      de Mayo de 1931. Recordemos que Federico García Lorca, en 1925, y en plena dictadura
      de Primo de Rivera, escribió su *Mariana Pineda*. Romance popular en tres estampas, es-
      trenado en Barcelona en 1927 y protagonizado por la famosísima actriz Margarita Xirgu.
26   Se puede relacionar tal castigo con algo que no se alude en la novela, el clima de represión
      que se impuso en A Coruña, tras el levantamiento federalista en varias ciudades de
      España en el otoño de 1869. En el capítulo II del libro *República e Republicanos en Galicia*,
      «Republicanismo y Federalismo en la Galicia del Sexenio democrático 1868-1874», Jorge
      Cagiao y Conde describe el intento de levantamiento coruñés –hubo otro en Ourense–
      en la noche del 13 al 14 de octubre, donde se detuvieron a 42 insurrectos, cuando se dis-
      ponían a levantarse en armas, y al ser llevados a la cárcel por la mañana coincidiendo con
      la hora en que las cigarreras iban al trabajo, quienes al ver a sus maridos, hermanos o
      hijos custodiados por las fuerzas del orden protagonizaron un alboroto que se saldó con
      un obrero muerto y una docena de heridos y hubo un amotinamiento popular frente a
      la prisión. El capitán general decretó el estado de guerra y no restituiría las garantías
      constitucionales hasta el 17 de diciembre (39). De nuevo, se debe mencionar a Ramón
      Pérez Costales, quien participó en tal insurrección y publicó un folleto al respecto *Apuntes
      para la Historia*.

Cantabria y de Cantabria, la airosa joven, capitaneando un grupo de mujeres entra en el salón y ofrece un ramo de flores al patriarca, quien murmura: Esta chica parece la Libertad» y más adelante se nos dirá que parece encarnar a la propia figura de la República, la «niña bonita», como se la llamaba, y de lo cual Amparo tenía tanto. La escena culmina con el patriarca llamándola, «Acércate Tribuna del pueblo», y enlazados en «un santo y fraternal abrazo», y con el grito de «¡Viva la Tribuna del pueblo!» ¡Viva la Unión del Norte!, abriendo el capítulo al siguiente «La Unión del Norte», con la firma y lectura del contrato de la Unión.

En los capítulos tras el de «La Unión del Norte», paradójicamente, se entra en un nuevo clima político, reflejando el que se diera en la realidad nacional, endureciéndose los obstáculos a las esperanzas republicanas federalista al proclamarse la nueva Constitución, en junio de 1869 erigiendo a la Monarquía como forma de Gobierno, y al llegar a España el nuevo monarca, el italiano Amadeo I, el 2 de enero de 1870; algo que cayó muy mal entre las cigarreras tan volcadas a favor de la República Federal. Tal desencanto, debió influir en que Amparo desplazara la actividad política pública para llevarla a su vida privada en su relación amorosa con Baltasar y con el objeto de conseguir algo tan impropio en la sociedad y moral burguesa: el casamiento de una joven obrera con un señorito burgués, en lo cual se centran «los nuevos impulsos de la heroína», en torno a los cuales, con sus altibajos, se trata en los capítulos, desde el 23, «El tentador» y el 25, «Lados flacos» hasta el 33, «Las hojas caen»; con Amparo desafiando las barreras de clase social, reingresada en la fábrica, pero causando el desconcierto entre sus compañeras quienes la habían seguido tanto, al sentir sus impulsos políticos troncados en los amorosos, y, por lo general, causando compasión por ella, sabiendo la casi imposibilidad de lo que, con ellos y sus alardes de ostentación, la engañada joven obrera pretendía alcanzar.

De nuevo, en las ilusiones y en el fin amoroso-social de Amparo, la autora lo presenta con cierta ironía, sabiendo bien donde iría a parar, como se desprende del título de uno de los capítulos «La Tribuna se forja ilusiones», pero también, y eso es tan destacado por la crítica actual, dando un sentido feminista y de repudio a la sociedad patriarcal y machista a un tema tan tratado, superficial y melodramáticamente, por la novela-folletín: el de la seducción y abandono de una mujer pobre por un hombre rico. Muy consciente de que tales ilusiones amorosas no encajaban en el orden ni en la moral de la vida y sociedad burguesa, Pardo Bazán va siguiendo a la heroína con un sentido de conmiseración, pero destacando su afirmación en la «condición de su sexo» y en su aspiración de lograr una unión de igual a igual por encima de las diferencias de clase y sexo[27]. La intriga de la novela, desde el capítulo XXIII, «El tentador» hasta el último capítulo se desarrolla intercalando capítulos de tal proceso amoroso, con su interior vacío social y su debacle (recordemos que cuando lo escribe doña Emilia se estaba separando de su marido[28], cuyo final, en parte, se produjo por la polémica causada por la publicación de la novela basada en las cigarreras), con otros sobre la vida y actividades de las cigarreras de la fábrica. En los momentos de lo que aparece como la «unión» amorosa, la prosa de Emilia Pardo Bazán adquiere tonos líricos, más en las descripciones paisajistas que en los conatos amorosos, bastante invisibles, a pesar de que alguna crítica habla de «romanticismo», y en los centrales capítulos «Bodas de los pajaritos» (XXVII) y «Palabra de casamiento» (XXXI); tan vilmente incumplida por el galante señorito. Sí goza la enamorada Amparo, según lo hiciera al salir a la calle de niña, fuera del encierro en la fábrica y en su casucha, en el campo, al aire libre, al verse fundida con la Naturaleza y con el amor que siente (el que casi no expresa verbal, siendo tan buena oradora, o corporalmente, mientras él si lo anuncia pero más como una gatusada), embelleciéndose y elegantizándose como sujeto amoroso, sin advertir que está siendo, simplemente un objeto de consumo para Baltasar. Se echa de menos que la autora no penetrara más en los pensamientos, sentimientos e instintos del amor vivido por Amparo. Contrario a las apariencias que pretende dar, y a su presunción, las cigarreras, sus amigas íntimas (la Guardiana y la Comadreja, especie de sus ángeles guardianas) y en la fábrica, y en barrio en donde habita, si sienten, y como tanto se repite, lástima y

---

27 Temas, los de clase, género y feminismo, de gran ascendencia en la crítica de la novela desde finales del siglo XX. Son múltiples los ensayos sobre ellos, señalo dos de los primeros y uno de los últimos: «Una lectura feminista de *La Tribuna* de Pardo Bazán» (1989), de María del Carmen Porrua; «Class and Gender in Pardo Bazán´s *La Tribuna*», de Geraldine Scanlon (1990) y «Mujer y Trabajo en *La Tribuna*», de Amelie Florenchie (2021).

28 Quien entrara en el noviazgo con José Quiroga, concertado por ambas familias, a los 15 años y en matrimonio a los 17, en 1868, En la parte idílica del amor en la novela, podrían resonar momentos de lo vivido por la jovencísima Emilia a casi una misma edad que la de Amparo. Las separaba tres años, siendo la mayor doña Emilia, lo cual hace que se sientan ciertas afinidades entre la autora y la protagonista, a pesar de sus diferencias de clase e ideología.

compasión por ver a la bella y joven obrera caída en la trampa.

El modo en que se concibe y presenta tal amorío apuntaba a temas que ganan actualidad en nuestros días, y lo cuales, junto a lo social, son los que más atraen a la crítica en el presente *boom* de publicaciones crítica en torno a *La Tribuna* en este siglo XXI: la interseccionalidad de identidad, clase y género, desde una perspectiva feminista, y, como ya señalamos, la cuestión del *habitus,* internalizado por cada una de las partes, y con la amada aspirando a superar el antagonismo de clase social con el casamiento, mientras él, afirmándose en la suya se va desligando de ella con miras a otro casamiento, pero con el dinero, corporizado en la anti-Amparo, la burguesa Josefina, a punto de hacerse con la gran riqueza de una herencia. Un ejemplar momento de la actitud rebelde de Amparo, y como si ya apuntara al «me too» femenino de nuestro días, lo encontramos cuando su madre, al enterarse de su estado de embarazo, la da un bofetón, y la llama «sinvergüenza, raída», y ella le dice que Baltasar la ha dado palabra de casamiento, y al responder la madre que si se lo había creído, exclama:

> No sé por qué no …Yo soy como otras, tan buena como la que más… hoy en día no estamos en tiempo de ser los hombres desiguales… hoy todos somos unos, señora … se acabaron esas tiranías (178).

Frente a las vicisitudes de la relación amorosa y su descalabro, se van interponiendo otros capítulos, en que la atención se enfoca en el estudio del colectivo de la vida de la fábrica, ensalzando, frente a la dureza y condiciones de opresión del trabajo, tan expuesta en el capítulo «Tabaco picado» (XXI), el protagonismo vivencial de las obreras en escenas suyas de recreo y festividad. El ápice de ellos, era ya el capítulo que seguía al de la alienada cosificación del trabajador, «El carnaval de la cigarreras» (XXII), tan celebrado por la crítica, no tanto por ser uno de «costumbres», como se suele destacar, sino de vivificación de ellas, con el goce y frenesí comunitario de su «Carnavalada», disfrutando de un mundo al revés, convirtiendo las lúgubres, tristes y destartaladas salas de la fábrica —«oscuras y tristes»—, en salas de fiesta y recreo y creando belleza, con su música, disfraces, y bailes. Se entusiasma la autora, alargándose en gozosas descripciones, y como escribe: «Diríase que el mago Carnaval, con poderoso conjuro, había desencantado la Fábrica, y vuelto a sus habitantes la verdadera figura en aquel día.» (116). Desbordando las paredes de la fábrica, «la inocente saturnada» sale al aire libre a un campillo de la fábrica, y allí, la autora dedica una página (118-119) a un baile de Amparo; «la niña bonita», vestida de grumete masculino, y convertida en una bacante; un cierto destape erótico el cual ni asoma en los siguientes capítulos de su relación amorosa con Baltasar.

Imagen, de Amparo danzante, que nos viene a la mente al finalizar la novela, sobreponiéndose a la de su delirio al final[29]. También, la tan católica autora lleva el tema de la religión a la vida de las cigarreras en el capítulo «El conflicto religioso» (XXIV) señalando las diferencias entre las de la ciudad y las rurales de los pueblos adyacentes, en la cuestión religiosa. En las primeras, destacando un catolicismo moderado, y adverso a la influencia política de los curas, mientras que en las rurales Pardo Bazán señala una profunda fe. Habría que añadir, que en su acercamiento compasivo, piadoso, a las humildes cigarreras, late, asimismo, un cristianismo evangélico tan presente en la cultura y literatura europea del fin de siglo y frente al materialista positivismo[30]. En otro capítulo, «Un delito» (XXIX), se muestra la solidaridad y generosidad de todas ellas (y opuesta a la mezquindad mostrada en escenas de la vida burguesa) haciendo donativos a una de las obreras que, obligada por el marido y sus malos tratos, robaba pitillos para llevárselos a él, y fue despedida. Amparo, a pesar de todos sus apuros, tuvo el gran gesto de generosidad donando sus comprados pendientes de oro a la desgraciada compañera, acogido con tanta gratitud por el resto de sus compañeras[31].

En los capítulos que se suceden «*La Tribuna* se forja ilusiones»

---

29 Asimismo, en el capítulo XXV, «Primera hazaña de *la Tribuna*», la autora presenta una escena y escenario de la sociabilidad y el goce comunitario de las cigarreras en otra de sus fiestas, la de «Las comiditas», despliegue de una colación, «más o menos suculenta», en el campo, acompañada de canciones, música y bailes. No obstante, aquí, el capítulo se funde con un episodio escrito por la neocatólica Pardo Bazán que no encaja bien en nuestros días: el de la bronca de las cigarreras, dirigida por una furiosa Amparo, (¿proyección de la propia Pardo Bazán en este caso?, quien escribiera sobre ,y exaltara, la movilizaciones públicas de las mujeres católicas en contra de la política liberal de secularización en el sexenio), a un par de catequistas protestantes, un español y un inglés, quienes dentro de las garantías de la nueva Constitución, se les acercan a ofrecerles su Biblia y hablarles de su Cristo. Les echan a correr con insultos, abucheos y hasta arrojándoles restos y utensilios de la comida. Recordemos, asociándolo a esta escena, que el padre de la autora, José Pardo Bazán, renunció a su acta de diputado cuando la nueva Constitución permitió la libertad de cultos.

30 Ya Hans Hinterhäuser inicio su libro, *Fin de siglo. Mitos y figuras* con el capítulo «El retorno de Cristo». Recordemos que en 1882, Pardo Bazán publicó su extensa obra *San Francisco de Assis* (*Siglo XIII*).

31 Sobre la vida y trabajos de las cigarreras, Ana Romero Masiá publicó un detallado estudio, con abundancia de datos concretos y estadísticas «As cigarreiras que coñeceu doña Emilia» (2008).

(XXXII) y «Las hojas caen» (XXXIII), las del otoño, pero, igualmente, las de las primaverales ilusiones amorosas soñadas por Amparo, se vive un nuevo gran cambio en su persona. Ella, que había aspirado, con los logros democráticos, a superar las barreras de clase a ser una esposa y dama elegante, teniendo al alcance lo que ya de niña pobre imaginaba que le pertenecía por encima de las diferencias de clase, se verá reducida a una más de esas perdidas mujeres de las clases humildes, dejada abandonada y en cinta por un falsario señorito burgués. En la última escena entre ambos, él, que la venía considerado como un objeto de consumo con la analogía de un cigarro, ya «fumado» el que tenía en la mano, lo tira al suelo, dejando en cenizas tal relación amorosa, vivida, y fumada por la parte masculina, se debe insistir, como una de consumismo erótico.

Tras el abandono, con sus deseos, apasionados, humores, celos, modos intempestivos y conatos de violencia, en dicha fogosa Amparo laten ecos de la famosa cigarrera, Carmen[32], de la novela y la opera y dándonos una más de las diversas intertextualidades con otras obras literarias y artísticas que enriquecen a la novela[33]. De hecho, contamos con una ópera sobre ella. En la parte final de la novela, el anticlimax amoroso da, de nuevo, paso al climax político-social de la novela. Al capítulo de «Las hojas caen» sigue el de «Segunda hazaña de la Tribuna» (XXXIV). En la atribulada y apagada Amparo resurge el fuego revolucionario y con mayor fulgor. Vuelve a ser la proletaria «Tribuna del Pueblo», y no la rebajada *la Tribuna*»; apelativo que usa tanto la voz narradora y que la autora lleva al título de su novela, el cual, como le dijera a Amparo su amiga Carmela, era el mote con que la designaron los señoritos (149). Aparece identificada –y hay que resaltarlo–, frente a la repuesta monarquía, con el grupo de federalistas radicales inclinados a la insurrección, que se extendía por la Nación, y hasta adoptan. una retórica de violencia invocando a la reciente Comuna francesa de 1870 y encabezando la huelga que inician las cigarreras en la fábrica. Tal huelga de ficción ya había tenido dos ante-

---

32   Contamos con el artículo «Carmen y Amparo», de Ángel Mayo estableciendo similitudes y disparidades entre ambas cigarreras y, también, de las fábricas de ambas, la de A Coruña y la de Sevilla, ccon alguna referencia a la de Madrid.

33   Otra de dichas intertextualidades aún más cercana, sería con la novela de Faustina Sáez Melgar (1834-1895), *Rosa, la cigarrera de Madrid* (1872). Sobre tal relación, contamos con el ensayo de Cristina Enríquez de Salamanca: «Rosa, la cigarrera de Madrid (1872) de Faustina Sáez Melgar como modelo literario de *La Tribuna* (1883) de Emilia Pardo Bazán».

cedentes reales en la Fábrica de Tabacos de A Coruña; la primera en el 3 de marzo de 1831 y la segunda el 7 de diciembre de 1857. Emilia Pardo Bazán debió haber tenido noticias de ellas, aunque no las menciona en la novela. Sin embargo, su huelga ficticia remite a las reales.

Luis Alonso Álvarez daba cuenta de ambas en su libro *As tecederias do fume. Historia de Fábrica de Tabacos da Coruña*[34]. Dedica varias páginas (68-80) a «la primera huelga de las cigarreras coruñesas y sin antecedentes conocidos en Galicia», según escribe (69), la cual se originó debido a la escasez de hojas de tabaco que recibían las cigarreras para hacer su labor, y la cual concluyó pacíficamente el 4 de marzo con la administración dotando a las cigarreras de las hojas necesarias. En lo que evoca, se daba lo que se repetirá en la huelga de la novela: cientos de cigarreras negándose a entrar en la fábrica, y con piedras en las manos, dispuestas a lanzarlas y, también, el cómo fueran disueltas por las tropas. De la segunda, y más batalladora huelga del ludismo, término tomado de huelgas afines iniciadas en Inglaterra en contra del uso de máquinas[35]; en este caso, las de picar el tabaco pues quitaban puestos a las cigarreras, Alonso Álvarez señalaba que se conoce poco, limitándose a indicar la fecha, añadiendo que las cigarreras agredieron a sus jefes, destruyeron el tabaco picado, y salieron en huelga destruyendo y tirando al mar partes de las máquinas y libros de caja[36]. Como el anterior, el motín fue contenido por las fuerzas del ejército ocupando la Palloza, y, pronto, se restableció la normalidad (96-97).

Contamos con una mayor alusión a la huelga de 1857 en un reciente artículo sobre «Memoria Histórica. Revolución femenina», «Las Cigarreras de A Palloza», de A. García en el diario coruñés, *EnteNós* (8 de marzo 2021). Allí, leemos, completando lo anterior que el

---

34 Poético título, el de «Las tejedoras del humo», posiblemente inspirado en frases de la autora, como la siguiente: «Agitábanse las manos de las muchachas con vertiginosa rapidez; se veían un segundo revolear el papel como blanca mariposa, luego aparecía enrollado y cilíndrico...» (117).

35 Tal movimiento de huelgas en fábricas de tejidos en Inglaterra, con los trabajadores destruyendo las máquinas, se inició en Inglaterra en 1811-1812, tomando el nombre de ludistas», basado en un personaje apócrifo que rompió máquinas de tejer en 1779: Ned Ludd, «The 'Luddites' Plight». *Power and* Progress. 185-190.

36 Posteriormente, a mediados de junio de 1872, el periódico *La emancipación* (n.53. 15 Junio de 1872), daba cuenta de un motín ludita protagonizado por las 5000 cigarreras madrileñas que destrozaron las máquinas que los encargados esperaban introducir próximamente (Nótese que el motín de Madrid era de casi las mismas fechas que el de *La Tribuna*. ¿Se inspiraría en él Emilia Pardo Bazán para el de su novela?). De tal militancia obrera femenina en España en dichas fechas, asimismo leemos que, en 1872, las operarias de la fábrica de tejidos de Valladolid se habían declarado en huelga.

7 de diciembre alrededor de 4000 empleadas entraron en la Fábrica, cargaron con las máquinas las destruyeron y tiraron los restos al mar. Nuevamente, con las fuerzas del Ejército y la guardia civil, se dominó la huelga, con obreras en los tejados de la fábrica lanzándoles tejas. Fueron detenidas unas 20 cigarreras, aunque no se dice nada más de ellas y de las consecuencias de la huelga, solo que las máquinas sí se impusieron la fábrica, pero que las obreras, posteriormente, consiguieron bastantes mejoras. A. García, tras decirnos que la Fábrica cerraba sus puertas en el 2002, concluía con unas palabras que apuntan al sentido social de *La Tribuna* y la vigencia contemporánea que ha seguido manteniendo su heroína:

> ... pero lo hacían acompañado del sonido de las manifestaciones organizadas por sus trabajadores, secundadas por casi toda la ciudad herculina. Una despedida a la medida de sus fuerzas y con el recuerdo de Amparo la cigarrera protagonista de la segunda novela de Pardo Bazán como un eco sordo que hacia símbolo de lucha laboral en la metrópoli.

La huelga de la novela parece bastante calcada en las dos históricas anteriores. Encontramos al frente de las misma unas 4000 obreras, el mismo número de la segunda huelga real, negándose a entrar a trabajar en la fábrica adentrándose en el patio para pedir las pagas de dos meses que se las adeuda, y, al ser obligadas con el fusil de un soldado a salir, se aglomeran rodeando a la fábrica, y arrastrado baldosas a la entrada. Las arengas de «La Tribuna del pueblo», en esta instancia, como ya se ha señalado, se han radicalizado, su voz proletaria exalta valores de una república federal abocada al socialismo: «Un aura socialista palpitó en sus palabras, que estremecieron a la Fábrica toda», leemos (184). Finalmente, como en las dos anteriores, las tropas disuelven el motín, pero, según se dice al inicio del siguiente capítulo, y parecido a lo que sucediera con las dos anteriores, al día siguiente las operarias cobraron «sus haberes a tocateja», y con la siguiente precisión de la voz narradora: «No era cosa de provocar el enojo del pueblo en el estado actual de España, que parecía ya la casa de Tócame Roque»[37], nótese, de nuevo, el toque irónico de la narradora sobre la situación política del sexenio revolucionario que

---

37 Modismo popular alusivo a un lugar en que habita mucha gente y hay mucho alboroto y líos. Se basaba en una casa de la madrileña calle de Barquillo, de fines del siglo XVIII; expresión muy popular y es llevada al mundo de las letras, En 1791, Ramón de la Cruz escribió un sainete con tal título.

avista como tan problemática[38]. Tal enojo, no obstante, lo muestra va-
liéndose del propio lenguaje revolucionario de las cigarreras en sus
arengas, y gritos reivindicatorios.

A tono con el estado de la Nación, y punto de llegada de la I República, en tal momento, en el capítulo XXXVI, el antepenúltimo, se
dedica a «Ensayo sobre la literatura dramática revolucionaria», muy
valorado por Clarín, el cual dentro de lo intertextual, tan presente en
la novela, se centra en la representación de la obra *Valencianos con
honra,* de Francisco Palanca y Roca (1870), que, como se añade: «No
podía ser de más actualidad el argumento, basado en los sucesos políticos de Valencia de 1869»[39], con Amparo y Ana asistiendo a la representación. De nuevo, entre un público fogoso que va reviviendo el
drama, entre otras voces, suena la voz en grito de Amparo, la cual, en
la vida real, habría vivido algo parecido en el levantamiento coruñés
de por las mismas fechas que el valenciano: «*¡Bien... muy bien!, dos o
tres veces, luciendo su voz de contra alto*». También, cuando el jefe de
los voluntarios republicanos, acercándose a la concha del apuntador,
grita «*¡Viva el pueblo soberano!*», y la multitud del grupo repite frenéticamente el «*¡viva!*», «*Amparo, con medio cuerpo fuera de la barandilla, palmoteaba a más y mejor*». Pero, ¡Ay!, de pronto, divisa en un
palco a Baltasar departiendo amorosamente con Josefina García, la
cual, con su mentalidad burguesa, dice de la obra, al ser preguntada
por él: «*Psh... Un dramón muy cursi y muy populachero*», Ante tal
visión, el furor de Amparo vuelve al de los celos y el dolor por haber
sido, tan vilmente, engañada. Salen apresuradamente del teatro con
Amparo, metida en su dramón personal, dejando a Ana, y yéndose

---

38   De tal comentario sobre no «provocar el enojo del pueblo», también se desprende de que,
      y como la Fábrica de Tabacos, era un monopolio del Estado, y , según veíamos en el caso
      de la primera huelga, y en la de la novela, las huelguistas obtuvieron lo que pedía y se las
      debía, y quizá alguna de las despedidas, como Amparo, en la novela, fueran vueltas al
      trabajo, el tratamiento de las cigarreras sería más benévolo que en fábricas de Empresa
      privada. Aunque con muchas horas de trabajo y bajos sueldos y a destajo a las cigarreras
      se las permitía cierta flexibilidad en las horas de entrada y de salida para que, asimismo,
      pudieran atender a sus ocupaciones de casa. Es sabido que la Fábrica de Tabacos tenía
      buena acogida entre la población obrera de A Coruña.

39   La rebelión de miles de hombres y mujeres de los denominados «Voluntarios de la Li-
      bertad», encuadrados en la milicia ciudadana de la Republica federal, que, al ser despe-
      didos, ocuparon Valencia del 8 al 16 de octubre de 1869, y constituyó el mayor, de los le-
      vantamientos, ya señalado, que se dieron en varias ciudades españolas por las mismas
      fechas. Enfrentados a las tropas y la Guardia Civil, llegaron a construir 922 barricadas;
      rebelión finalizada por el bombardeo de la ciudad, durante siete horas dejando 70
      muertos, y 700 detenidos. Sobre ella, contamos con el libro *La Gloriosa en Valencia*, 1864-
      1869) de Rosa Monlleó Peris (1996). No se trata de tal brutal represión en la pieza teatral
      que ven Amparo y su compañera ni en lo que describe de ella la novelista.

dispuesta a a apedrear los cristales de la elegante casa de los Rosando. Llegada a la puerta, desiste de de ello, y con un ladrillo se limita trazar en el portal una cruz roja[40].

En los dos últimos breves capítulos, «Lucina Plebeya» y «¡Por fin llegó!», hay un vuelco afectivo de la narradora-autora hacia Amparo. En el penúltimo, se inicia con ella vistiéndose para ir a la fábrica, lo cual se lo van a impedir los dolores que empieza a sentir de parturienta. Nuevamente, aquí, la autora vuelve al simbolismo de los nombres con relación al de la heroína alzándola a «Lucina Plebeya», fundiendo a la proletaria Amparo con la luminosa diosa romana de los nacimientos, quien la amparará en el suyo. Todo un largo proceso que no se describe, como se esperaría de una novela naturalista haciendo visibles, describiendo en detalles los dolores corporales que experimenta el cuerpo femenino en el parto (el cual Emilia Pardo Bazán viviría en los suyos), sino oyéndose por los gritos de la parturienta escuchados en la habitación cercana por la paralítica madre y el joven, tan servicial y tan rendido a Amparo, Chinto, antítesis proletaria del señorito Baltasar. De ambos capítulos finales, solamente, diremos que al tiempo que Amparo está dando de mamar al niño recién nacido, afuera en la calle se oyen los pasos de las cigarreras regresando de la fábrica y yendo hacia sus hogares. Y del grupo más compacto, del pelotón más resuelto de unas veinte o treinta mujeres, salieron las voces gritando: —¡*Viva la República federal!*, proclamada, en la vida real, el 11 de febrero, 1873; Y ¡Por fin!, la «novelista insurrecta» cierra y abre su novela con una doble Epifanía: el belén del niño salvador y la llegada de la anhelada República.

La frase que, triunfalmente, termina la novela, fue totalmente indigesta para la crítica neocatólica y ultra-conservadora. Isabel Burdel, evoca que, según Bravo Villasante, la primera biógrafa de la autora, en un momento, el propio marido de doña Emilia, don José, «subió furioso las escaleras al estudio de su mujer y le prohíbe seguir escribiendo. Le recrimina la inconveniente polémica sobre *La cuestión* de la que ella está tan orgullosa y denuesta «aquel libro tan asqueroso (*La Tribuna*) que termina con "Viva la República federal",

---

40   Recordemos que, como señalara Juan-Eduardo Cirlot en su *Diccionario de símbolos,* «hay una relación estrecha entre la cruz y la espada, puesto que ambas se esgrimen contra el monstruo primordial», en este caso simbolizado en los Sobrados. Sobre el capítulo contamos con el ensayo de Marisa Sotelo Vázquez, «"¡Valencianos con honra!", de Francisco Palanca y Roca, hipotexto de "Ensayos de literatura revolucionaria" de "La Tribuna"de Emilia Pardo Bazán» (2005), aunque no relaciona tal hipotexto con lo ocurrido, en tono menor, en A Coruña casi al mismo tiempo.

"socialismo, comunismo, ateo"». (*Emilia Pardo Bazán* 185). Contra lo
del fracaso de Amparo, expuesto por la autora en su moraleja, y seguido por tanta de la crítica, Margarita Barral Martínez, apuntando
a lo logrado. en «De cómo nace el movimiento obrero en Galicia», a
propósito de la participación de las trabajadoras de la Fábrica de Tabacos en la movilizaciones obreras de 1874 y 1882 y solidarizándose,
desde 1892 con el paro del 1 de Mayo, destacaba el efecto social y político que tuvo *La Tribuna*: «Todos estos conflictos se hicieron
celebres a partir de su tratamiento por la escritora Emilia Pardo
Bazán, que las ve (a las cigarreras) como verdaderas heroínas en la
novela *La Tribuna*, la primera novela española de signo naturalistas
y también la primera en tomar al mundo obrero como protagonista»
(25). Y ya en 1930, cuando se aproximaba la II República española,
Alejandro Barrerio, director del diario *La Voz,* a propósito de la romería anual de las cigarreras, escribía que ya no vestían como las
pintaba doña Emilia (*y él describe a continuación*), sino «que va de
corto la juventud florida de los talleres, a la cual las modas ni sor-
prenden ni asustan. No están afiliadas a ningún partido, pero es en
ellas pujante como nunca el prurito organizador y de solidaridad», y
termina con las siguientes palabras:

> La política la dejan en segundo plano, aunque hoy como en aquellos
> años históricos, soplan aíres de fronda republicana.Y es tan eficaz
> lo alcanzado por el ímpetu colectivo, que Amparo, la romántica
> Tribuna —en el fondo una socialista que presentía a Marx–, se hu-
> biera sentido satisfecha. (As tecedeiras 210)[41].

Concluyo la Introducción con dos breves incisos: la vinculación
del Naturalismo de *La Tribuna* al llamado tradicional realismo español y sobre el lenguaje de la novela:

I. Ya en el prólogo, Emilia Pardo Bazán resaltaba algo que
aspiraba e iría plasmando en las páginas de la novela, y con el «análisis
implacable que nos impone el arte moderno»:

> El método de análisis implacable que nos impone el arte moderno
> me ayudó a comprobar el calor de corazón, la generosidad viva, la
> caridad inagotable y fácil, la religiosidad sincera, el recto sentir que
> abunda en nuestro pueblo, mezclado con mil flaquezas, miserias y
> preocupaciones que a primera vista lo oscurecen. Ojalá pudiese yo,

---

41   Con tal referencia y cita, finalizaba Luis Alonso Álvarez su libro sobre «las tejedoras del
      humo».

sin caer en falso idealismo[42], patentizar esta belleza recóndita (2).

Y sí lo logró, y lo cual podemos relacionar con la dimensión ética del realismo español que nos diera Federico de Onís sintetizada en la siguiente expresión: «una tolerancia moral como cualidad que permite la profunda comprensión estética y posibilita ver en todo ser humano, hasta en los más bajos y miserables, la bella luz de la humanidad» («El españolismo de Galdós». *Ensayos* 116). En parecida línea, María Zambrano en su conferencia sobre «El realismo español», señalaba, como símbolo plástico más ostensible, de tal realismo, el desharrapado de Goya, figura multiforme en toda su pintura, de entre las cuales destaca la figura central del cuadro «Los fusilamientos del 3 de mayo», la del hombre arrodillado y con los brazos alzados en forma de cruz, con su camisa blanca desabrochada y abierta en jirones, al que María Zambrano viera como ser desgarrado y símbolo vital del hombre de carne y hueso, añadiendo que en la intimidad de todo español «por muy alta que sea su representación espiritual, alienta siempre este desharrapado, esta criatura arisca y desgarradora». Y en *La Tribuna,* la criatura, «arisca y desgarradora» alienta en la propia Amparo, y aparece el desharrapado, como se le describe en una ocasión a Chinto, quien la adora, aunque tanto ella le desdeña y trata con crudeza como si fuera un animal, al igual que la voz narradora que se exacerba en ello, y tan olvidado y hasta menospreciado por mucha de la crítica[43]. Pero contrario a tales tratamientos e insultos, en este nuevo desharrapado también luce «la bella luz de la humanidad» del tradicional realismo español. Y, sobre todo, en los dos últimos capítulos, con sus cuidados y acciones, encarna el simbolismo de la bondad, fidelidad, compasión y generosidad, trascendiendo con ello los supuestos cientificistas, positivistas, de la documentación del naturalismo. A la luz de ello y con el final abierto de la novela, queda la expectativa de que, ¡por fin!, los «reales» Amparo y Chinto/Calibán acabarían, sino casándose, siendo dos muy buenos amigos.

2. Uno de los centrales logros de la novela es el uso del lenguaje popular, el cual contagia al estilo preciso, directo y coloquial de la na-

---

[42] En lo de «no caer en un falso idealismo», parece aludir al idealismo, de tono romántico, folletinesco y melodramático de la de descripción del pueblo en las señaladas novelas político-sociales de Ayguals de Izco y otras semejantes del período isabelino entre 1845-1856.

[43] Una muy reciente excepción a ello, es el artículo de Xesús Alonso Montero, «Relendo *La Tribuna* de Emilia Pardo Bazán, observacións sociolingüísticas (e algo máis) sobre as vidas de Amparo e de Chinto» (2023), en el cual, al final, une ambas almas.

rradora, y quien con el uso del estilo indirecto libre, más el extendido uso el diálogo, se abren tanto al lenguaje de las cigarreras. Ya en el prólogo de la novela, la autora expresa que se toma la licencia «de hacer hablar a mis personajes como realmente se habla en la región de donde les saqué», añadiendo a continuación que, deja los trillados caminos de la retórica novelesca diaria, «para beber en el vivo manantial de las expresiones populares, incorrectas, y desaliñadas, pero frescas, enérgicas y donosas» (6), las que tanto abundan en la novela resaltando la vividura de lo que se cuenta. En otras ocasiones expresaba que «Juzgo imperdonable artificio en los escritores alterar o corregir las formas del lenguaje popular»[44] y que «el genio realista le impulsó a Cervantes hacer que, Sancho, por ejemplo, hablase muy mal» Y *La Tribuna* está llena de «Sanchas», hablando «muy mal», pero, como en el caso del humilde manchego, enriqueciendo el relato por lo bien que, y como Cervantes con Sancho, Pardo Bazán en su novelas, y tan especialmente en *La Tribuna*, supo llevar al estilo de la novela el habla popular del mundo de los de «abajo».

En cuanto a lo de que sus personajes hablan como realmente se habla en la región de donde les sacó, ya Xesús Alonso Montero en «Releyendo *La Tribuna*», señalaba que «en las zonas rurales y en los barrios obreros y humildes de A Coruña de entonces, el habla era el gallego y no el castellano»; habla, predominante de la clase burguesa y de las personas cultas. La propia Pardo Bazán estaba consciente de ello, y lo abordó en sus *Apuntes autobiografícos*, donde nos dice que estando consciente de que «un libro arlequín mitad gallego y mitad castellano sería un engendro feísimo» (*Obras completas* III, 728), y hace hablar a todos los personajes en castellano. No obstante, un castellano, el de las cigarreras, en la forma popular gallega, con continuos trabuques en la pronunciación de vocablos castellanos, al igual que lo hiciera Sancho en *El Quijote,* pero también, con algunos vocablos y formas sintácticas del mismo gallego, algo que, en ocasiones, igualmente, se desliza en expresiones de la narradora o de los personajes burgueses y cultos. Galleguismos metidos en el castellano, creando un lenguaje mixto que tanto añade al estilo de la novela. Se irán destacando algunos ejemplos en las notas a pie de página.

Dado que la presente edición se publica en los Estados Unidos y disponible para estudiantes de español, y de que la novela se sitúa en

---

44   En el prólogo al cuento *La dama dulce* (1885).

un complejo contexto político y cultural y lingüístico de hacia finales del siglo XIX, en ella se incluyen más notas que en las otras ediciones publicadas de *La Tribuna*.

Bibliografía

Acemoglu, Daraon y Simon Johnson. «The "Luddites" Plight». *Power and Progress*. New York: Public Affairs, 2023 185-190.

Alas, Leopoldo, Clarín. «*La Tribuna*. Novela original de doña Emilia Pardo Bazán». *Sermón perdido*. Madrid: F. Fé: 1885. 111-119.

Alonso, Cecilio. «Hacia una literatura nacional». *Historia de la literatura española*. Barcelona: Crítica, 210. 559-562.

Alonso Álvarez, Luis. *As tecedeiras do fume: Historia da Fábrica de Tabacos da Coruña*. Vigo: A Nosa Terra, 1998.

Alonso Montero, Xesús. «Relendo *La Tribuna* de Emilia Pardo Bazán, observacions sociolingüisticas (e algo máis) sobre as vidas de Amparo e de Chinto!». *La Tribuna. Cadernos de Estudios de Casa-Museo Pardo Bazán*. N. 18 (2023): 180-191.

Andreu, Xavier. *España o la hija de un jornalero. Wenceslao Ayguals de Izco y el primer republicanismo*. Madrid: Marcial Pons Historia. 2023.

Balboa, Xesús. «Soldados e desertores. Os Galegos e o servicio militar no século XIX». *VI Xornadas de Historia de Galicia*. Xair Castro y Jesús de Juana. Eds. Ourense: Deputación, 1981. 49-73.

Barral Martínez, Margarita. «De cómo nace el movimiento obrero en Galicia». *Revista General de Derecho del Trabajo y de la Seguridad Social* 31 (2012): 311-54.

Barreiro Fernández, Xosé Ramón. «A idologia política de Emilia Pardo Bazán. Unha aproximación ao tema». *La Tribuna. Cadernos de Estudios de Casa-Museo milia Pardo Bazán*. N. 3 (2005): 39-69.

Benjamin, Walter. *El origen del drama barroco alemán*. Trad. J. Osborne, Madrid: Taurus, 1990.

Burdiel, Isabel. *Emilia Pardo Bazán*. Barcelona: Taurus/Fundación Juan March, 2019.

Bussi, Gabriel y Javier Ozores Marchesi. «*La Tribuna*: Drama musical en Tres Actos, música de Gabriel Bussi, libreto de Javier Ozores Marchesi, basada en la novela de Emilia Pardo Bazán. "La Tribuna"». *La Tribuna. Cadernos de Estudios da Casa Museo Emilia Pardo Bazán*. N.12 (2017): 199-242.

Cagiano y Conde, Jorge. «Republicanismo y Federalismo en la Galicia del sexenio democrático (1868-1874)». *República y republicanos en Galicia*. Ed. Emilio Grandío Seoane. A Coruña: Ateneo Republicano de Galicia. 2006. 31-54.

Carrillo, Víctor. «Radiografía de una colección de novelas a mediados del siglo XIX "El novelista universal" de la Sociedad Literaria». *Movimiento obrero, política y literatura en la España contemporánea*. Eds M.Tuñón de Lara y Jean Francois Botrel. Madrid: Cuadernos para el Diálogo, 1974. 159-177.

Chang, Julia H. « "Tiempo loco". Queer Temporality in Emilia Pardo Bazán´s *La Tribuna. Revista de Estudios Hispánicos*. Tomo XLVIII. N. 3 (octubre 2014): 549-569.

Climent-Espinoso, Rafael. «Culinaria, recetarios y clase social en "La Tribuna" y "Los Pazos de Ulloa"». *Hispanofilia* 174 (2015-16): 153-169.

Díaz Nortes, Diego, «Asturies, el pacto galaico-asturiano y la olvidada Primera República». *CTXT. Contacto y Acción*. 11/2 (2023).

Duplas, Cristina. «Identidad sexuada y conciencia de clase en los espacios de mujeres en *La Tribuna*». *Letras femeninas* 22. 1-2 (1996): 189-201.

Enriquez de Salamanca, Cristina. «*Rosa, la cigarrera de Madrid* (1872) de Faustina Sáenz de Melgar como modelo de *La Tribuna* (1883) de Emilia Pardo Bazán». *La Tribuna. Cadernos de Estudios da Casa Museo Emilia Pardo Bazán*. N.6 (2008): 235-234.

Espigado Tocino, Gloria. «Mujeres radicales, utópicas, republicanas e internacionalistas en España» (1848-1874). *Ayer*. N.60 (205):15-43.

_____. «Conciencia y acción política de las mujeres durante el Sexenio Democrático». *Ayer* 78/ 2010 (2): 143-168.

Fuentes, Víctor. «La aparición del proletariado en la novelística española: Sobre *La Tribuna* de Emilia Pardo Bazán». *Grial* 31 (1971): 90-94.

García, A. «Revolución femenina: Las Cigarreras de A Palloza». *Ente Nós* (3-8-2021)

Gómez-Ferrer, Guadalupe. «*Una lectura histórica* La Tribuna de Emilia Pardo Bazán sobre un inédito de José María Jover». *Emilia Pardo Bazán. El reto de la Modernidad*. Coordinador Eusebio Morilla. Madrid: Comunidad de Madrid. Biblioteca Nacional de España, 2021. 115-131.

González Blanco, Andrés. *Historia de la novela en España desde el romanticismo a nuestros días*. Madrid: Sáenz de Jubera Hermanos, 1909.

González Herrán, José Manuel. «Lecturas críticas de *La Tribuna* de Emilia Pardo Bazán 1883-2018». *La Tribuna*: *Cadernos de Estudios da Casa-Museo Emilia Pardo Bazán*. 62-78

González Herrán y Dolores Thion Soriano. *Nueve lecciones sobre* La Tribuna *de Emilia Pardo Bazán. Les Langues Neó-Latines*. 112 anneé-Complément. N. 387. 2019.

Gullón, Germán. «¿Es *La Tribuna* una novela social?». *El narrador en la novela del siglo XIX*. Madrid: Tarus. 1976. 43-62.

Hinterhäuser, Hans. *Fin de siglo. Figuras y Temas*. Madrid: Taurus, 1980.

Jover, José María. *Política, Diplomacia y Humanismo Popular en la España del siglo XIX*. Madrid: Ediciones Turner, 1976.

_____. «*La Tribuna*, símbolo de la Revolución. Madrid». *Realidad y mito en la Primera República*. Madri: Espasa-Calpe, 1991. 93-96.

_____. «Aspectos de la civilización española en la crisis de fin de siglo». *Visperas del 98. Orígenes y antecedentes de la crisis del 98*. Eds. Juan Pablo Fusi y Antonio Niño. Madrid: Biblioteca Nueva, 1997. 15-46.

López Quitans, Javier. «¡Justicia para el pueblo!», una aproximación a los personajes de *La Tribuna"*. *En el escritorio de Emilia Pardo Bazán, «La Tribuna»*. Eds. José Manuel González Herrán y Dolores Thioón Soriamo-Molla. Binges: Édditions Orbis, Tertius, 2020. 29-60.

Mayo, Ángel. «Carmen y Amparo». MundoClásico.com. 1 de mayo 1998.

Monlleó Peris, Rosa. *La Gloriosa en Valencia, 1864-1869* (Estudios Universitarios). Valencia: Institución Alfonso el magnánimo, 1996.

Onís, Federico de. «El españolismo de Galdós». *Ensayos sobre el sentido de la cultura española*. Madrid: Publicaciones de la Residencia de Estudiantes. 1932. 111-120

Oñoro, Cristina. «Paseos proletarios en *La Tribuna. El archivo obrero de Pardo Bazán*». *Minerva:* Revista del Círculo de Bellas Artes. 40 (2023): 74-78.

Pardo Bazán, Emilia. «La mujer española». *LA España Moderna*. Año II. N. 17 (mayo 1890): 101-117.

_____. *Obras completas*. III. Madrid: Aguilar, 1956.

_____. *La Tribuna*. Madrid: Ed. Alfredo Carlos Hierro, 1883.

_____. *La Tribuna*. Madrid. Ed. José Hessen. Taurus, 1968.

_____. *La Tribuna*. Ed. Benito Varela Jácome. Madrid: Cátedra, 1975, con numerosas ediciones posteriores

_____. *La mujer española y otros artículos feministas*. Selección y Prólogo de Leda Schiavo. Madrid: Editoria Nacional, 1976.

_____. *La Tribuna. Obras completas*, I. Madrid: Biblioteca Castro. 1999. Eds. Darío Villanueva y José Manuel González Herrán.

_____. *La Tribuna*. Madrid: Alianza Editorial. Ed. 2002. Ed. Varia Sotelo Vázquez.

_____. *La Tribuna*. Edición bilingüe. Traducida al inglés por Grahan Whittaker. Liverpool: University Press, 2017.

Pérez Costales, Ramón. *Apuntes para la historia*. La Coruña: Librería de Vicene Abad, 1869.

Pérez Galdós, Benito. *Lo prohibido*. José F. Montesinos. Ed. Madrid: Cátedra, 1971.

Romero, Masiá, Ana. «As cigarreiras que coñeceu doña Emilia». *La Tribuna. Cadernos de Estudios da Casa Museo Emilia Pardo Bazán*, núm 5 (2008): 41-76.

Round, Nicholas G. «Naturalismo e ideología en *La Tribuna". Estudios ofrecidos a Emilio Alarcos Llorach*. Oviedo: Universidad de Oviedo. 325-343.

Sánchez- Llama, Íñigo. «Emilia Pardo Bazán /1851-1921) y la experiencia de lo urbano: un diálogo con Walter Benjamín (1892-1940)». *La Tribuna. Cadernos de Estudios da Casa Museo Emilia Pardo Bazán*, núm 16 (2021): 185-198.

Scanlon, Geraldine. «Class and Gender in Pardo Bazan´s *La Tribuna*». *Bulletin of Hispanic Studies*. LXVII (1990): 137-150

Sobejano, Gonzalo. «El lenguaje de la novela naturalista (en *La Tribuna*). *Realismo y Naturalismo en España en la segunda mitad del siglo XIX*. Y. Lissorgues (ed.). Barcelona: Anthropos. 583-615.

Sotelo Vázquez, Marisa. «¡*Valencianos con honra!* de Palanca y Roca, hipotexto de «Ensayo sobre literatura dramática revolucionaria», de *La Tribuna* de Emilia Pardo Bazán". *La Tribuna. Cadernos de Estudios de Casa Museo Emilia Pardo Bazán*. Núm 3 (2005): 137-148.

_____. «Amparo lee periódicos: la función educativa de la prensa revolucionaria en ´*La Tribuna*´de Emilia Pardo Bazán». *La Tribuna*, Cadernos de estudios da Casa-Museo Emilia Pardo Bazán. N. 4 (2007): 203-214.

_____. *La cigarrera revolucionaria. La tribuna* de Emilia Pardo Bazán. Madrid: Ediciones del Orto / Universidad de Minnesota, 2010.

Tsuchiya, Akiko. «Deseo y desviación sexual en la nueva sociedad de consumo: la lectura femenina en *La Tribuna* de Emilia Pardo Bazán». *Las mujeres de las letras o la letraherida. Textos y representaciones sobre la mujer de las letras en el siglo XIX*. Eds. Pura Fernádez y Marie-Linda Ortega. Madrid: Toulouse: Servicio de Publicaciones del CISC-Université de Toulouse-Le Mirail, 2008. 137-150.

Vilches, Jorge. «La Federal como utopía. La construcción de la República imaginada en el Sexenio Revolucionario (1868-1874)». *Revista de Estudios Políticos*. 180 (2018): 49-75.

Zambrano, María. «Pensamiento y poesía en la vida española». *Obras reunidas*. Madrid: Aguilar, 1969.

Zavala, Iris M. «Socialismo y literatura: Ayguals de Izco y la novela española». *Revista de Occidente*. N. 80 (Noviembre 1969): 167-188.

LA
TRIBUNA

Prólogo

Lector indulgente: No quiero perder la buena costumbre de empezar mis novelas hablando contigo breves palabras. Más que nunca debo mantenerla hoy, porque acerca de *La Tribuna* tengo varias advertencias que hacerte, y así caminarán juntos en este prólogo el gusto y la necesidad.

Si bien *La Tribuna* es en el fondo un estudio de costumbres locales, el andar injeridos en su trama sucesos políticos tan recientes como la Revolución de Setiembre de 1868, me impulsó a situarla en lugares que pertenecen a aquella geografía moral de que habla el autor de las *Escenas montañesas*, y que todo novelista, chico o grande, tiene el indiscutible derecho de forjarse para su uso particular. Quien desee conocer el plano de Marineda, búsquelo en el atlas de mapas y planos privados, donde se colecciona, no sólo el de Orbajosa, Villabermeja y Coteruco[45], sino el de las ciudades de R***, de L*** y de X***, que abundan en las novelas románticas. Este privilegio concedido al novelista de crearse un mundo suyo propio, permite más libre inventiva y no se opone a que los elementos todos del microcosmos estén tomados, como es debido, de la realidad. Tal fue el procedimiento que empleé en *La Tribuna*, y lo considero suficiente –si el ingenio me ayudase– para alcanzar la verosimilitud artística, el vigor analítico que infunde vida a una obra.

Al escribir *La Tribuna* no quise hacer sátira política; la sátira es género que admito sin poderlo cultivar; sirvo poco o nada para el caso. Pero así como niego la intención satírica, no sé encubrir que en este libro, casi a pesar mío, entra un propósito que puede llamarse docente. Baste a disculparlo el declarar que nació del espectáculo mismo de las cosas, y vino a mí, sin ser llamado, por su propio impulso. Al artista que sólo aspiraba retratar el aspecto pintoresco y característico de una *capa social*, se le presentó por añadidura la moraleja, y sería tan siste-

---

45 Orbajosa, creada por Galdós para la localización de *Doña Perfecta, Villa Bermeja* por Juan
Valera para *Las ilusiones del doctor Faustino,* y Coteruco por José María Pereda en *Don
Gonzalo González de la* Gonzalera.

mático rechazarla como haberla buscado. Porque no necesité agrupar
sucesos, ni violentar sus consecuencias, ni desviarme de la realidad
concreta y positiva, para tropezar con pruebas de que es absurdo el
que un pueblo cifre sus esperanzas de redención y ventura en formas
de gobierno que desconoce, y a las cuales por lo mismo atribuye pro-
digiosas virtudes y maravillosos efectos. Como la raza latina practica
mucho este género de culto fetichista e idolátrico, opino que si escritores de más talento que yo lo combatiesen, prestarían señalado servicio a la patria.

Y vamos a otra cosa. Tal vez no falte quien me acuse de haber
pintado al pueblo con crudeza naturalista. Responderé que si nuestro
pueblo fuese igual al que describiesen Goncourt y Zola, yo podría meditar profundamente en la conveniencia o inconveniencia de retra-
tarlo; pero resuelta a ello, nunca seguiría la escuela idealista de Trueba
y de la insigne Fernán[46], que riñe con mis principios artísticos. Lícito
es callar, pero no fingir. Afortunadamente, el pueblo que copiamos
los que vivimos del lado acá del Pirene no se parece todavía, en buen
hora lo digamos, al del lado allá. Sin adolecer de optimista, puedo
afirmar que la parte del pueblo que vi de cerca cuando tracé estos estudios, me sorprendió gratamente con las cualidades y virtudes que,
a manera de agrestes renuevos de inculta planta, brotaban de él ante
mis ojos. El método de análisis implacable que nos impone el arte moderno me ayudó a comprobar el calor de corazón, la generosidad viva,
la caridad inagotable y fácil, la religiosidad sincera, el recto sentir que
abunda en nuestro pueblo, mezclado con mil flaquezas, miserias y
preocupaciones que a primera vista lo oscurecen. Ojalá pudiese yo,
sin caer en falso idealismo, patentizar esta belleza recóndita.

No, los tipos del pueblo español en general, y de la costa cantábrica
en particular, no son aún —salvas fenomenales excepciones— los que
se describen con terrible verdad en *L'Assommoir, Germinie Lacerteux*[47]
y otras obras, donde parece que el novelista nos descubre las abomi-
naciones monstruosas de la Roma pagana, que unidas a la barbarie

---

46   Se separa la autora (1853-1921) de ambos predecesores Antonio de Trueba (1819-1889)
     y Fernán Caballero (Francisca Böhl de Faber. 1796-1877), novelistas y cuentistas de un
     costumbrismo abocado a lo colectivo popular y tradicional y con una impronta idealista.
     Ella ha mantenido mayor relieve por su novela *La Gaviota,* la cual se considera como
     pre-realista.
47   La primera de Zola (1876), y la segunda de Edmond Goncourt (1865). Ésta, con la pue-
     blerina Germinie yendo a París y cayendo en tentaciones para acabar muy mal, la po-
     demos considerar como antecedente de *La deshederada* de Galdós y, también, encuentra
     ecos en *La Tribuna.*

más grosera, retoñan en el corazón de la Europa cristiana y civilizada. Y ya que por dicha nuestra las faltas del pueblo que conocemos no rebasan de aquel límite a que raras veces deja de llegar la flaca decaída condición del hombre, pintémosle, si podemos, tal cual es, huyendo del *patriarcalismo* de Trueba como del socialismo humanitario de Sue[48], y del método de cuantos, trocando los frenos, atribuyen a Calibán las seductoras gracias de Ariel[49].

En abono de *La Tribuna* quiero añadir que los maestros Galdós y Pereda abrieron camino a la licencia que me tomo de hacer hablar a mis personajes como realmente se habla en la región de donde los saqué. Pérez Galdós, admitiendo en su *Desheredada* el lenguaje de los barrios bajos; Pereda, sentenciando a muerte a las zagalejas de porcelana y a los pastorcillos de égloga, señalaron rumbos de los cuales no es permitido apartarse ya. Y si yo debiese a Dios las facultades de alguno de los ilustres narradores cuyo ejemplo invoco, ¡cuánto gozarías, oh lector discreto, al dejar los trillados caminos de la retórica novelesca diaria para beber en el vivo manantial de las expresiones populares, incorrectas y desaliñadas, pero frescas, enérgicas y donosas!

Queda adiós, lector, y ojalá te merezca este libro la misma acogida que *Un viaje de novios*. Tu aplauso me sostendrá en la difícil vía de la observación, donde no todo son flores para un alma compasiva.

EMILIA PARDO BAZÁN
Granja de Meirás, octubre de 1882.

---

48 Eugène Sue (1804-1857), como mencionamos en la Introducción, autor francés y novelista de novelas en serie, con tendencia socialista y anticlerical, alcanzando gran popularidad en España con *Los Misterios de París* y *El judío errante*.

49 Parece referirse la autora a escritores españoles, como Ayguals de Izco, que, en la estela de Sue, idealizaban al pueblo bajo. No obstante, en *La Tribuna* si podemos ver una figuración de Calibán, el aborigen inculto, opuesto a Ariel en *La Tempestad* de Shakespeare, pero, vital y laborioso, en el personaje Chinto quien, con tales cualidades y su entrega y generosidad, va ganando presencia a través de la novela, a pesar de ser tan denostado.

– I –
Barquillos

Comenzaba a amanecer, pero las primeras y vagas luces del alba a duras penas lograban colarse por las tortuosas curvas de la calle de los Castros, cuando el señor Rosendo, el barquillero que disfrutaba de más parroquia y popularidad en Marineda[50], se asomó, abriendo a bostezos, a la puerta de su mezquino cuarto bajo. Vestía el madrugador un desteñido pantalón grancé[51], reliquia bélica, y estaba en mangas de camisa. Miró al poco cielo que blanqueaba por entre los tejados, y se volvió a su cocinilla, encendiendo un candil y colgándolo del estribadero de la chimenea. Trajo del portal un brazado de astillas de pino, y sobre la piedra del fogón las dispuso artísticamente en pirámide, cebada por su base con virutas, a fin de conseguir una hoguera intensa y flameante. Tomó del vasar un tarterón, en el cual vació cucuruchos de harina y azúcar, derramó agua, cascó huevos y espolvoreó canela. Terminadas estas operaciones preliminares, estremeciose de frío –porque la puerta había quedado de par en par, sin que en cerrarla pensase– y descargó en el tabique dos formidables puñadas.

Al punto salió rápidamente del dormitorio o cuchitril contiguo una mozuela de hasta trece años, desgreñada, con el cierto andar de quien acaba de despertarse bruscamente, sin más atavíos que una enagua de lienzo y un justillo de dril, que adhería a su busto, anguloso aún, la camisa de estopa. Ni miró la muchacha al señor Rosendo, ni le dio los buenos días; atontada con el sueño y herida por el fresco matinal que le mordía la epidermis, fue a dejarse caer en una silleta, y mientras el barquillero encendía estrepitosamente fósforos y los aplicaba a las virutas, la chiquilla se puso a frotar con una piel de gamuza el enorme cañuto de hojalata donde se almacenaban los barquillos.

Instalose el señor Rosendo en su alto trípode de madera ante la llama chisporroteadora y crepitante ya, y metiendo en el fuego las

---

50   Nombre literario que la autora da a su A Coruña natal.
51   De color rojo.

magnas tenazas, dio principio a la operación. Tenía a su derecha el barreño del amohado[52], en el cual mojaba el cargador, especie de palillo grueso; y extendiendo una leve capa de líquido sobre la cara interior de los candentes hierros, apresurábase a envolverla en el molde con su dedo pulgar, que a fuerza de repetir este acto se había convertido en una callosidad tostada, sin uña, sin yema y sin forma casi. Los barquillos, dorados y tibios, caían en el regazo de la muchacha, que los iba introduciendo unos en otros a guisa de tubos de catalejo, y colocándolos simétricamente en el fondo del cañuto; labor que se ejecutaba en silencio, sin que se oyese más rumor que el crujir de la leña, el rítmico chirrido de las tenazas al abrir y cerrar sus fauces de hierro, el seco choque de los crocantes[53] barquillos al tropezarse, y el silbo del amohado al evaporar su humedad sobre la ardiente placa. La luz del candil y los reflejos de la lumbre arrancaban destellos a la hojalata limpia, al barro vidriado de las cazuelas del vasar, y la temperatura se suavizaba, se elevaba, hasta el extremo de que el señor Rosendo se quitase la gorra con visera de hule, descubriendo la calva sudorosa, y la niña echase atrás con el dorso de la mano sus indómitas guedejas que la sofocaban.

Entre tanto, el sol, campante ya en los cielos, se empeñaba en cernir alguna claridad al través de los vidrios verdosos y puercos del ventanillo que tenía obligación de alumbrar la cocina. Sacudía el sueño la calle de los Castros, y mujeres en trenza y en cabello, cuando no en refajo y chancletas, pasaban apresuradas, cuál en busca de agua, cuál a comprar provisiones a los vecinos mercados; oíanse llantos de chiquillos, ladridos de perros; una gallina cloqueó; el canario de la barbería de enfrente redobló trinando como un loco. De tiempo en tiempo la niña del barquillero lanzaba codiciosas ojeadas a la calle. ¡Cuándo sería Dios servido de disponer que ella abandonase la dura silla, y pudiese asomarse a la puerta, que no es mucho pedir! Pronto darían las nueve, y de los seis mil barquillos que admitía la caja sólo estaban hechos cuatro mil y pico. Y la muchacha se desperezó maquinalmente. Es que desde algunos meses acá bien poco le lucía el trabajo a su padre. Antes despachaba más.

El que viese aquellos cañutos dorados, ligeros y deleznables como

---

52   Vocablo gallego, la ortografía propia es amoado. Pasta líquida de harina con azúcar o miel para hacer los barquillos.

53   Fritos, vocablo que procede del francés, *croquant*. Pardo Bazán dominaba el idioma francés.

las ilusiones de la niñez, no podía figurarse el trabajo ímprobo que representaba su elaboración. Mejor fuera manejar la azada o el pico que abrir y cerrar sin tregua las tenazas abrasadoras, que además de quemar los dedos, la mano y el brazo, cansaban dolorosamente los músculos del hombro y del cuello. La mirada, siempre fija en la llama, se fatigaba; la vista disminuía; el espinazo, encorvado de continuo, llevaba, a puros esguinces, la cuenta de los barquillos que salían del molde. ¡Y ningún día de descanso! No pueden los barquillos hacerse de víspera; si han de gustar a la gente menuda y golosa, conviene que sean fresquitos. Un nada de humedad los reblandece. Es preciso pasarse la mañana, y a veces la noche, en fabricarlos, la tarde en vocearlos y venderlos. En verano, si la estación es buena y se despacha mucho y se saca pingüe jornal, también hay que estarse las horas caniculares, las horas perezosas, derritiendo el alma sobre aquel fuego, sudando el quilo[54], preparando provisión doble de barquillos para la venta pública y para los cafés. Y no era que el señor Rosendo estuviese mal con su oficio; nada de eso; artistas habría orgullosos de su destreza, pero tanto como él, ninguno. Por más que los años le iban venciendo, aún se jactaba de llenar en menos tiempo que nadie el tubo de hojalata. No ignoraba primor alguno de los concernientes a su profesión; barquillos anchos y finos como seda para rellenar de huevos hilados, barquillos recios y estrechos para el agua de limón y el sorbete, hostias para las confiterías —y no las hacía para las iglesias por falta de molde que tuviese una cruz—, flores, hojuelas y *orejas de fraile*[55] en Carnaval, buñuelos en todo tiempo... Pero nunca lo tenía de lucir estas habilidades accesorias, porque los barquillos de diario eran absorbentes. ¡Bah!, en consiguiendo vivir y mantener la familia...

A las nueve muy largas, cuando cerca de cinco mil barquillos reposaban en el tubo, todavía el padre y la hija no habían cruzado palabra. Montones de brasa y ceniza rodeaban la hoguera, renovada dos o tres veces. La niña suspiraba de calor, el viejo sacudía frecuentemente la mano derecha, medio asada ya. Por fin, la muchacha profirió:

—Tengo hambre.

Volvió el padre la cabeza, y con expresivo arqueamiento de cejas indicó un anaquel del vasar. Encaramose la chiquilla trepando sobre

---

54   Expresión figurada, coloquial de las muchas que usa la narradora acercándose a lo que viven y hablan sus personajes: trabajo de mucha fatiga y caluroso.

55   Fruta de sartén en forma de hojuela.

la artesa, y bajó un mediano trozo de pan de mixtura[56], en el cual hincó el diente con buen ánimo. Aún rebuscaba en su falda las migajas sobrantes para aprovecharlas, cuando se oyeron crujidos de catre[57], carraspeos, los ruidos característicos del despertar de una persona, y una voz entre quejumbrosa y despótica llamó desde la alcoba cercana al portal:

—¡Amparo!

Se levantó la niña y acudió al llamamiento, resonando de allí a poco rato su hablar.

—Afiáncese, señora... así... cárguese más... aguarde que le voy a batir este jergón... (Y aquí se escuchó una gran sinfonía de hojas de maíz, un *sirrisssch*... prolongado y armonioso.)

La voz mandona dijo opacamente algo, y la infantil contestó:

—Ya la voy a poner a la lumbre, ahora mismito... ¿Tendrá por ahí el azúcar?

Y respondiendo a una interpelación altamente ofensiva para su dignidad, gritó la chiquilla:

—Y piensa que... ¡Aunque fuera oro puro! Lo escondería usted misma... Ahí está, detrás de la funda... ¿lo ve?

Salió con una escudilla desportillada en la mano, llena de morena melaza, y arrimando al fuego un pucherito donde estaba ya la cascarilla, le añadió en debidas proporciones azúcar y leche, y volviose al cuarto del portal con una taza humeante y colmada a reverter. En el fondo del cacharro quedaba como cosa de otra taza. El barquillero se enderezó llevándose las manos a la región lumbar, y sobriamente, sin concupiscencia, se desayunó bebiendo las sobras por el puchero mismo. Enjugó después su frente regada de sudor con la manga de la camisa, entró a su vez en el cuarto próximo; y al volver a presentarse, vestido con pantalón y chaqueta de paño pardo, se terció a las espaldas la caja de hoja de lata y se echó a la calle. Amparo, cubriendo la brasa con ceniza, juntaba en una cazuela berzas, patatas, una corteza de tocino, un hueso rancio de cerdo, cumpliendo el deber de condimentar el caldo del humilde menaje. Así que todo estuvo arreglado, metiose en el cuchitril, donde consagró a su aliño personal seis minutos y medio, repartidos como sigue: un minuto para calzarse los zapatos de becerro, pues todavía estaba descalza; dos para echarse un

---

56   De mezcla de maíz y centeno.
57   Cama ligera, para una persona, plegable. El nombre procede del portugués y, por tanto, del gallego o viceversa.

refajo de bayeta y un vestido de tartán[58]; un minuto para pasarse la punta de un paño húmedo por ojos y boca (más allá no alcanzó el aseo); dos minutos para escardar con un peine desdentado la revuelta y rizosa crencha, y medio para tocarse al cuello un pañolito de indiana. Hecho lo cual, se presentó más oronda que una princesa a la persona encamada a quien había llevado el desayuno. Era esta una mujer de edad madura, agujereada como una espumadera por las viruelas, chata de frente, de ojos chicos. Viendo a la chiquilla vestida se escandalizó: ¿a dónde iría ahora semejante vagabunda?

—A misa, señora, que es domingo... ¿Qué volver con noche ni con noche? Siempre vine con día, siempre... ¡Una vez de cada mil! Queda el caldo preparadito al fuego... Vaya, abur.

Y se lanzó a la calle con la impetuosidad y brío de un cohete bien disparado.

---

58   De tela de lana y colores.

– II –
Padre y madre

Tres años antes, la imposibilitada estaba sana y robusta y ganaba su vida en la Fábrica de Tabacos. Una noche de invierno fue a jabonar ropa blanca al lavadero público, sudó, volvió desabrigada y despertó tullida de las caderas. —Un aire[59], señor –decía ella al médico.

Quedose reducida la familia a lo que trabajase el señor Rosendo: el real diario que del *fondo de Hermandad* de la Fábrica recibía la enferma no llegaba a medio diente. Y la chiquilla crecía, y comía pan y rompía zapatos, y no había quien la sujetase a coser ni a otro género de tareas. Mientras su padre no se marchaba, el miedo a un pasagonzalo[60] sacudido con el cargador la tenía quieta ensartando y colocando barquillos; pero apenas el viejo se terciaba la correa del tubo, sentía Amparo en las piernas un hormigueo, un bullir de la sangre, una impaciencia como si le naciesen alas a miles en los talones. La calle era su paraíso. El gentío la enamoraba, los codazos y enviones la halagaban cual si fuesen caricias, la música militar penetraba en todo su ser produciéndole escalofríos de entusiasmo. Pasábase horas y horas correteando sin objeto al través de la ciudad, y volvía a casa con los pies descalzos y manchados de lodo, la saya en jirones, hecha una sopa, mocosa, despeinada, perdida, y rebosando dicha y salud por los poros de su cuerpo. A fuerza de filípicas maternales corría una escoba por el piso, sazonaba el caldo, traía una herrada de agua; en seguida, con rapidez de ave, se evadía de la jaula y tornaba a su libre vagancia por calles y callejones.

De tales instintos erráticos tendría no poca culpa la vida que forzosamente hizo la chiquilla mientras su madre asistió a la Fábrica. Sola en casa con su padre, apenas éste salía, ella le imitaba por no quedarse metida entre cuatro paredes: vaya, y que no eran tan alegres para que nadie se embelesase mirándolas. La cocina, oscura y angosta,

---

59   «Dar un aire», ataque de parálisis.
60   Golpecito dado en la cara con la mano.

parecía una espelunca[61], y encima del fogón relucían siniestramente
las últimas brasas de la moribunda hoguera. En el patín, si es verdad
que se veía claro, no consolaba mucho los ojos el aspecto de un montón
de cal y residuos de albañilería, mezclados con cascos de loza, tarteras
rotas, un molinillo inservible, dos o tres guiñapos viejos y un innoble
zapato que se reía a carcajadas. Casi más lastimoso era el espectáculo
de la alcoba matrimonial: la cama en desorden, porque la salida pre-
cipitada a la Fábrica no permitía hacerla; los cobertores color de hos-
pital, que no bastaba a encubrir una colcha rabicorta; la vela de sebo,
goteando tristemente a lo largo de la palmatoria de latón veteada de
cardenillo; la palangana puesta en una silla y henchida de agua ja-
bonosa y grasienta; en resumen, la historia de la pobreza y de la
incuria narrada en prosa por una multitud de objetos feos, y que la
chiquilla comprendía intuitivamente; pues hay quien sin haber nacido
entre sedas y holandas, presume y adivina todas aquellas comodidades
y deleites que jamás gozó. Así es que Amparo huía, huía de sus lares
camino de la Fábrica, llevando a su madre, en una fiambrera, el ba-
zuqueante[62] caldo; pero, soltando a lo mejor la carga, poníase a jugar
al corro, a *San Severín*, a la viudita, a cualquier cosa, con las damiselas
de su edad y pelaje.

Cuando la madre se vio encamada quiso imponer a la hija el
trabajo sedentario: era tarde. La planta rústica no se sujetaba ya al es-
paldar. Amparo había ido a la escuela en sus primeros años, años de
relativa prosperidad para la familia, sucediéndole lo que a la mayor
parte de las niñas pobres, que al poco tiempo se cansan sus padres de
enviarlas y ellas de asistir, y se quedan sin más habilidad que la
lectura, cuando son listas, y unos rudimentos de escritura. De aguja
apenas sabía Amparo nada. La madre se resignó con la esperanza de
colocarla en la Fábrica. —«Que trabaje —decía— como yo trabajé». Y
al murmurar esta sentencia suspiraba, recordando treinta años de in-
cesante afán. Ahora su carne y sus molidos huesos se tendían gusto-
samente en la cama, donde reposaba tumbada panza arriba ínterin
sudaban otros para mantenerla. ¡Que sudasen! Dominada por el terrible egoísmo que suele atacar a los viejos cuya mocedad fue
laboriosa, la impedida hizo del potro de dolor quinta de recreo. Lo
que es allí ya podían venir penas; lo que es allí a buen seguro que la

61   Cueva, o gruta tenebrosa.
62   Vocablo del gallego, Agitado; en este caso con el caminar de la la niña.

molestase el calor ni el frío. ¿Que era preciso lavar la ropa? Bueno, ella no tenía que levantarse a jabonarla, le había costado bien caro una vez. ¿Que estaba sucio el piso? Ya lo barrerían, y si no, por ella, aunque en todo el año no se barriese... ¿De qué le había servido tanto romper el cuerpo cuando era joven? De verse ahora tullida –«¡Ay, no se sabe lo que es la salud hasta después de que se pierde!» –exclamaba sentenciosamente, sobre todo los días en que el dolor artrítico le atarazaba las junturas. Otras veces, jactanciosa como todo inválido, decía a su hija: —«Sácateme de delante, que irrita el verte; de tu edad era yo una loba que daba en un cuarto de hora vuelta a una casa».

Sólo echaba de menos la animación de su Fábrica, las compañeras. A bien que las vecinas de la calle solían acercarse a ofrecerle un rato de palique: una sobre todo, Pepa la comadrona, por mal nombre señora Porreta[63]. Era esta mujer colosal, a lo ancho más aún que a lo alto; parecíase a tosca estatua labrada para ser vista de lejos. Su cara enorme, circuida por colgante papada, tenía palidez serosa. Calzaba zapatillas de hombre y usaba una sortija, de tamaño masculino también, en el dedo meñique. Acercábase a la cama de la impedida, le sometía las ropas, le abofeteaba la almohada apoyando fuertemente ambas manos en los muslos, a fin de sostener la mole de su vientre, y con voz sorda y apagada empezaba a referir chismes del barrio, escabrosos pormenores de su profesión, o las maravillosas curas que pueden obtenerse con un cocimiento de ruda, huevo y aceite, con la hoja de la malva bien machacadita, con romero hervido en vino, con unturas de enjundia de gallina. Susurraban los maldicientes que entre parleta y parleta[64] solía la matrona entreabrir el pañuelo que le cubría los hombros y sacar una botellica que fácilmente se ocultaba en cualquier rincón de su corpiño gigantesco; y ya corroboraba con un trago de anís el exhausto gaznate, ya ofrecía la botella a su interlocutora «para ir pasando las penas de este mundo». A oídos del señor Rosendo llegó un día esta especie, y se alarmó; porque mientras estuvo en la Fábrica no bebía nunca su mujer más que agua pura; pero por mucho que entró impensadamente algunas tardes, no cogió *in fraganti*[65] a las delincuentes. Sólo vio que estaban muy amigotas y compinches. Para la ex-cigarrera valía un Perú[66] la comadrona; al menos esa hablaba,

---

63 Apodo dado a la comadrona, ya que en sus expresiones, solía soltar la interjección «Porreta», coloquialismos por «estar en cueros», desnudo-a.
64 Conversación de pasatiempo y jocosa.
65 En el acto.

porque lo que es su marido... Cuando éste regresaba de la diaria co-
rrería por paseos y sitios públicos, y bajando el hombro soltaba con estrépito el tubo en la esquina de la habitación, el diálogo del
matrimonio era siempre el mismo:

—¿Qué tal? –preguntaba la tullida.

Y el señor Rosendo pronunciaba una de estas tres frases:

—Menos mal. —Un regular. —Condenadamente.

Aludía a la venta, y jamás se dio caso de que agregase género
alguno de amplificación o escolio a sus oraciones clásicas. Poseía el inquebrantable laconismo popular, que vence al dolor, al hambre, a la
muerte y hasta a la dicha. Soldado reenganchado, uncido en sus mejores años al férreo yugo de la disciplina militar, se convenció de la
ociosidad de la palabra y necesidad del silencio. Calló primero por
obediencia, luego por fatalismo, después por costumbre. En silencio
elaboraba los barquillos, en silencio los vendía, y casi puede decirse
que los voceaba en silencio, pues nada tenía de análogo a la afectuosa
comunicación que establece el lenguaje entre seres racionales y hu-
manos, aquel grito gutural en que, tal vez para ahorrar un fragmento
de palabra, el viejo suprimía la última sílaba, reemplazándola por doliente prolongación de la vocal penúltima:

—Barquilleeeeé...

66   La frase «Vale un Perú», ya estaba popularizada en la época colonial, aludía a las riquezas
de oro y plata que venían de Potosí, Perú.

– III –
Pueblo de su nacimiento

Al sentar el pie en la calle, Amparo respiró anchamente. El sol, llegado al zenit, lo alegraba todo. En los umbrales de las puertas los gatos, acurrucados, presentaban el lomo al benéfico calorcillo, guiñando sus pupilas de tigre y roncando de gusto. Las gallinas iban y venían escarbando. La bacía del barbero, colgada sobre la muestra y rodeada de una sarta de muelas rancias ya, brillaba como plata. Reinaba la soledad, los vecinos se habían ido a misa o de bureo[67], y media docena de párvulos, confiados al Ángel de la Guarda, se solazaban entre el polvo y las inmundicias del arroyo, con la chola[68] descubierta y expuestos a un tabardillo. Amparo se arrimó a una de las ventanas bajas, y tocó en los cristales con el puño cerrado. Abriéronse las vidrieras, y se vio la cara de una muchacha pelinegra y descolorida, que tenía en la mano una almohadilla de labrar donde había clavados infinidad de menudos alfileres.

—¡Hola!

—¿Hola, Carmela, andas con la labor a vueltas? –pues es día de misa.

—Por eso me da rabia... contestó la muchacha pálida, que hablaba con cierto ceceo, propio de los puertecitos de mar en la provincia de Marineda.

—Sal un poco, mujer... vente conmigo.

—Hoy... ¡quién puede! Hay un encargo... diez y seis varas de puntilla para una señora del barrio de Arriba... El martes se han de entregar sin falta.

Carmela se sentó otra vez con su almohadilla en el regazo, mientras los hombros de Amparo se alzaban entre compasivos e indiferentes, como si murmurasen –«Lo de costumbre»–. Apartose de allí, y sus pies descendieron con suma agilidad la escalinata de la plaza de Abastos, llena a la sazón de cocineras y vendedoras, y enhebrándose por entre

---

67 Diversión, entretenimiento.
68 La cabeza.

cestas de gallinas, de huevos, de quesos, salió a la calle de San Efrén, y luego al atrio de la iglesia, donde se detuvo deslumbrada.

Cuanto lujo ostenta un domingo en una capital de provincia se veía reunido ante el pórtico, que las gentes cruzaban con el paso majestuoso de personas bien trajeadas y compuestas, gustosas en ser vistas y mutuamente resueltas a respetarse y a no promover empujones. Hacían cola las señoras aguardando su turno, empavesadas y solemnes, con mucha mantilla de blonda, mucho devocionario de canto dorado, mucho rosario de oro y nácar, las madres vestidas de seda negra, las niñas casaderas, de colorines vistosos. Al llegar a los postigos que más allá del pórtico daban entrada a la nave, había crujidos de enaguas almidonadas, blandos empellones, codazos suaves, respiración agitada de damas obesas, cruces de rosarios que se enganchaban en un encaje o en un fleco, frases de miel con su poco de vinagre, como —ay, usted dispense... A mí me empujan, señora, por eso yo... No tire usted así, que se romperá el adorno... Perdone usted.

Deslizose Amparo entre el grupo de la buena sociedad marinedina, y se introdujo en el templo. Hacia el presbiterio se colocaban las señoritas, arrodilladas con estudio, a fin de no arrugarse los trapos de cristianar, y como tenían la cabeza baja, veíanse blanquear sus nucas, y alguna estrecha suela de elegante botita remangaba los pliegues de las faldas de seda. El centro de la nave lo ocupaba el piquete y la banda de música militar, en correcta formación. A ambos lados, filas de hombres, que miraban al techo o a las capillas laterales, como si no supiesen qué hacer de los ojos. De pronto lució en el altar mayor la vislumbre de oro y colores de una casulla de tisú; quedó el concurso en mayor silencio; las damas abrieron sus libros con las enguantadas manos, y a un tiempo murmuró el sacerdote *Introito* y rompió en sonoro acorde la charanga, haciendo oír las profanas notas de *Traviatta*, cabalmente los compases ardientes y febriles del dúo erótico del primer acto. El son vibrante de los metales añadía intensidad al canto, que, elevándose amplio y nutrido hasta la bóveda, bajaba después a extenderse, contenido, pero brioso, por la nave y el crucero, para cesar, de repente, al alzarse la hostia; cuando esto sucedió, la marcha real, poderosa y magnífica, brotó de los marciales instrumentos, sin que a intervalos dejase de escucharse en el altar el misterioso repiqueteo de la campanilla del acólito.

A la salida, repetición del desfile: junto a la pila se situaron tres o cuatro de los que ya no se llamaban *dandys* ni todavía gomosos, sino *pollos y gallos*[69], haciendo ademán de humedecer los dedos en agua bendita, y tendiéndolos bien enjutos a las damiselas para conseguir un fugaz contacto de guantes vigilado por el ojo avizor de las mamás. Una vez en el pórtico, era lícito levantar la cabeza, mirar a todos lados, sonreír, componerse furtivamente la mantilla, buscar un rostro conocido y devolver un saludo. Tras el deber, el placer; ahora la selecta multitud se dirigía al paseo, convidada de la música y de la alegría de un benigno domingo de marzo, en que el sol sembraba la regocijada atmósfera de átomos de oro y tibios efluvios primaverales. Amparo se dejó llevar por la corriente y presto vino a encontrarse en el paseo.

No tenía entonces Marineda el parque inglés que, andando el tiempo, hermoseó su recinto: y *las Filas*, donde se daban vueltas durante las mañanas de invierno y las tardes de verano, eran una estrecha avenida, pavimentada de piedra, de una parte guarnecida por alta hilera de casas, de otra por una serie de bancos que coronaban toscas estatuas alegóricas de las Estaciones, de las Virtudes, mutiladas y privadas de manos y narices por la travesura de los muchachos. Sombreaban los asientos acacias de tronco enteco, de clorótico follaje (cuando Dios se lo daba); sepultadas entre piedras por todos lados, como prisionero en torre feudal. A la sazón carecían de hojas, pero la caricia abrasadora del sol impelía a la savia a subir, a las yemas a hincharse. Las desnudas ramas se recortaban sobre el limpio matiz del firmamento, y a lo lejos el mar, de un azul metálico, como pavonado, reposaba, viéndose inmóviles las jarcias y arboladura de los buques surtos en la bahía, y quietos hasta los impacientes gallardetes de los mástiles. Ni un soplo de brisa, ni nada que desdijese de la apacibilidad profunda y soñolienta del ambiente.

Caído el pañuelo y recibiendo a plomo el sol en la mollera[70], miraba Amparo con gran interés el espectáculo que el paseo presentaba. Señoras y caballeros giraban en el corto trecho de *las Filas*, a paso lento y acompasado, guardando escrupulosamente la derecha. La implacable claridad solar azuleaba el paño negro de las relucientes levitas, suavizaba los fuertes colores de las sedas, descubría las menores imperfecciones de los cutis, el salseo de los guantes, el sitio

---

69   Era común, y desde mediados del siglo XIX, el uso de «pollos» para designar a jóvenes elegantes dados a la vida social, o a un o una joven aludidos por una persona de mayor edad. Lo de gallos era menos frecuente.

70   Parte más alta del casco de la cabeza.

de las antiguas puntadas en la ropa reformada ya. No era difícil conocer al primer golpe de vista a las notabilidades de la ciudad: una fila de altos sombreros de felpa, de bastones de roten[71] o concha con puño de oro, de gabanes de castor, todo puesto en caballeros provectos y seriotes, revelaba claramente a las autoridades, regente, magistrados, segundo cabo, gobernador civil; seis o siete pantalones gris perla, pares de guantes claros y flamantes corbatas denunciaban a la dorada juventud; unas cuantas sombrillas de raso, un ramillete de vestidos que trascendían de mil leguas a importación madrileña, indicaban a las dueñas del cetro de la moda. Las gentes pasaban, y volvían a pasar, y estaban pasando continuamente, y a cada vuelta se renovaba la misma profesión por el mismo orden.

Un grupo de oficiales de Infantería y Caballería ocupaba un banco entero, y el sol parecía concentrarse allí, atraído por el resplandor de los galones y estrellas de oro, por los pantalones rojo vivo, por el relampagueo de las vainas de sable y el hule reluciente del casco de los roses[72]. Los oficiales, gente de buen humor y jóvenes casi todos, reían, charlaban y hasta jugaban con un enjambre de elegantes niñas, que ni la mayor sumaría doce años, ni la menor bajaba de tres. Tenían a las más pequeñas sentadas en las rodillas, mientras las otras, de pie y con unos atisbos de timidez y pudor femenil, no osaban acercarse mucho al banco, haciendo como que platicaban entre sí, cuando realmente sólo atendían a la conversación de los militares. Al otro extremo del paseo se oyó entonces un grito conocidísimo de la chiquillería.

—Barquilleeeeé...

—Batilos... a mí batilos, chilló al oírlo una rubilla carrilluda, que cabalgaba en la pierna izquierda de un capitán de infantería portador de formidables mostachos.

—Nisita, no seas fastidiosa: te llevo a mamá –amonestó una de las mayores, con gravedad imponente.

—Pué teo batilos, batiiilos –berreó descompasadamente la rubia, colorada como un pavo y apretando sus puñitos.

—Tiene usted razón, señorita, díjole risueño un alférez de linda y adamada figura, al ver que el angelito pateaba y hacía pucheros para romper a llorar. Espérese usted, que habrá barquillos. Llamaremos a

---

71   Bastón hecho de una palma llamada rota (ratán).
72   Ros: morrión (quepis) casco o sombrero militar sin alas y con visera de hule.

ese digno funcionario... Ya viene hacia acá. Usted, Borrén –añadió dirigiéndose al capitán...– ¿quiere usted darle una voz?

—¡Eh... chss! ¡Barquilleeeeró! –gritó el capitán mostachudo, sin notar que el círculo de las grandecitas se reía de su ronquera crónica. No obstante la cual, el señor Rosendo le oyó, y se acercaba, derrengado con el peso de la caja, que depositó en el suelo delante del grupo. Se oyeron como píos y aleteos, el ruido de una canariera[73] cuando le ponen alpiste, y las chiquillas corrieron a rodear el tubo, mientras las grandes se hacían las desdeñosas, cual si las humillase la idea de que a su edad las convidaran a barquillos. Inclinada la rubia pedigüeña sobre la especie de ruleta que coronaba la caja de hojalata, impulsaba con su dedito la aguja, chillando de regocijo cuando se detenía en un número, ya ganase, ya perdiese. Su júbilo rayó en paroxismo al momento que, tendiendo la mano abierta, encima de cada dedo fue el señor Rosendo calzándole una torre de barquillos: quedose extasiada mirándolos, sin atreverse a abrir la boca para comérselos.

Estando en esto, el alférez volvió casualmente la cabeza y divisó del otro lado de los bancos un rostro de niña pobre que devoraba con los ojos la reunión. Figurose que sería por apetito de barquillos, y le hizo una seña, con ánimo de regalarle algunos. La muchacha se acercó, fascinada por el brillo de la sociedad alegre y juvenil; pero al entender que la brindaban con tomar parte en el banquete, encogiose de hombros y movió negativamente la cabeza.

—Bien harta estoy de ellos –pronunció con desdén.

—Es *la hija* –explicó sin manifestar sorpresa el barquillero, que embolsaba la calderilla[74] y bajaba el hombro para ceñirse otra vez la correa.

—Por lo visto, eres la señorita de Roséndez –murmuró el alférez en son de broma–. Vamos, Borrén, usted que es animado, dígale algo a esta pollita.

El de los mostachos consideraba a la recién venida atentamente, como un arqueólogo miraría un ánfora acabada de encontrar en una excavación. A las palabras del alférez contestó con ronco acento:

—Pues vaya si le diré, hombre. Si estoy reparando esta chica, y es de lo mejorcito que pasea por Marineda. Es decir, por ahora está sin formar, ¿eh? –y el capitán abría y cerraba las dos manos como dibu-

---

73   Jaula de cría para los pájaros canarios.
74   Monedas de poco valor.

jando en el aire unos contornos mujeriles–. Pero yo no necesito verlas cuando se completan, hombre; yo las huelo antes, amigo Baltasar. Soy perro viejo, ¿eh? Dentro de un par de años... –y Borrén hizo otro gesto expresivo cual si se relamiese.

Miraba el alférez a la muchacha, y admirábase de las predicciones de Borrén: es verdad que había ojos grandes, pobladas pestañas, dientes como gotas de leche; pero la tez era cetrina, el pelo embrollado semejaba un felpudo, y el cuerpo y traje competían en desaliño y poca gracia. Con todo, por seguir la broma, hizo el alférez que asentía a la opinión del capitán, y pronunció:

—Digo lo que el amigo Borrén: esta pollita nos va a dar muchos disgustos... Los oficiales se echaron a reír, y Amparo a su vez se fijó en el que hablaba, sin comprender al pronto sus frases.

—Cosas de Borrén... Ese Borrén es célebre –exclamaron con algazara los militares, a quienes no parecía ningún prodigio la chiquilla.

—Reparen ustedes, señores –siguió el alférez–; la chica es una perla; dentro de dos años nos mareará a todos. ¿Qué dices tú a eso, señorita de Roséndez? Por de pronto, a mí me ha desairado no aceptando mis barquillos... Mira, te convido a lo que quieras, a dulces, a jerez... pero con una condición.

Amparo enrollaba las puntas del pañuelo sin dejar de mirar de reojo a su interlocutor. No era lerda, y recelaba que se estuviesen burlando; sin embargo, le agradaba oír aquella voz y mirar aquel uniforme refulgente.

—¿Aceptas la condición? Lo dicho, te convido... pero tienes que darme algo tú también: me darás un beso.

Soltaron la carcajada los oficiales, ni más ni menos que si el alférez hubiese proferido alguna notable agudeza; las niñas grandecitas se volvieron haciendo que no oían, y Amparo, que tenía sus pupilas oscuras clavadas en el rostro del mancebo, las bajó de pronto, quiso disparar una callejera fresca[75], sintió que la voz se le atascaba en la laringe, se encendió en rubor desde la frente hasta la barba, y echó a correr como alma que lleva el diablo.

---

75 Expresión desvergonzada

– IV –
Que los tenga muy felices

Se ha mudado la decoración; ha pasado casi un año; corre el mes de enero. No llueve; el cielo está aborregado de nubes lívidas que presagian tormenta, y el viento costeño, redondo, giratorio como los ciclones, arremolina el polvo, los fragmentos de papel, los residuos de toda especie que deja la vida diaria en las calles de una ciudad. Parece como si se hubiesen asociado vendaval y cierzo: aquel para aullar, soplar, mugir; este para herir los semblantes con finísimos picotazos de aguja, colgar gotitas de fluxión en las fosas nasales, azulear las mejillas y enrojecer los párpados. En verdad que con semejante tiempo los Santos Reyes, que caballeros en sus dromedarios venían desde el misterioso país de la luz, atravesando la Palestina, a saludar al Niño, debieron notar que se les helaban las manos, llenas de incienso y mirra, y subir más que a paso la esclavina de aquellas dulletas[76] de armiño y púrpura con que los representan los pintores. A falta de esclavina, los marinedinos alzaban cuanto podían el cuello del gabán o el embozo de la capa. Es que el viento era frío de veras, y sobre todo, incómodo; costaba un triunfo pelear con él. Entrábase por las bocacalles, impetuoso y arrollador, bufando y barriendo a las gentes, a manera de fuelle gigantesco. En el páramo de Solares, que separa el barrio de Arriba del de Abajo, pasaban lances cómicos: capas que se enrollaban en las piernas y no dejaban andar a sus dueños; enaguas almidonadas que se volvían hacia arriba con fieros estallidos; aguadores que no podían con la cuba, curiales[77] a quienes una ráfaga arrebataba y dispersaba el protocolo, señoritos que corrían diez minutos tras de una chistera fugitiva, que, al fin, franqueando de un brinco el parapeto del muelle, desaparecía entre las agitadas olas... Hasta los edificios tomaban parte en la batalla: aullaban los canalones, las fallebas de las ventanas temblequeaban, retemblaban los cristales de las galerías, coreando el dúo de bajos, profundo, amenazador y te-

---

76   Batas de lana para los tiempos de frío.
77   Empleados de los tribunales o de los negocios.

meroso, entonado por los dos mares, el de la bahía y el del Varadero. Tampoco estaban ellos para bromas.

En cambio, celebrábase gran fiesta en una casa de ricos comerciantes del barrio de Abajo, la de *Sobrado Hermanos*. Era el santo de Baltasar, único vástago masculino del tronco de los Sobrados, y cuando más diabluras hacía fuera el viento, circulaban en el comedor los postres de una pesada comida de provincia, en que el gusto no había enmendado la abundancia. Sucediéranse, plato tras plato, los cebados capones, manidos y con amarilla grasa; el pavo relleno; el jamón en dulce con costra de azúcar tostado; las natillas, con arabescos de canela, y la tarta, el indispensable ramillete de los días de días, con sus cimientos de almendra, sus torres de piñonate[78], sus cresterías de caramelo y su angelote de almidón ejecutando una pirueta con las alas tendidas. Ya se aburrían los grandes de estar en la mesa; no así los niños. Ni a tres tirones se levantarían ellos, cabalmente en el feliz instante en que era lícito tirarse confites, comer con los dedos, hacer, de puro ahítos, mil porquerías y comistrajos con su ración. Todo el mundo les dejaba alborotar; era el momento de la desbandada; se habían pronunciado brindis y contado anécdotas con mayor o menor donaire; pero ya nadie tenía ánimos para sostener la conversación, y el Sobrado tío, que era grueso y abotargado, se abanicaba con la servilleta. Levantó la sesión el ama de casa, doña Dolores, diciendo que el café estaba prevenido en la sala de recibir.

En ésta se habían prodigado las luces: dos bujías a los lados del piano vertical; sobre la consola, en los candelabros de zinc, otras cuatro de estearina rosa, acanaladas; en el velador central, entre los *álbum*s y estereóscopos, un gran quinqué con pantalla de papel picado. Iluminación completa. ¡Es que por Baltasar echaban gustosos los Sobrados la casa por la ventana, y más ahora que lo veían de uniforme, tan lindo y galán mozo! A la fiesta habían sido convidados todos los íntimos: Borrén, otro alférez llamado Palacios, la viuda de García y sus niñas, de las cuales la menor era Nisita, la rubia de los barquillos, y por último, la maestra de piano de las hermanas de Baltasar. La velada se organizó, mejor dicho, se desordenó gratamente en la sala: cada cual tomó el café donde mejor le plugo: doña Dolores y su cuñado, que resoplaba como una foca, se apoderaron del sofá para entablar una conferencia sobre negocios. Sobrado el padre fumaba un

---

78   Pasta de piñones y azúcar.

puro del estanco, obsequio de Borrén, y saboreaba su café, aprovechando hasta el del platillo. La niña mayor de García, Josefina, se sentó al piano, después de muy rogada, y tras mil repulgos dio principio a una fantasía sobre motivos de Bellini[79]; Baltasar se colocó a su lado para volver las hojas, mientras sus hermanas gozaban con las gracias de Nisita, que roía un trozo de piñonate: manos, hocico y narices, todo lo tenía empeguntado de almíbar moreno.

—¡Estás bonita! —exclamaba Lola, la mayor de Sobrado—. ¡Puerca, babada, te quedarás sin dientes!

—No me impies —chillaba el angelito—; no me impies... voy a chucharme ota ves. —Y sacaba de la faltriquera un adarve del castillo de la tarta.

—¿Ha visto usted qué día? —preguntaba Borrén a la viuda de García, que bien quisiera dejar de serlo—. Una garita ha derribado el viento; por más señas que cayó sobre el centinela, ¿eh?, y a poco le mata. Y usted, ¿cómo se vino desde su casa?

—¡Jesús... puede usted figurarse! Con mil apuros... Yo no sé cómo me arreglé para sujetar la ropa... y así todo...

—¡Quién estuviera allí! Ya conozco yo alguno...

—¡Jesús... no sé para qué!

—Para admirar un pie tan lindo... y para darle el brazo, ¡hombre!, a fin de que el viento no se la llevase.

Juzgó la viuda que aquí convenía fingirse distraída, y cogió el estereóscopo, mirando por él la fachada de las Tullerías. Del piano saltó entonces un *allegro vivace*, con muchas octavas, y el tecleo cubrió las voces... sólo se oyeron fragmentos del diálogo que sostenían la agria voz de doña Dolores y la voz becerril de su cuñado.

—La fábrica, bien... de capa caída... las hipotecas... al ocho... Liquidaron con el socio... la competencia...

—Josefina —gritó la viuda a la pianista— ¿qué haces, niña? ¿No te encargó doña Hermitas que pusieses el pedal en ese pasaje?

—Y lo pone —intervino la maestra de piano—; pero debía ser desde el compás anterior... A ver, quiere usted repetir desde ahí... sol–la–do, la–do...

—¡Lo hace hoy... Jesús, qué mal! ¡Por lo mismo que hay gente! —murmuró la madre—. Cuando está sola, aunque embrolle...

---

79   Vicenzo Bellini (1801-1835), el más distinguido compositor del *bel canto* italiano en el primer tercio del siglo XIX, y devenido un clásico.

—Pues yo bien vuelvo las hojas; en mí no consiste –dijo risueño Baltasar–. Y debe usted esmerarse, pollita, que estoy de días, y Palacios la oye a usted boquiabierto y entusiasmado.

—¡Bueno! –gritó la mujercita de trece años, suspendiendo de golpe su fantasía–. Me están ustedes cortando... ea, ya no sé poner los dedos. Como no aprendí la pieza de memoria, y este papel no es el mío... Voy a tocar otra cosa.

Y echando atrás la cabeza y a Baltasar una mirada fugaz, arrancó del teclado los primeros compases de mimosa habanera. La melodía comenzaba soñolienta, perezosa, yámbica; después, de pronto, tenía un impulso de pasión, un nervioso salto; luego tornaba a desmayarse, a caer en la languidez criolla de su ritmo desigual. Y volvía monótona, repitiendo el tema, y la mujercita, que no sabía interpretar la página clásica del maestro italiano, traducía en cambio a maravilla la enervante molicie amorosa, los poemas incendiarios que en la habanera se encerraban. Josefina, al tocar, se cimbreaba levemente, cual si bailase, y Baltasar estudiaba con curiosidad aquellos tempranos coqueteos, inconscientes casi, todavía candorosos, mientras tarareaba a media voz la letra:

Cuando en la noche la blanca luna...

Diríase que fuera había aplacado la ventolina, pues los goznes de las ventanas ya no gemían, ni temblaban los vidrios. Mas de improviso se escuchó un derrumbamiento, un fragor como si el cielo se desfondase y sus cataratas se abriesen de golpe. Lluvia torrencial, que azotó las paredes, que inundó las tejas, que se precipitó por los canalones abajo, estrellándose en las losas de la calle. En la sala hubo un instante de sorpresa; Josefina interrumpió su habanera; Baltasar se aproximó a la ventana; la viuda soltó el estereóscopo, y a Nisita se le cayó de las manos el piñonate. Casi al mismo tiempo otro ruido, que subía del portal, vino a dominar el ya formidable del aguacero; una algarabía, un *chascarrás*[80] desapacible, unas voces cantando destempladamente con acompañamiento de panderos y castañuelas. Saltaron alborotadas las chiquillas, con Nisita a la cabeza.

—Ya están ahí esas holgazanas –dijo ásperamente doña Dolores–. Anda, Lola –añadió dirigiéndose a su hija mayor–: dile a Juana que las eche del portal, que lo ensuciarán.

—Mamá... ¡lloviendo tanto! –suplicó Lola–. ¡Parece no sé qué de-

---

80   Vocablo onomatopéyico del sonido de las conchas o de castañuelas al tañirlas.

cirles que se vayan! ¡Se pondrán como sopas! ¿No oye usted que el cielo se hunde?

—¡Es que eres tonta! –pronunció con rabia la madre–. Si las dejas tocar ahí, después no hay remedio sino darles algo a esas perdidas...

—¿Qué importa, mamá? –intervino Baltasar–. Hoy es mi santo.

—Que suban, que suban a cantar los Reyes –gritó unánime la concurrencia menor de tres lustros.

—Te uban... Batasal, te uban, te uban –berreó Nisita cruzando sus manos pringosas.

—Que suban, hombre, veremos si son guapas –confirmó Borrén.

Lola de esta vez no necesitó que le reiterasen la orden. Ya estaba bajando las escaleras dos a dos.

– V –
Villancico de Reyes

No tardaron en resonar pisadas en el corredor; pisadas tímidas y brutales a la vez, de pies descalzos o calzados con zapatos rudos. Al mismo tiempo las panderetas repicaban débilmente y las castañuelas se entrechocaban bajito como los dientes del que tiene miedo... Doña Dolores se incorporó con el entrecejo desapaciblemente fruncido.

—Esa Lola... ¡Pues no las trae aquí mismo! ¿Por qué no las habrá dejado en la antesala? ¡Bonita me van a poner la alfombra! ¡A ver si os limpiáis las suelas antes de entrar!

Hizo irrupción en la sala la orquesta callejera; pero al ver las niñas pobres la claridad del alumbrado, se detuvieron azoradas sin osar adelantarse. Lola, cogiendo de la mano a la que parecía capitanear el grupo, la trajo casi a la fuerza al centro de la estancia.

—Entra, mujer... que pasen las otras... A ver si nos cantáis los mejores villancicos que sepáis.

Lo cierto es que la viva luz de las bujías, tan propicia a la hermosura, patentizaba y descubría cruelmente las fealdades de aquella tropa, mostrando los cutis cárdenos, fustigados por el cierzo; las ropas ajadas y humildes, de colores desteñidos; la descalcez y flacura de pies y piernas, todo el mísero pergenio de las cantoras. Entre estas las había de muy diversas edades, desde la directora, una ágil morenilla de catorce, hasta un rapaz de dos años y medio, todo muerto de vergüenza y temor, y un mamón de cinco meses, que por supuesto venía en brazos.

—¡Hombre! –exclamó Borrén al ver a la morena.

—¡Pues si es la chiquilla del barquillero! Somos conocidos antiguos, ¿eh?

—Sí, señor... –contestó ella intrépidamente–. La misma. Y yo le conocí a usted también. Es usted el que estaba en *las Filas* el año pasado un día de fiesta.

Como para los pobres suele no haber estaciones, Amparo tenía el mismo traje de tartán, pero muy deteriorado, y una toquilla de estambre rojo era la única prenda que indicaba el tránsito de la primavera al invierno. A despecho de tan mezquino atavío, no sé qué flor de adolescencia empezaba a lucir en su persona; el moreno de su piel era más claro y fino, sus ojos negros resplandecían.

—¿Qué tal, eh? –murmuró Borrén volviéndose hacía Baltasar y Palacios–. Esto empieza a picar como las guindillas... Miren ustedes para aquí.

Y tomado un candelero lo acercó al rostro de la muchacha. Como Baltasar se había aproximado, sus pupilas se encontraron con las de Amparo, y ésta vio una fisonomía delicada, casi femenil, de efebo; un bigotillo blondo incipiente, unos ojos entre verdosos y garzos que la registraban con indiferencia. Acordose, y sintió que se le arrebataba la sangre a las mejillas.

—El señorito del paseo –balbució–. También me acuerdo de usted.

—Y yo de ti, niña bonita –respondió él, por decir algo.

—¿Quiere usted poner el candelero en su sitio, Borrén? –interpeló Josefina con voz aguda–. Me ha manchado usted todo el traje.

—¡Mire usted qué graciosilla es esta, hombre! –advirtió Borrén señalando a Carmela la encajera, que tenía los ojos bajos–. Algo descolorida... pero graciosa.

—¡Calle! –dijo la viuda de García...–. ¿Tú por aquí? Me llevarás mañana un pañuelo imitando Cluny...

—¡La de las puntillas! –exclamó doña Dolores–. ¡Buena pieza! Ahora las hacéis muy mal, tú y tu tía... Ponéis hilo muy gordo.

—¡Se ve tan poco... los días son tan cortos! Y tiene una las manos frías; en hacer una cuarta de puntilla se va una mañana. Casi, descontando lo que nos cuesta el hilo, no sacamos para arrimar el puchero a la lumbre...

Entre tanto Nisita se iba abriendo camino al través de piernas y sillas, hasta acercarse a la niña de ocho años que llevaba en brazos al rorro.

—Un tiquito... un tiquito –gritaba la rubilla mirándole compadecida y embelesada–. Ámelo.

—No podrás con él –respondía desdeñosamente la niñera.

—Le oy teta –argüía Nisita haciendo el ademán correspondiente al ofrecimiento.

—¿Quién os enseñó a cantar? –preguntó a la encajera la viuda de García.

—Enseñar, nadie... Nos reunimos nosotras. Tenemos un libro de versos.

—¿Y andáis por ahí divirtiéndoos?

—Divertir, no nos divertimos... hace frío –contestó Carmela con su voz cansada y dulce–. Es por llevar unos cuantos reales a la casa.

—¡Mamá, Osepina, Loló! –vociferaba la rubilla–. Un tiquito, un nino Quetús. Mía, mía.

Todos se volvieron y divisaron a la infeliz oruga humana, envuelta en un mantón viejísimo, con una gorra de lana morada, que aumentaba el tono de cera de su menuda faz, arrugada y marchita como la de un anciano por culpa de la mala alimentación y del desaseo. Sus ojuelos negros, muy abiertos, miraban en derredor con vago asombro, y de sus labios fluía un hilo de baba. La viuda de García, que era bonachona, lanzó una exclamación que corearon las niñas de Sobrado.

—¡Jesús... angelito de Dios... tan pequeño, por esas calles y con este día! ¿Pero qué hace su madre?

—Mi madre tiene tienda en la calle del Castillo... Somos siete con éste, y yo soy la mayor... –alegó a guisa de disculpa la que llevaba la criatura.

—¡Jesús!... ¿Pero cómo hacéis para que no llore? ¿Y si tiene hambre?

—Le meto la punta del pañuelo en la boca para que chupe... Es muy listito, ya se entretiene mucho.

Riéronse las niñas, y Lola tomó al nene en brazos.

—¡Qué ligero! –pronunció–. ¡Si pesa más la muñeca grande de Nisita!

Pasó de mano en mano el leve fardo, hasta llegar a Josefina, que lo devolvió a la portadora muy deprisa, declarando que olía mal.

—No ven el agua ni una vez en el año –decía confidencialmente a su cuñado doña Dolores– y salen más fuertes que los nuestros. Yo, matándome, y sin poder conseguir que esa Lola se robustezca. Amparo observaba la sala, el piano de reluciente barniz, el menguado espejo, las conchas de Filipinas y aves disecadas que adornaban la consola, el juego de café con filete dorado, los trajes de las de García, el grupo imponente del sofá, y todo le parecía bello, ostentoso y distinguido, y sentíase como en su elemento, sin pizca ya de cortedad ni extrañeza.

—¿Y tú, qué haces, señorita de Roséndez? –interrogó Baltasar–. ¿Andar de calle en calle canturreando? Bonito oficio, chica; me parece a mí que tú...

—¿Y qué quiere que haga? –replicó ella.

—Encajes, como tu amiguita.

—¡Ay!, no me aprendieron.

—¿Pues qué te *aprendieron*[81], hija? ¿Coser?

—¡Bah! Tampoco. Así, unas puntaditas...

—¿Pues qué sabes tú? ¿Robar los corazones?

—Sé leer muy bien y escribir regular. Fui a la escuela, y decía el maestro que no había otra como yo. Le leo todos los días *La Soberanía Nacional*[82] al barbero de enfrente.

—Pusiste una pica en Flandes[83]. ¿No sabes más?

—Liar puros.

—¡Hola! ¿Eres cigarrera?

—Fue mi madre.

—Y tú, ¿por qué no?

—No tengo quien me meta en la Fábrica... Hacen falta empeños.

—Pues mira este señor puede recomendarte casualmente... Oiga usted. Borrén, ¿no es usted primo del contador de la Fábrica? Diga usted.

—¡Hombre! es cierto. Del contador no, pero de su señora... Es murciana, somos hijos de primos hermanos.

—¡Magnífico! Dile tu nombre y tus señas, chica.

—Sí, hija... se hará lo posible, ¿eh? Por servir a una morena tan sandunguera... Vas a valer más pesetas con el tiempo... Hombre, ¿no repara usted Baltasar, lo que ganó desde el año pasado?

—Mucho más guapa está –declaró Baltasar.

—¿Pero estas chiquillas no cantan? –interrumpió con dureza Josefina García–. ¿Han venido aquí a hacernos tertulia? Para eso, que se larguen. No se ganan los cuartos charlando.

—¡A cantar! –contestaron resignadamente todas; y al punto redoblaron las castañuelas, repiquetearon los panderos, rechinaron las

81 Debería decir enseñaron, pero, en el castellano gallego se suele dar tal cambio.
82 Diario progresista fundado en diciembre de 1864 por Ángel Fernández de los Ríos.
83 Lograr algo dificultoso, provechoso. «Poner una pica en Flandes», es una de esas tradiciones y populares frases que se remontan a los siglos XVI y XVII. Se refiere a lo difícil, dado las distancias y costes de llevar los tercios militares españoles a la guerra de los Ochenta años (1568-1648) con los Países Bajos, Bélgica y Holanda, que fueran del dominio español. La pica alude a la lanza de combate.

conchas, exhaló su estridente nota el triángulo de hierro, y diez voces mal concertadas entonaron un villancico:

> Los pastores en Belén
> Todos a juntar en leña
> Para calentar al Niño
> Que nació en la Noche–Buena...

Y al llegar al estribillo:

> Toquen, toquen rabeles y gaitas,
> Panderetas, tambores y flautas...

se armó un estrépito de dos mil diablos: chillaban y tocaban a la vez, con ambas manos, y aun hiriendo con los pies el suelo. Hasta el rorro, asustado por la bulla o desentumecido por el calor y vuelto a la conciencia de su hambre, se resolvió a tomar parte en el concierto. Las niñas de Sobrado y García, locas de regocijo, se asieron de las manos, y empezaron a bailar en rueda, con las trenzas flotantes y volanderas las enaguas. Nisita, igualitaria como nadie, cogió el parvulillo de dos años y lo metió en el corro, donde la pobre criatura hubo de danzar mal de su grado, soltando a cada paso sus holgadas babuchas. Borrén, por hacer algo, jaleó a las bailadoras. Aprovechando un momento de confusión, Lola se escurrió y volvió trayendo en la falda del vestido una mescolanza de naranjas, trozos de piñonate, almendras, bizcochos, pasas, galletas, relieves de la mesa amontonados a escape, que comenzó a distribuir con largueza y garbo. Doña Dolores saltó hecha una furia.

—Esta chiquilla está loca..., me desperdicia todo... cosas finas... ¡y para quién, vean ustedes!... ¡Con una taza de caldo que les diesen!... ¡Y el vestido... el vestido azul estropeado!

Diciendo lo cual, se aproximó disimuladamente a Lola y le apretó con ira el brazo. Baltasar intercedió una vez más: era su santo, un día en el año. Sobrado padre tartamudeó también disculpas de su hija, a quien quería entrañablemente; y Borrén, siempre obsequioso, acabó de repartir las golosinas. Carmela la encajera y Amparo rehusaron con dignidad su parte; pero la chiquillería despachó su ración atragantándose, en las mismas barbas de doña Dolores, que consumó la venganza dando por terminados los villancicos y poniendo en la escalera a músicos y danzantes.

– VI –
Cigarros puros

Hizo Borrén, la recomendación a su prima, que se la hizo al contador, que se la hizo al jefe, y Amparo fue admitida en la Fábrica de cigarros. El día en que recogió el nombramiento hubo en casa del barquillero la fiesta acostumbrada en casos semejantes, fiesta no inferior a la que celebrarían si se casase la muchacha[84]. Hizo la madre decir una misa a Nuestra Señora del Amparo, patrona de las cigarreras; y por la tarde fueron convidados a un asiático festín el barbero de enfrente, Carmela, su tía, y la señora Porreta la comadrona: hubo empanada de sardina, bacalao, vino de Castilla, anís y caña a discreción, rosoli[85], una enorme fuente de papas de arroz con leche.

Privado de la ayuda de Amparo, el barquillero había tomado un aprendiz, hijo de una lavandera de las cercanías. Jacinto, o Chinto, tenía facciones abultadas e irregulares, piel de un moreno terroso, ojos pequeños y a flor de cara: en resumen, la fealdad tosca de un villano feudal. Sirvió a la mesa, escanció, y fue la diversión de los comensales, por sus largas melenas, semejantes a un ruedo, que le comían la frente; por su faja de lana, que le embastecía la ya no muy quebrada cintura; por su andar torpe y desmañado, análogo al de un moscardón cuando tiene las patas untadas de almíbar; por su puro dialecto de las Rías Saladas, que provocaba la hilaridad de aquella urbana reunión. El barbero, que era *leído, escribido* y muy redicho; la encajera, que la daba de fina, y la comadrona, que gastaba unos chistes del tamaño de su panza, compitieron en donaire burlándose de la rusticidad del mozo. Amparo ni lo miró, tan ridículo le había parecido la víspera cuando entró llorando, trayéndolo medio arrastro su madre: Carmela fue la única que le habló humanamente, y le dijo el nombre de dos o tres cosas, que él preguntaba sin lograr más respuesta que bromas y embustes. Así que todos manducaron a su sabor, echaron las sobras revueltas en un

---

84 Para la gente humilde, entrar a trabajar en la Fábrica del Estado tenía mucho de ser un privilegio.
85 Aguardiente con canela, azúcar y otros ingredientes olorosos.

plato, como para un perro, y se las dieron al paisanillo, que se acostó ahíto, roncando formidablemente hasta el otro día.

Amparo madrugó para asistir a la Fábrica. Caminaba a buen paso, ligera y contenta como el que va a tomar posesión del solar paterno. Al subir la cuesta de San Hilario, sus ojos se fijaban en el mar, sereno y franjeado de tintas de ópalo, mientras pensaba en que iba a ganar bastante desde el primer día, en que casi no tendría aprendizaje, porque al fin los puros la conocían, su madre le había enseñado a envolverlos, poseía los heredados chismes del oficio, y no le arredraba la tarea. Discurriendo así, cruzó la calzada y se halló en el patio de la Fábrica, la vieja *Granera*. Embargó a la muchacha un sentimiento de respeto. La magnitud del edificio compensaba su vetustez y lo poco airoso de su traza; y para Amparo, acostumbrada a venerar la Fábrica desde sus tiernos años, poseían aquellas murallas una aureola de majestad, y habitaba en su recinto un poder misterioso, el Estado, con el cual sin duda era ocioso luchar, un poder que exigía obediencia ciega, que a todas partes alcanzaba y dominaba a todos. El adolescente que por vez primera huella las aulas experimenta algo parecido a lo que sentía Amparo.

Pudo tanto en ella este temor religioso, que apenas vio quién la recibía, ni quién la llevaba a su puesto en el taller. Casi temblaba al sentarse en la silla que le adjudicaron. En derredor suyo, las operarias alzaban la cabeza, ojos curiosos y benévolos se fijaban en la novicia. La maestra del partido estaba ya a su lado, entregándole con solicitud el tabaco, acomodando los chismes, explicándole detenidamente cómo había de arreglarse para empezar. Y Amparo, en un arranque de orgullo, atajaba a las explicaciones con un «ya sé cómo» que la hizo blanco de miradas. Sonriose la maestra y le dejó liar un puro, lo cual ejecutó con bastante soltura; pero al presentarlo acabado, la maestra lo tomó y oprimió entre el pulgar y el índice, desfigurándose el cigarro al punto.

—Lo que es saber, como lo material de saber, sabrás... —dijo alzando las cejas—. Pero si no despabilas más los dedos... y si no le das más hechurita... Que así, parece un espanta-pájaros.

—Bueno —murmuró la novicia confusa—: nadie nace aprendido.

—Con la práctica... —declaró la maestra sentenciosamente, mientras se preparaba a unir el ejemplo a la enseñanza—. Mira, así... a modito...

No valía apresurarse. Primero era preciso extender con sumo cuidado, encima de la tabla de liar, la envoltura exterior, la epidermis del cigarro, y cortarla con el cuchillo trazando una curva de quince milímetros de inclinación sobre el centro de la hoja para que ciñese exactamente el cigarro; y esta capa requería una hoja seca, ancha y fina, de lo más selecto: así como la dermis del cigarro, el *capillo*, ya la admitía de inferior calidad, lo propio que la tripa o *cañizo*. Pero lo más esencial y difícil era rematar el puro, hacerle la punta con un hábil giro de la yema del pulgar y una espátula mojada en líquida goma, cercenándole después el rabo de un tijeretazo veloz. La punta aguda, el cuerpo algo oblongo, la capa liada en elegante espiral, la tripa no tan apretada que no deje respirar el humo ni tan floja que el cigarro se arrugue al secarse, tales son las condiciones de una buena tagarnina. Amparo se obstinó todo el día en fabricarla, tardando muchísimo en elaborar algunas, cada vez más contrahechas, y estropeando malamente la hoja. Sus vecinas de mesa le daban consejos oficiosos: había discordia de pareceres: las viejas le encomendaban que cortase la capa más ancha, porque sale el cigarro mejor formado y porque «así lo habían hecho ellas toda la vida»; y las jóvenes, que más estrecha, que se enrolla más pronto. Al salir de la Fábrica, le dolía a Amparo la nuca, el espinazo, el pulpejo de los dedos.

Poco a poco fue habituándose y adquiriendo destreza. Lo peor era que la afligía la nostalgia de la calle, no acertando a hacerse a la prolija jornada de trabajo sedentario. Para Amparo la calle era la patria, el paraíso terrenal. La calle le brindaba mil distracciones, de balde todas. Nadie le vedaba creer que eran suyos los lujosos escaparates de las tiendas, los tentadores de las confiterías, las redomas de color de las boticas, los pintorescos tinglados de la plaza; que para ella tocaban las murgas, los organillos, la música militar en los paseos, misas y serenatas; que por ella se revistaba la tropa y salía precedido de sus maceros[86] con blancas pelucas el Excelentísimo Ayuntamiento. ¿Quién mejor que ella gozaba del aparato de las procesiones, del suelo sembrado de espadaña, del palio majestuoso, de los santos que se tambalean en las andas, de la Custodia cubierta de flores, de la hermosa Virgen con manto azul sembrado de lentejuelas? ¿Quién lograba ver más de cerca al capitán general portador del estandarte, a los señores que alumbraban, a los oficiales que marcaban el paso en cadencia?

---

86   Quienes por delante portaban la maza o estandarte.

Pues, ¿y en Carnaval? Las mascaradas caprichosas, los confites arrojados de la calle a los balcones, y viceversa, el entierro de la sardina[87], los cucuruchos de dulce de la piñata, todo lo disfrutaba la hija de la calle. Si un personaje ilustre pasaba por Marineda, a Amparo pertenecía durante el tiempo de su residencia: a fuerza de empellones la chiquilla se colocaba al lado del infante, del ministro, del hombre célebre; se arrimaba al estribo de su coche, respiraba su aliento, inventariaba sus dichos y hechos.

¡La calle! ¡Espectáculo siempre variado y nuevo, siempre concurrido, siempre abierto y franco! No había cosa más adecuada al temperamento de Amparo, tan amiga del ruido, de la concurrencia, tan bullanguera, meridional y extremosa, tan amante de lo que relumbraba. Además, como sus pulmones estaban educados en la gimnasia del aire libre, se deja entender la opresión que experimentarían en los primeros tiempos de cautiverio en los talleres, donde la atmósfera estaba saturada del olor ingrato y herbáceo del Virginia humedecido y de la hoja medio verde, mezclado con las emanaciones de tanto cuerpo humano y con el fétido vaho de las letrinas próximas. Por otra parte, el aspecto de aquellas grandes salas de cigarros comunes era para entristecer el ánimo. Vastas estanterías de madera ennegrecida por el uso, colocadas en el centro de la estancia, parecían hileras de nichos. Entre las operarias, alineadas a un lado y a otro, había sin duda algunos rostros jóvenes y lindos; pero así como en una menestra se destaca la legumbre que más abunda, en tan enorme ensalada femenina no se distinguían al pronto sino greñas incultas, rostros arados por la vejez o curtidos por el trabajo, manos nudosas como ramas de árbol seco.

El colorido de los semblantes, el de las ropas y el de la decoración se armonizaba y fundía en un tono general de madera y tierra, tono a la vez crudo y apagado, combinación del castaño mate de la hoja, del amarillo sucio de la vena, del dudoso matiz de los serones de esparto, de la problemática blancura de las enyesadas paredes, y de los tintes sordos, mortecinos al par que discordantes, de los pañuelos de cotonía, las sayas de percal, los casacos de paño, los mantones de lana y los paraguas de algodón. Amparo se perecía por los colores vivos y fuertes, hasta el extremo de pasarse a veces una hora delante de algún

---

87   Farsa representada al final del Carnaval, en tantos pueblos y lugares de Galicia el miércoles de ceniza o el domingo de piñata. El niño mayoral de la comparsa de muchachos lleva una sardina muerta en una caja y todos entonan un llanto.

escaparate contemplando una pieza de seda roja: así es que los primeros días, el taller con su colorido bajo le infundía ganas de morirse. Pero no tardó en encariñarse con la Fábrica, en sentir ese orgullo y apego inexplicables que infunde la colectividad y la asociación, la fraternidad del trabajo. Fue conociendo los semblantes que la rodeaban, tomándose interés por algunas operarias, señaladamente por una madre y una hija que se sentaban a su lado. Medio ciega ya y muy temblona de manos, la madre no podía hacer más que *niños*, o sea la envoltura del cigarro; la hija se encargaba de las puntas y del corte, y entre las dos mujeres despachaban bastante, siendo muy de notar la solicitud de la hija y el afecto que se manifestaban las dos, sin hablarse, en mil pormenores, en el modo de pasarse la goma, de enseñarse el mazo terminado y sujeto ya con su faja de papel, de partir la moza la comida con su navaja, y de acercarla a los labios de la vieja.

Otra causa para que Amparo se reconciliase del todo con la Fábrica, fue el hallarse en cierto modo emancipada y fuera de la patria potestad desde su ingreso. Es verdad que daba a sus padres algo de las ganancias, pero reservándose buena parte; y como la labor era a destajo, en las yemas de los dedos tenía el medio de acrecentar sus rentas, sin que nadie pudiese averiguar si cobraba ocho o cobraba diez. Desde el día de su entrada vestía el traje clásico de las cigarreras: el mantón, el pañuelo de seda para solemnidades, la falda de percal planchada y con cola.

o

– VII –
Preludios

Tardó Chinto en aclimatarse: mucho tiempo pasó echando de menos la aldea. Dos cosas ayudaron a distraer su morriña: un amolador[88], que se situaba bajo los soportales de la calle de Embarcaderos, y el mar. Cuantos momentos tenía libres el paisanillo, dedicábalos a la contemplación de alguno de sus dos amores. No se cansaba jamás de ver los altibajos de la pierna del amolador, el girar sin fin de la rueda, el rápido saltar de las chispas y arenitas al contacto del metal, ni de oír el *¡rsss!* del hierro cuando el asperón lo mordía. Tampoco se hartaba de mirar al mar, encontrándolo siempre distinto: unas veces ataviado con traje azul claro, otras, al amanecer, semejante a estaño en fusión; por la tarde, al ocaso, parecido a oro líquido, y de noche, envuelto en túnica verde oscura listada de plata. ¡Y cuando entraban y salían las embarcaciones! Ya era un gallardo bergantín, alzando sus dos palos y su cuadrado velamen; ya una graciosa goleta, con su cangreja[89] desplegada, rozando las olas como una gaviota; ya un paquete, con sus alas de espuma en los talones y su corona de humo en la frente; ya un fino laúd[90]; ya un elegante esquife; sin nombrar las lanchas pescadoras, los pesados lanchones, los galeones panzudos, los botes que volaban al golpe acompasado de los remos... Si Chinto no fuese un animal, podría alegar en su abono que el Océano y el voltear de una rueda son imágenes apropiadas de lo infinito; pero Chinto no entendía de metafísicas.

Más adelante, al reparar en Amparo, se halló mejor en el pueblo. Si algo se burlaba de él la despabilada chiquilla, al fin era una muchacha, un rostro juvenil, una voz fresca y sonora. Entre el señor Rosendo y su triste laconismo; la tullida y su tiranía doméstica; Pepa la comadrona, que lo asustaba de puro gorda, y lo crucificaba a chistes, o Amparo, desde luego se declararon por ésta sus simpatías. Todas las

---

88   Afilador de cuchillos e instrumentos cortantes, en la muela o piedra rotativa de afilar.
89   Vela cangreja, de forma trapezoidal, izada sujeta por un pico y controlada por una botavara.
90   Pequeña embarcación de un solo palo, con vela latina.

tardes, con el cilindro de hojalata terciado al hombro, iba a buscarla a la salida de la Fábrica. Esperaba rodeado de madres que aguardaban a sus hijas, de niños que llevaban la comida a sus madres, de gente pobre, que rara vez hacía gasto de barquillos, como no fuese por la exorbitante cantidad de un octavo o un cuarto. No obstante, Chinto no faltaba un solo día a su puesto.

Algo variado en su exterior estaba el aprendiz. Patizambo como siempre, era en sus movimientos menos brutal. La vida ciudadana le había enseñado que un cuerpo humano no puede tomarse todo el espacio por suyo, antes necesita ceñirse a que otros cuerpos transiten por los mismos lugares que él. Chinto dejaba, pues, más hueco, se recogía, no se balanceaba tanto. La blusa de cutí[91] azul dibujaba sus recias espaldas, descubriendo cuello y manos morenas; ancho sombrerón de detestable fieltro gris honraba su cabeza, monda y lironda ya por obra y gracia del barbero.

Una hermosa tarde estival aguardaba a Amparo muy ufano, porque en los bolsillos de la blusa le traía melocotones, adquiridos en la plaza con sus ahorros. Como un cuarto de hora llevaban de ir saliendo las operarias ya, y la hija del barquillero sin aparecer. Gran animación a la puerta, donde se estableciera un mercadillo; no faltaba el puesto de cintas, dedales, hilos, alfileres y agujas; pero lo dominante era el marisco, cestas llenas de mejillones cocidos ya, esmaltados de negro y naranja; de erizos verdosos y cubiertos de púas, de percebes arracimados y correosos, de argentadas sardinas, y de mil menudos frutos de mar, bocinas, lapas, almejas, calamares que dejaban pender sus esparcidos tentáculos como patas de arañas muertas. Semejante cuadro, cuyo fondo era un trozo de mar sereno, un muelle de piedras desiguales, una ribera peñascosa, tenía mucho de paisaje napolitano, completando la analogía los trajes y actitudes de los pescadores que no muy lejos tendían al sol redes para secarlas. De pie, en el umbral del patio, un ciego se mantenía inmóvil, muerta la cara, mal afeitadas las barbas que le azuleaban las mejillas, lacio y en trova el grasiento pelo, tendiendo un sombrero abollado, donde llovían cuartos y mendrugos en abundancia.

Miraba Chinto a la bahía con la boca abierta, y cuando al fin salió Amparo, no pudo verla: ella en cambio le divisó desde lejos, y veloz como una saeta, varió de rumbo, tomando por la insigne calle del Sol,

91 Tela de lienzo rayado y con dibujos.

que componen media docena de casas gibosas y dos tapias coronadas de hierba y alelíes silvestres. Corrió hasta alcanzar el camino del Crucero, y dejándolo a un lado, atravesó a la carretera y a la cuesta de San Hilario, donde refrenó el paso creyéndose en salvo ya. ¡También era manía la del zopenco aquel, de no dejarla a sol ni a sombra, y darle escolta todas las tardes! ¡Y como su compañía era tan divertida, y como él hablaba tan graciosamente, que no parece sino que tenía la boca llena de engrudo, según se le pegaban las palabras a la lengua! Así discurría Amparo, mientras bajaba hacia la Puerta del Castillo, defendida todavía, como *in illo tempore*[92], por su puente levadizo y sus cadenas rechinantes.

Al propio tiempo subían unas señoras, con las cuales se cruzó la cigarrera. Iban casi en orden hierático; delante las niñas de corto, entre quienes descollaba Nisita, ya espigada, provista de una gran pelota; luego el grupo de las casaderas, Josefina García, Lola Sobrado, luciendo sus mantillas y sus colas recientes; los flancos de este pelotón los reforzaban Baltasar y Borrén, y como Baltasar no se había de poner al ladito de su hermana, tocábale ir cerca de Josefina. Cerraban la marcha la viuda de García y doña Dolores, ésta carilarga y erisipelatosa[93] de cutis, la viuda sin tocas ni lutos, antes muy empavesada de colores alegres.

Los destellos del sol poniente, muriendo en las aguas de la bahía, alumbraron a un tiempo a Baltasar y a Amparo, haciendo que mutuamente se viesen y se mirasen. El mancebo, con su bigote blondo, su pelo rubio, su tez delicada y sanguínea, el brillo de sus galones que detenían los últimos fulgores del astro, parecía de oro; y la muchacha, morena, de rojos labios, con su pañuelo de seda carmesí, y las olas encendidas que servían de marco a su figura, semejaba hecha de fuego. Ambos se miraron en un instante, instante muy largo, durante el cual se creyeron envueltos en la irradiación de una atmósfera de luz, calor y vida. Al dejar de contemplarse, fuese que el esplendor del ocaso es breve y se extingue luego, fuese por otras causas íntimas y psicológicas, imaginaron que sentían un hálito frío y que empezaba a anochecer. Oyose la palabra ronca de Borrén el inaguantable.

—¿La has visto?

—¿A quién? –balbució el teniente Baltasar, que fingía considerar

---

92   En aquel (otro) tiempo.
93   Con erisipela o inflamación de la dermis causando un color rojizo

con suma atención la punta de sus botas, por no encontrarse con la ojeada investigadora de Josefina.

—¿A la chiquilla del barquillero... a la cigarrera?

—¿Cuál? ¿Era esa que pasaba? —contestó al fin aceptando la situación.

—Sí, hombre, ésa... ¿Qué tal? ¿Tengo buen ojo?

—Yo también la conocí —pronunció Josefina, cuya voz de tiple ascendía al tono sobreagudo.

— A mí no me ha saludado... —añadió Borrén—. No me conoció tal vez... y eso que yo la metí en la Granera... yo la recomendé. ¡Bien dije siempre que había de ser una chica preciosa! Lo que es de otra cosa no entenderé, hombre; pero de ese género... ¿Qué les pareció a ustedes?

—¿A mí? —murmuró Josefina entre dientes y con agresivo silbido de vocales—. No me pregunte usted, Borrén... Esas mujeres ordinarias me parecen todas iguales, cortadas por el mismo patrón. Morena... muy basta.

—¡Ave María, Josefina! —dijo escandalizada Lola Sobrado—. No tuviste tiempo de verla: es hermosa y reúne mucha gracia. Fíjate otra vez en ella... si vuelve a pasar, te daré al codo.

—No te molestes... no merece la pena; es el tipo de una cocinera como todas las de su especie.

Baltasar hallaba incómoda la conversación y buscaba un pretexto para cambiarla. Atravesaban por delante de un campo cubierto de hierba marchita, especie de landa estéril cercada por lienzos de muralla de las fortificaciones. Había allí una parada de borricos de alquiler, que aguardaban pacíficamente, con las orejas gachas, a sus acostumbrados parroquianos, mientras los burreros y espoliques[94], sentados en el malecón, jugaban con sus varas, departían amigablemente, y picando con la uña un cigarro de a cuarto, abrumaban a ofrecimientos a los transeúntes.

—¿Un burro, señorito? ¿Un burro precioso? ¿Un burro mejor que los caballos? ¿Vamos a Aldeaparda? ¿Vamos a la Erbeda?

Acercose Baltasar a las niñas de corto, y dijo a Nisita:

—¿Una vuelta por el campo?

A la chiquilla se la encandilaron los ojos, y soltando la pelota, echó los brazos al teniente con sonrisa zalamera. Baltasar la aupó, colo-

---

94   Mozos que caminan a pie delante de la caballería en que van sus amos.

cándola sobre los lomos de un asnillo, que aún tenía puestas jamugas[95] de dorados clavos. Y tomando la vara de manos del alquilador, comenzó a arrear... «¡Arre, burro!, ¡arre!, ¡arre!, ¡arre!, ¡arre!».

Amparo, al llegar a la entrada de *las Filas*, sintió detrás de sí una respiración anhelosa y como el trotar de una acosada alimaña montés, y casi al mismo tiempo emparejó con ella Chinto, sudoroso y jadeante. La perseguida se volvió desdeñosamente, fulminando al perseguidor una mirada de despide-huéspedes.

—¿Para qué corres así, majadero? –díjole en desabrido tono–. ¿Si creerás que me escapo? Cuidado que...

—Allí... –contestó él echando los bofes, tal era su sobrealiento...– allí... porque no te vinieses sin compaña... allí... ¡yo me entretuve con el vapor de la Habana, que salía... más bonito, conchas!, ¡humo que echaba! ¿Por dónde viniste que no te vi?

—Por donde me dio la gana, ¡repelo[96]! Y ya te aviso que no me vuelvas a pudrir la sangre con tus compañías... ¿Soy yo aquí alguna niña pequeña? Anda a vender barquillos, que ahí en el paseo hay quien compre, y en la Fábrica maldito si sacas un real en toda la tarde...

---

95   Sillas de tijera que se coloca sobre el aparejo para montar a mujeriegas o a niñas-os como en este caso.

96   Exclamación de rechazo, o disgusto, y como afirmando su convicción que Amparo usa como muletilla a lo largo de la novela, en intercambios verbales y con distintas connotaciones.

– VIII –
La chica vale un Perú

Mal que le pese a Josefina y a todas las señoritas de Marineda, las profecías de Borrén se han cumplido. No se equivoca un inteligente como él al calificar una obra maestra.

Sucede con la mujer lo que con las plantas. Mientras dura el invierno, todas nos parecen iguales; son troncos inertes; viene la savia de la primavera, las cubre de botones, de hojas, de flores, y entonces las admiramos. Pocos meses bastan para trasformar al arbusto y a la mujer. Hay un instante crítico en que la belleza femenina toma consistencia, adquiere su carácter, cristaliza por decirlo así. La metamorfosis es más impensada y pronta en el pueblo que en las demás clases sociales. Cuando llega la edad en que invenciblemente desea agradar la mujer, rompe su feo capullo, arroja la librea de la miseria y del trabajo, y se adorna y aliña por instinto.

El día en que «unos señores» dijeron a Amparo que era bonita, tuvo la andariega chiquilla conciencia de su sexo: hasta entonces había sido un muchacho con sayas. Ni nadie la consideraba de otro modo: si algún granuja de la calle le recordó que formaba parte de la mitad más bella del género humano, hízolo medio a cachetes, y ella rechazó a puñadas, cuando no a coces y mordiscos, el bárbaro requiebro. Cosas todas que no le quitaban el sueño ni el apetito. Hacía su tocado en la forma sumaria que conocemos ya; correteaba por plazas, caminos y callejuelas; se metía con las señoritas que llevaban alguna moda desusada, remiraba escaparates, curioseaba ventaneros amoríos, y se acostaba rendida y sin un pensamiento malo.

Ahora... ¿quién le dijo a ella que el aseo y compostura que gastaba no eran suficientes? ¡Vaya usted a saber! El espejo no, porque ninguno tenían en su casa. Sería un espejo interior, clarísimo, en que ven las mujeres su imagen propia y que jamás las engaña. Lo cierto es que Amparo, que seguía leyéndole al barbero periódicos progresistas, pidió el sueldo de la lectura en objetos de tocador. Y reunió un ajuar digno de la reina, a saber: un escarpidor[97] de cuerno y una lendrera[98] de boj; dos paquetes de horquillas, tomadas de orín; un bote de pomada de rosa; medio jabón *aux amandes amères*[99], con pelitos de la barba de los parroquianos, cortados y adheridos todavía; un frasco, casi vacío, de esencia de heno, y otras baratijas del mismo jaez. Amalgamando tales elementos logró Amparo desbastar su figura y sacarla a luz, descubriendo su verdadero color y forma, como se descubre la de la legumbre enterrada al arrancarla y lavarla. Su piel trabó amistosas relaciones con el agua, y libre de la capa del polvo que atascaba sus poros finos, fue el cutis moreno más suave, sano y terso que imaginarse pueda. No era tostado, ni descolorido, ni encendido tampoco; de todo tenía, pero con su cuenta y razón, y allí donde convenía que lo tuviese. La mocedad, la sangre rica, el aire libre, las amorosas caricias del sol, habíanse dado la mano para crear la coloración magnífica de aquella tez plebeya. La lisura de ágata de la frente; el bermellón de los carnosos labios; el ámbar de la nuca, el rosa trasparente del tabique de la nariz; el terciopelo castaño del lunar que travesea en la comisura de la boca; el vello áureo que desciende entre la mejilla y la oreja y vuelve a aparecer, más apretado y oscuro, en el labio superior, como leve sombra al difumino[100] cosas eran para tentar a un colorista a que cogiese el pincel e intentase copiarlas. Gracias sin duda a la pomada, el pelo no se quedó atrás y también se mostró cual Dios lo hizo, negro, crespo, brillante. Sólo dos accesorios del rostro no mejoraron, tal vez porque eran inmejorables: ojos y dientes, el complemento indispensable de lo que se llama un *tipo moreno*. Tenía Amparo por ojos dos globos, en que el azulado de la córnea, bañado siempre en un líquido puro, hacía resaltar el negror de la ancha pupila, mal velada por cortas y espesas pestañas. En cuanto a los dientes, servidos por un estómago que no conocía la gastralgia[101], parecían treinta y dos grumos de cuajada leche, graciosísimamente desiguales y algo puntiagudos, como los de un perro cachorro.

Observándose, no obstante, en tan gallardo ejemplar femenino rasgos reveladores de su extracción: la frente era corta, un tanto arre-

---

97   Peine de púas largas y gruesas para desenredar el cabello.

98   Peine de púas finas y espesas para limpiar la cabeza.

99   A las almendras amargas, galicismo.

100   Difumino, rollito de papel de piel suave, que termina en punta y sirve para esfumar o dar empaste a las sombras de un dibujo.

101   Dolor de estómago.

mangada la nariz, largos los colmillos, el cabello recio al tacto, la mirada directa, los tobillos y muñecas no muy delicados. Su mismo hermoso cutis estaba predestinado a inyectarse, como el del señor Rosendo, que allá en la fuerza de la edad había sido, al decir de las vecinas y de su mujer, guapo mozo. Pero, ¿quién piensa en el invierno al ver el arbusto florido? Si Baltasar no rondó desde luego las inmediaciones de la Fábrica, fue que destinaron a Borrén por algún tiempo a Ciudad Real, y temió aburrirse yendo solo.

– IX –
La Gloriosa

currió poco después en España un suceso que entretuvo a la nación siete años cabales, y aún la está entreteniendo de rechazo y en sus consecuencias, a saber: que en vez de los pronunciamientos chicos acostumbrados, se realizó otro muy grande, llamado Revolución de Setiembre de 1868.

Quedóse España al pronto sin saber lo que le pasaba y como quien ve visiones. No era para menos. ¡Un pronunciamiento de veras, que derrocaba la dinastía! Por fin el país había hecho una hombrada, o se la daban hecha: mejor que mejor para un pueblo meridional. De todo se encargaban marina, ejército, progresistas y unionistas. González Bravo[102] y la Reina estaban ya en Francia cuando aún ignoraba la inmensa mayoría de los españoles si era el Ministerio o los Borbones quienes caían «para siempre», según rezaban los famosos letreros de Madrid. No obstante, en breve se persuadió la nación de que el caso era serio, de que no sólo la raza Real, sino la monarquía misma, iban a andar en tela de juicio, y entonces cada quisque[103] se dio a alborotar por su lado. Sólo guardaron reserva y silencio relativo aquellos que al cabo de los siete años habían de llevarse el gato al agua.

Durante la deshecha borrasca de ideas políticas que se alzó de pronto, observose que el campo y las ciudades situadas tierra adentro se inclinaron a la tradición monárquica, mientras las poblaciones fabriles y comerciales, y los puertos de mar, aclamaron la república. En la costa cantábrica, el Malecón y Marineda se distinguieron por la abundancia de comités, juntas, clubs, proclamas, periódicos y manifestaciones. Y es de notar que desde el primer instante la forma republicana invocada fue la federal. Nada, la unitaria no servía: tan sólo la federal brindaba al pueblo la beatitud perfecta. ¿Y por qué así? ¡Vaya a saber! Un escritor ingenioso dijo más adelante que la

---

102 Luis González Bravo (1811-1871), periodista y destacado político en el reinado de Isabel II. Presidió el último gobierno de la reina y al ser derrocada, él, asimismo, salió al exilio parisino. Desde allí, se integró al movimiento carlista, pero pronto falleció en 1871.
103 Cada cual.

república federal no se le hubiera ocurrido a nadie para España si Proudhon[104] no escribe un libro sobre el principio federativo y si Pi[105] no le traduce y le comenta. Sea como sea, y valga la explicación lo que valiere, es evidente que el federalismo se improvisó allí y doquiera en menos que canta un gallo.

La Fábrica de Tabacos de Marineda fue centro simpatizador (como ahora se dice) para *la federal*. De la colectividad fabril nació la confraternidad política; a las cigarreras se les abrió el horizonte republicano de varias maneras: por medio de la propaganda oral, a la sazón tan activa, y también, muy principalmente, de los periódicos que pululaban. Hubo en cada taller una o dos lectoras; les abonaban sus compañeras el tiempo perdido, y adelante. Amparo fue de las más apreciadas, por el sentido que daba a la lectura; tenía ya adquirido hábito de leer, habiéndolo practicado en la barbería tantas veces. Su lengua era suelta, incansable su laringe, robusto su acento. Declamaba, más bien que leía, con fuego y expresión, subrayando los pasajes que merecían subrayarse, realzando las palabras de letra bastardilla, añadiendo la mímica necesaria cuando lo requería el caso, y comenzando con lentitud y misterio, y en voz contenida, los párrafos importantes, para subir la ansiedad al grado eminente y arrancar involuntarios estremecimientos de entusiasmo al auditorio, cuando adoptaba entonación más rápida y vibrante a cada paso. Su alma impresionable, combustible, móvil y superficial, se teñía fácilmente del color del periódico que andaba en sus manos, y lo reflejaba con viveza y fidelidad extraordinarias. Nadie más a propósito para un oficio que requiere gran fogosidad, pero externa; caudal de energía incesantemente renovado y disponible para gastarlo en exclamaciones, en escenas de indignación y de fanática esperanza. La figura de la muchacha, el brillo de sus ojos, las inflexiones cálidas y pastosas de su timbrada voz de contralto, contribuían al sorprendente efecto de la lectura.

Al comunicar la chispa eléctrica, Amparo se electrizaba también. Era a la vez sujeto agente y paciente. A fuerza de leer todos los días unos mismos periódicos, de seguir el flujo y reflujo de la controversia política, iba penetrando en la lectora la convicción hasta los tuétanos. La fe virgen con que creía en la prensa era inquebrantable, porque le

---

104   Pierre-Joseph Proudhon (1809-1865), destacado pensador francés; uno de los principales, y primeros. autores de obras sobre socialismo, anarquismo y movimientos revolucionarios del siglo XIX.

105   Francesc Pi i Margall (1824-1901), escritor y político republicano, federalista, que actuó. por corto tiempo, como el segundo presidente de la I República Española.

sucedía con el periódico lo que a los aldeanos con los aparatos telegráficos: jamás intentó saber cómo sería por de dentro; sufría sus efectos, sin analizar sus causas. ¡Y cuánto se sorprendería la fogosa lectora si pudiese entrar en una redacción de diario político, ver de qué modo un artículo trascendental y furibundo se escribe cabeceando de sueño, en la esquina de la mugrienta mesa, despachando una chuleta o una ración de merluza frita! ¡La lectora, que tomaba al pie de la letra aquello de «Cogemos la pluma trémulos de indignación», y lo otro de «La emoción ahoga nuestra voz, la vergüenza enrojece nuestra faz», y hasta lo de «Y si no bastan las palabras, ¡corramos a las armas y derramemos la última gota de nuestra sangre!».

Lo que en el periódico faltaba de sinceridad sobraba en Amparo de crédulo asentimiento. Acostumbrábase a pensar en estilo de artículo de fondo y a hablar lo mismo: acudían a sus labios los giros trillados, los lugares comunes de la prensa diaria, y con ellos aderezaba y componía su lenguaje. Iba adquiriendo gran soltura en el hablar; es verdad que empleaba a veces palabras y hasta frases enteras cuyo sentido exacto no le era patente, y otras las trabucaba; pero hasta en eso se parecía a la desaliñada y antiliteraria prensa de entonces. ¡Daba tanto que hacer la revuelta y absorbente política, que no había tiempo para escribir en castellano! Ello es que Amparo iba teniendo un pico de oro; se la estaría uno escuchando sin sentir cuando trataba de ciertas cuestiones. El taller entero se embelesaba oyéndola, y compartía sus afectos y sus odios. De común acuerdo, las operarias detestaban a Olózaga[106], llamándole «el viejo del borrego» porque andaba el muy indino[107] buscando un rey que no nos hacía maldita la falta... sólo por cogerse él para sí embajadas y otras prebendas; hablar de González Bravo era promover un motín; con Prim[108] estaban a mal, porque se inclinaba a la forma monárquica; a Serrano había que darle de codo; era un ambicioso hipócrita, muy capaz, si pudiese, de hacerse rey o emperador, cuando menos[109].

---

106 Salustiano Olózaga (1805-1873), destacado político bajo el reinado de Isabel II, pero, asimismo, uno de los principales gestores de «La Gloriosa», aunque, dentro de ella, promovía la monarquía. De ahí, el desprecio hacia él expresado por las cigarreras federalistas.
107 Indigno, en gallego. Vemos, y como es tan frecuente a lo largo de la narración, el uso del estilo libre indirecto con la narradora haciendo suya la voz de las cigarreras, acercándonos tanto a ellas.
108 Juan Prim (1814-1870), el general más representativo del triunfo de «La Gloriosa», figura central de los inicios del sexenio democrático, fatalmente, y tan contraproducente para dicho movimiento, fue asesinado en 1870.

Creció la efervescencia republicana mientras que trascurría el primer invierno revolucionario; al acercarse el verano subió más grados aún el termómetro político en la Fábrica. En el curso de horas de sol, sin embargo, decaía la conversación, y entre tanto la atmósfera se cargaba de asfixiantes vapores y espesaba hasta parecer que podía cortarse con cuchillo. Penetrantes efluvios de nicotina subían de los serones llenos de seca y prensada hoja. Las manos se movían a impulsos de la necesidad, liando tagarninas[110]; pero los cerebros rehuían el trabajo, abrumador del pensamiento; a veces una cabeza caía inerte sobre la tabla de liar, y una mujer, rendida de calor, se quedaba sepultada en sueño profundo. Más felices que las demás, las que espurriaban[111] la hoja, sentadas a la turca en el suelo, con un montón de tabaco delante, tenían el puchero de agua en la diestra, y al rociar, muy hinchadas de carrillos, el Virginia, las consolaba un aura de frescura[112]. Tendidas las barrenderas al lado del montón de polvo que acababan de reunir, roncaban con la boca abierta y se estremecían de gusto cuando la suave llovizna les salpicaba el rostro. Revoloteaban las moscas con porfiado zumbido, y ya se unían en el aire y caían rápidamente sobre la labor o las manos de las operarias, ya se prendían las patas en la goma del tarrillo, pugnando en balde por alzar el vuelo. Andaban esparcidos por las mesas, y mezclados con el tabaco, pedazos de borona[113], tajadas de bacalao crudo, cebollas, sardinas arenques. Con semejante temperatura, ¿quién había de tener ganas de comerse la pitanza?

Por fin, a eso de las cuatro de la tarde, la refrigerante brisa marina comenzaba a correr, dilatábanse los oprimidos pechos, los dientes funcionaban despachando los humildes manjares, y le tocaba su turno a la lectura política.

Leíanse publicaciones de Madrid y periódicos locales. En la prensa

---

109 Francisco Serrano Domínguez (1810-1885). General y duque de la Torre, junto con Prim y el almirante Topete, encabezó la revolución de «La Gloriosa» y fue regente y jefe del gobierno con Amadeo I. (de ahí las críticas de las cigarreras), con la proclamación de la República pasó a Francia, volviendo en 1874, donde fue último presidente del Poder Ejecutivo de la República. Con la Restauración, fue bastante marginando en la vida política nacional hasta su fallecimiento.
110 Cigarros, puros.
111 Extendían.
112 El tabaco de Virginia (Estados Unidos) era uno de los más difundidos mundialmente. Como leemos aquí era más suave y de mayor frescura.
113 Pan hecho a base de harina de maíz o mijo.

de la Corte se llevaban la palma los discursos de Castelar[114], por entonces muy distante de haberse gastado. ¡Cuánta palabra linda, y qué bien que enganchaban unas en otras! Parecían versos. Es verdad que la mayor parte no se entendían, y que danzaban por allí nombres tan raros, que sólo el demonio de Amparo podía leerlos de corrido; mas no le hace: lo que es bonito, era muy bonito aquello. Y bien se colegía que la sustancia del discurso era a favor del pueblo y contra los tiranos, de suerte que lo demás se tomaba por adorno y delicado floreo.

Cuando en vez de discursos cuadraba leer artículos de fondo, de estos kilométricos y soporíferos, que hablan de justicia social, redención de las clases obreras, instrucción difundida, generalizada y gratis, fraternidad universal, todo en estilo de homilía y con oraciones largas y enmarañadas como fideos cocidos, alterábase la voz de Amparo y se humedecían los ojos de sus oyentes. Leve escalofrío recorría las filas de mujeres, las cuales se miraban como diciéndose: «¿Eh?, ¿qué tal? ¡Este sí que lo parla!». Y leído el último párrafo, que terminaba anunciando el próximo advenimiento de una era de perfecta libertad y bienestar absoluto, solían cruzar las manos, sonriendo y sintiéndose tan relajadas en sus fibras, tan blandas y dulces como un plato de huevos moles. Trabajo les costaba reprimir los impulsos de abrazarse que se les iban y venían.

En cambio, si el escrito pertenecía al género bélico y tocaba a somatén[115], parecía que les daban a beber una mistura de pólvora y alcohol. Montaban en cólera tan aína como se encrespan las olas del mar. Sordas exclamaciones acompañaban y cubrían a veces la voz de la lectora. Era contagiosa la ira, y mujer había allí de corazón más suave que la seda, incapaz de matar una mosca, y capaz a la sazón de pedir cien mil cabezas de los pícaros que viven chupando la sangre del pueblo.

---

114 Emilio Castelar (1832-1899), político republicano y tan destacado orador y, por ello, muy admirado en España y en los países hispanoamericanos. Fue el último presidente de la I República española, entre septiembre de 1873 y el golpe de Estado de la Restauración en enero de 1874. La conservadora doña Emilia admiraba sus grandes cualidades de orador y escribió elogiosamente sobre él. Con la joven oradora proletaria, Amparo Rosández, nos deja en la novela, a pesar de sus ironías, una pequeña y femenina muestra de él.

115 Toque de movilización a gente armada, no militar.

– X –
Estudios históricos y políticos

Más partido tenían en la Fábrica los periódicos locales que los de la Corte. Naturalmente, los locales exageraban la nota, recargaban el cuadro; sus títulos acostumbraban ser por este estilo: *El Vigilante Federal, órgano de la democracia republicana federal-unionista; El Representante de la Juventud Democrática; El Faro Salvador del Pueblo Libre*. Y como, aparte de algunas huecas generalidades del artículo de fondo, discurrían acerca de asuntos conocidos, era mucho mayor el interés que despertaban.

No es fácil imaginar cuán honda sensación producía en el concurso alguna gacetilla rotulada, por ejemplo: «Acontecimiento in-calificable».

—A ver, a ver. Oír. Callar. Silencio, charlatanas.

Y reinaba un mutismo palpitante, escuchándose tan sólo el retintín de los tijeretazos que cercenaban el rabo de las tagarninas.

—«Acontecimiento incalificable» –repetía Amparo–. «Se nos asegura que hará dos días entraron tres guardias civiles francos de ser-vicio en el café de la Aurora, y un oficial que allí había los arrestó...»

—Arrestaría, arrestaría...

—Callar, bocas...

—«... los arrestó por tan enorme delito...»

—¿Por entrar en un café?

—¡Y dicen que hay libertá!

—¡Qué ha de haberla, mujer!

—«Y preguntándoles la causa de su entrada en el local, le respon-dieron que su objeto era tomar café. No obstante tan naturales expli-caciones, fueron arrestados por tres días, y hasta no faltan personas bien informadas que aseguren se ha dado orden para que los indi-viduos del benemérito cuerpo no puedan entrar en los cafés de la Aurora ni del Norte. De ser esto cierto, sobre constituir un ataque in-fundado a los sagrados derechos individuales, lo es también a la in-dustria libre y honrosa de los cafeteros, y... »

—¡Y le resobra la razón, así Dios me salve! ¿Y de qué come el pobre del cafetero si le espantan la parroquia?

—El pillo del oficial, como tiene su paga...

—«... y no encontramos frases suficientes para anatematizar estos atropellos, hoy que la bandera de la libertad nos da sombra con sus pliegues...»

—¡Eso, eso!

—¡De ahí, de ahí!

—Habiendo libertá no hay injusticias. ¡Olé por ella!

—«¿Qué piensan los que así resucitan arranques del agonizante despotismo militar, propios de épocas terroríficas que pasaron a la historia? ¿Se les ha figurado que estamos en aquellos siglos, cuando un señor tenía poder para abrir el vientre a sus vasallos...»

Aquí se salió de madre el río. Exclamaciones, interjecciones, gritos y risas se cruzaron de un lado a otro; pero las risueñas estaban en minoría: dominaban las espantadas. Una vieja medio sorda se hizo una trompetilla con ambas manos, creyendo que sus oídos la engañaban.

—¡Ave María de gracia!

—¡En mi vida tal oí!

—¡Abrir la barriga!

—No sería en tierra de cristianos, mujer.

—¿Y eso fue a los pobrecitos civiles? —interrogó la sorda.

—¡Chss! –gritó Amparo–. Aquí viene lo bueno, señores: «... abrir el vientre a sus vasallos para calentarse los pies con su sangre...»

—¡Señor y Dios de los cielos!

—Parece que todo el estómago se me revolvió.

—¡Pobre del pobre!

—¡Cuándo vendrá la federal para que se acaben esas infamias!

Otra cuerda que siempre resonaba en aquel centro político femenino era la del misterio. Cualquier periodiquillo, el más atrasado de noticias, contenía un suelto que, hábilmente leído, despertaba temores y esperanzas en el taller. Amparo empezaba por hacer señas al concurso para que estuviese prevenido a importantes revelaciones. Después comenzaba, con reposada voz:

—«Atravesamos momentos solemnes. De un día a otro deben cambiar de rumbo los acontecimientos...»

—Lo que yo digo. Esta situación, de por fuerza se la tienen que llevar los demonios.

—Hasta que llegue la nuestra...

—No, pues cuando éste lo huele... Por Madrid andará buena la cosa.

—Así los parta a todos un rayo, comilones, tiránicos, chupadores.

—A ver si calláis.

—«La situación está próxima a entrar en el camino que desde el primer día de la revolución debió emprender. Hay que vencer grandes obstáculos...» (Movimiento general.) «Los enemigos encubiertos de la revolución...»

—¿Quién será? ¿Lo dirá por el alcalde?

—No, mujer... Por ese maldito de cuñado de la Reina...

—Y por el Napoleón de allá de Francia, boba, que no nos puede ver.

—¡Chsss! «... de la revolución, están acechando el instante en que poder descargar sobre la situación un golpe decisivo y liberticida. No desmayemos, sin embargo. La revolución pasará triunfante por cima de tanto reaccionario como aparenta servirla con fines siniestros. En donde menos se piensa se esconde la reacción fijando su ojo de tigre...»

—Tiene razón, tiene razón. Está muy bien comparado.

—«... ojo de tigre... en la libertad, para estrangularla. Los más temibles son los que, llegados a la cima del poder, hacen traición a sus antiguos ideales que les sirvieron de pedestal para escalar las grandezas...»

—Si es lo que yo os predico siempre –exclamaba al llegar aquí la lectora, tomando la ampolleta[116]–. Los peorcitos están arriba, arriba. Quien no lo ve, ciego es. Ínterin no agarre el pueblo soberano una escoba de silbarda[117], como esa que tenemos ahí... (y señaló a la que manejaba la barrendera del taller) y barra sin misericordia las altas esferas... ¡ya me entendéis! El mismo día en que se proclamó la libertad y se le dio el puntapié a los Borbones, había yo de publicar un decreto... ¿sabéis cómo? (la oradora abrió la mano izquierda, haciendo ademán de escribir en ella con una tagarnina:) «Decreto yo, el pueblo soberano, en uso de mis derechos individuales, que todos los generales, gobernadores, ministros y gente gorda salga del sitio que ocupan, y se lo dejen a otros que nombraré yo del modo que me dé la realísima gana. He dicho».

—¡Bien, bien!

—¡Venga de ahí!

—¡Esa es la fija! Y a mí que no me digan...

—¿Pues no estamos viendo, mujer, que hay empleados de los

---

116 *Tomar la ampolleta*, coloquialismo por hablar en exceso, dominando la conversación.
117 De ramas de la planta llamada brusco. con talles ramosos y estriados.

tiempos del espotismo[118]? ¿Se mudó, por si acaso, la oficialidá de los regimientos? Si a hablar fuésemos...

Y la arenga bajó de tono y se hizo cuchicheo.

—¡Si a hablar va uno... aquí mismo... repelo! ¡Mudaron el jefe, por plataforma... sólo faltaba! Pero los subalternos...

Aquí, la maestra del partido, mujer alta y morena, de pocas y dificultosas palabras, que solía oír a las operarias con seria indiferencia, intervino.

—A tratar cada uno de lo que importa... y a liar cigarritos...

—No decimos cosa mala... –alegó Amparo.

—Decir no dirás, pero hablar hablas sin saber lo que hablas... Pensáis que no hay más que mudar y mudar y meter pillos... Aquí se requiere honradez.

—Eso ya se sabe.

—Por de contado que sí... Demasiado.

—Pues el que os oiga... Y vamos acá. Si vierais, como yo vi, el último del mes que se hace el arqueo, la caja abierta, con sacos de lienzo a barullo, a barullo, así de oro y plata... –Y la maestra adelantó los brazos en arco, indicando un vientre hidrópico–. ¿Pues se os figura que si el contador y el depositario-pagador, y los oficiales, y los ayudantes, fuesen, digo yo, fuesen, quiero decir...?

—¿Fuesen... de la uña?[119]

—¡Pues! Ya veis que aquí no puede venir cualesquiera. Hay responsabilidá.

---

118   Despotismo.
119   Alusión a posibles actos de corrupción.

– XI –
Pitillos

Quiso Amparo mudarse de taller, y solicitó pasar al de cigarrillos, donde le agradaba más el trabajo y la compañía.

Entre el taller de cigarros comunes y el de cigarrillos, que estaba
un piso más arriba, mediaba gran diferencia: podía decirse que este
era a aquel lo que el Paraíso de Dante al Purgatorio. Desde las ventanas del taller de cigarrillos se registraba hermosa vista de mar y país
montañoso, y entraba sin tasa por ellas luz y aire. A pesar de su abu-
hardillado techo, las estancias eran desahogadas y capaces, y la infinidad de pontones y vigas de oscura madera que soportan la armazón
del tejado le daban cierto misterioso recogimiento de iglesia,
formando como columnatas y rincones sombríos en que puede des-
cansar la fatigada vista. Si bien en los desvanes se siente mucho el
calor, la cantidad relativamente escasa de operarias reunidas allí
evitaba que la atmósfera se viciase, como en las salas de abajo. Asimismo la labor es más delicada y limpia, los colores más gratos, y hasta
parece que la claridad del sol entra más alegre a bañar los muros. La
limpia blancura de los librillos, el amarillo bajo de las fajas, el gris de
estraza de las cajetillas, componían una escala de tonos simpáticos a
la pupila. Y los personajes armonizaban con la decoración.

Preponderaban en el taller de pitillos las muchachas de Marineda:
apenas se veían aldeanas; así es que abundaban los lindos palmitos,
los rostros juveniles. Abajo, la mayor parte de las operarias eran
madres de familia, que acuden a ganar el pan de sus hijos, agobiadas
de trabajo, rebujadas en un mantón, indiferentes a la compostura,
pensando en las criaturitas, que quedaron confiadas al cuidado de una
vecina; en el recién, que llorará por mamar, mientras a la madre la re-
vientan los pechos de leche... Arriba florecen todavía las ilusiones de
los primeros años y las inocentes coqueterías que cuestan poco dinero
y revelan la sangre moza y la natural pretensión de hermosearse. La
que tiene buen pelo lo peina con esmero y gracia, que para eso se lo

dio Dios; la que presume de talle airoso se pone chaqueta ajustada; la que sabe que es blanca se adorna con una toquilla celeste.

Por derecho propio, Amparo pertenecía a aquel taller privilegiado.

Encontró en él muy buena acogida y dos amigas: a la una se aficionó de suyo, movida de un instinto protector; llamábanle Guardiana, era nacida al pie del santuario de Nuestra Señora de Guardia, tan caro a Marineda; y según ella misma decía, la Virgen le había de dar la gloria en el otro mundo, porque en este no le mandaba más que penitas y trabajos. Guardiana era huérfana; su padre y madre murieron del pecho, con diferencia de días, quedando a cargo de una muchacha de dos lustros de edad, cuatro hermanitos, todos marcados con la mano de hierro de la enfermedad hereditaria: epiléptico el uno, escrofulosos y raquíticos dos, y la última, niña de tres años, sordo-muda. Guardiana mendigó, esperó a los devotos que iban al santuario, rondó a los que llevaban merienda, pidiéndoles las sobras, y tanto hizo, que nunca les faltó a sus chiquillos de comer, aunque ella ayunase a pan y agua. Al raquítico dio en abultársele la cabeza, po-niéndosele como un odre: fue preciso traerle médico y medicinas, todo para salir al cabo con que era una bolsa de agua, y que la bolsa se lo llevaba al otro mundo. A bien que el médico no sólo se negó a cobrar nada, sino que, compadecido de Guardiana, tuvo la caridad de meterla en la Fábrica, que fue como abrirle el cielo, decía ella. Después de la Virgen de la Guardia, la Fábrica era su madre. Nunca le había faltado nada a sus pequeños desde que era cigarrera, y aún le sobraban siempre golosinas que llevarles; fruta en verano, castañas y dulces en invierno. Amparo saqueaba la caja de los barquillos de Chinto con objeto de enviar finezas a la sordo-mudita. El taller entero tenía en-trañas maternales para aquellos niños y su valerosa hermana, afir-mando que sólo la Virgen era capaz de infundirle los ánimos con que trabajaba, sostenía las criaturas, y vivía alegre y contenta como un cuco[120].

Del casco mismo de Marineda procedía la otra amiga de Amparo: aunque frisaba en los treinta, su menudo cuerpo la hacía parecer mucho más joven. Pelirroja y pecosa, descarnada y puntiaguda de hocico, llamábanle en el taller la Comadreja, mote felicísimo que da exacta idea de su figura y ademanes. Bien sabía ella lo del apodo; pero

---

120 *Cuco,* tiene varios significado, el que podría encajar bien aquí sería el de: persona avispada y con desahogo.

ya se guardarían de repetírselo en su cara, o si no... Ana tenía por verdadero nombre, y a pesar de su delgadez y pequeñez, era una fierecilla a quien nadie osaba irritar. Sus manos, tan flacas que se veía en ellas patente el juego de los huesos del metacarpo, llenaban el tablero de pitillos en un decir Jesús; así es que el día le salía por mucho, y alcanzábale su jornal para vivir y vestirse, y, añadía ella, para lo que le daba la gana. Conversaba con causticidad y cinismo; estaba muy desasnada, cogíanla de susto pocas cosas, y tenía no sé qué singular y picante atractivo en medio de su fealdad indudable. Presumía de bien emparentada y relacionada; un primo suyo desempeñaba la secretaría del Casino de Industriales; una tía ricachona vendía percales, franelas y pañolería en la calle estrecha de San Efrén; la mayor parte de sus amigas *cosían por las casas*, o eran oficialas de la mejor modista. Además, conocía mucho *señorío*, del cual hablaba con desenfado. ¡Buenas cosas sabía ella de personas principales!

Sentábanse las tres amigas juntas, no lejos de la ventana que daba al puerto. Al través de los sucios vidrios, barnizados de polvo de rapé, que se había ido depositando lentamente, y en cuyos ángulos trabajaban muy a su sabor las arañas, se divisaba la concha de la bahía, el cielo y la lejana costa. La zona luminosa de un rayo de sol, bullendo en átomos dorados, cortaba el ambiente, y el molino de la picadura acompañaba las conversaciones del taller con su acompasado y continuo *tacatá, tacatá*. Agitábanse las manos de las muchachas con vertiginosa rapidez: se veía un segundo revolotear el papel como blanca mariposa, luego aparecía enrollado y cilíndrico, brillaba la uña de hojalata rematando el bonete, y caía el pitillo en el tablero, sobre la pirámide de los hechos ya, como otro copo de nieve encima de una nevera. No se sabía ciertamente cuál de las amigas despachaba más: en cambio, a su lado, encaramada sobre un almohadón, había una aprendiza, niña de ocho años, que con sus deditos amorcillados y torpes apenas lograba en una hora liar media docena de papeles. Guardiana le enseñaba y daba consejos, porque la chiquilla, silenciosa y triste, le recordaba su sordo-mudita, inspirándole lástima; mientras Ana contaba noticias de la ciudad, que sabían al dedillo. Un día que hablaron de lo que suelen hablar las muchachas cuando se reúnen, la Comadreja confesó que ella «tenía» un capitán mercante, que le traía de sus viajes mil monadas y regalos, y proyectaba casarse con ella, andando el tiempo, cuando pudiese. En cuanto a Guardiana, declaró

que no soñaba con tener novio, pues era imposible: ¿qué marido había
de cargar con sus pequeños? Y ella no los dejaba ni por el mismo general Serrano que la pretendiese. Muchos le decían cosas; pero si se
tratase de boda, ¡quién los vería echando a sus niños al Hospicio! ¡Ángeles de Dios! Y pensar que ella se metiese en malos tratos, era ex-
cusado: así es que nada, nada; la Virgen es mejor compañera que los
hombrones. Animada por las confidencias, Amparo insinuó que a ella
un señorito, un militar, la seguía alguna vez por las calles.

—Ya sé quién es –chilló la Comadreja–. Es el de Sobrado.

—¿Quién te lo dijo, mujer? –exclamó Amparo maravillada.

—Todo se sabe –afirmó magistralmente Ana–. Pero estás fresca,
hija. Ese lo que quiere es pasar el tiempo, y a vivir. ¡Buena gente son
los Sobrados! Los conozco lo mismo que si viviese con ellos, porque
justamente la que les cose es hermana de una amiga mía íntima.
Avaros, miserables como la sarna. La madre y el tío son capaces de
llorarle a uno el agua que bebe; el padre no es tan cutre[121], pero es un
infeliz; lo tienen dominado, y pide permiso a su mujer cuando corta
pan del mollete[122]. Para hacerles a las hijas un vestido echan cuentas
seis meses, y a la chica que llaman a coserlo la hacen ir tempranísimo
para sacarle bien el jugo. Un día de convite parece que echan la casa
por la ventana; pero todo se recoge, y no va a la cocina ni tanto así. Y
están achinados[123] de dinero.

Amparo oía atónita. Nada más ajeno a su carácter rumboso, im-
previsor, que la estrechez voluntaria.

—La madre... ¿ves aquella risita falsa?, pues es terrible. No puede
entrar en su casa una muchacha regular; en seguida abrasa al marido
a celos. Esta chica que les cosía no pudo aguantar... Allí no hay nadie
bueno sino la chiquilla mayor.

—Nos dio dulces una vez... es bien natural –respondió Amparo,
que sintió cruzar por su espíritu la visión de la noche de Reyes.

—¿Esa? Una santa... y no le hacen caso ninguno. La segunda,
idéntica a su madre: le preguntaron un día con quién se había de
casar, y dijo: «Con el tío Isidoro, que es rico». ¡El hermano de su
padre, aquel viejo gordo, que parece una tinaja!

Guardiana soltó el trapo a reír con la mejor voluntad del mundo:

---

121   Tacaño, miserable.
122   En forma de bollo.
123   Achinado, vocablo gallego que significa rico, acaudalado.

Amparo, acordándose de una frase leída en un periódico, exclamó:

—¡Pero ha de poder tanto el vil interés! –Y meneando la cabeza, añadió–: Lo diría de broma, mujer.

—¡Sí, sí... buena broma te dé Dios! En esa familia todos son iguales, mujer; cortados por una tijera. Pues no digo nada del señorito, de tu adorador. Hace la rosca[124] a la chiquilla de García, una empalagosa que no piensa más que en componerse y no sabe dar una puntada; pero el asunto es que se la hace por lunas, porque esas de García... ¿No te gusta el cuento?

—Sí, mujer –gritó la oradora amostazada–. ¿Piensas tú que estoy muerta por semejante muñeco? Vaya, que me das gana de reír. Cuenta, mujer, que también se pasa el tiempo.

—Digo que le hace la rosca por lunas, porque esas de García tienen allá un pleito en Madrid, de no sé qué intereses del marido, que era corredor y se metió en una sociedad por acciones... en fin, no será así, pero es lo mismo. Si ganan, quedarán millonarias o poco menos, y cuando hay esperanzas de eso, la madre del de Sobrado le manda que se arrime a la doña Melindritos, y cuando viene de Madrid una mala noticia, que se desaparte... ¡Uy, qué tipos!

Amparo, con la cabeza baja, enrollaba a más y mejor, febrilmente. Guardiana se hacía cruces.

—Es una pobre... –murmuraba–. Es una pobre, y no lo haría aunque le diesen...

—¿Y el otro? –siguió la implacable Comadreja que estaba ya resuelta a vaciar el saco–. ¿Y el amigote, el de los bigotazos, que parece que habla dentro de una olla?

—¿El que le llaman Borrén?

—Ese, ese... Un baboso con todas; a todas nos dice algo, y el caso es que con ninguna, chicas. Podéis creerme: ni esto. Tan aficionado a jarabe de pico, y tiene más miedo a una mujer que a los truenos.

Detúvose la Comadreja, y mirando fijamente a Amparo, añadió:

—Tú aún tienes otro obsequiante, pero te callas.

—¿Quién, mujer?

—El barquillero. ¡Sí, que no está derretido por ti!

—¡Aquel animal! –exclamó Amparo–. Parece una patata cruda... mujer, hazme más favor.

---

124   *Hacer la rosca*: adular.

– XII –
Aquel animal

Aquel animal trabajaba entre tanto a más y mejor. Si faltase él, ¿quién había de encargarse de toda la labor casera? Muy cascado iba estando el señor Rosendo, y la tullida a cada paso se hallaba mejor en su cama, y se extendía entre sábanas más voluptuosamente al ver el ademán de fatiga con que soltaba su marido el cilindro por las noches. Y cuenta que de algún tiempo acá, el señor Rosendo no fabricaba barquillos sino en casos de gran necesidad, porque el fuego le inyectaba la tez, le arrebataba y sofocaba todo. Pero allí estaba Chinto para dar vueltas a la noria, y ser panacea universal de los males domésticos y comodín servible y aplicable a cuanto se ofreciese. No sólo se levantaba con estrellas, a fin de emprender la labor de Sísifo[125] de llenar el tubo –labor que desempeñaba con mecánica destreza y rapidez–, sino que antes de salir a la venta, quedábale tiempo de barrer el portal y la cocina, de limpiar los chismes del oficio, de ir por agua a la fuente, por sardinas al muelle o al mercado, y freírlas luego; de arrimar el caldo a la lumbre, de partir leña; de cumplir, en suma, todas las tareas de la casa, incluso las propiamente femeniles, porque traía en la faltriquera un dedal perforado y un ovillo de hilo, y en la solapa, clavada, una aguja gorda; y así pegaba un botón en los calzones de su principal, como echaba un gentil remiendo de estopa en su propia morena camisa. Y si no se ofrecía a coser las sayas de Amparo y no le hacía la cama, era por unos asomos de natural y rústico pudor que no faltan al más zafio aldeano. A la tullida le daba vueltas, le sacudía los jergones, y la sacaba en vilo del lecho, tendiéndola en un mal sofá comprado de lance, mientras se arreglaba su cuarto.

Lo gracioso del caso está en que, siendo el paisanillo tan útil, por mejor decir, tan indispensable, no hubo criatura más maltratada, insultada y reñida que él. Sus más leves faltas se volvían horribles crí-

---

125 El mitológico Sísifo, subiendo la colina con la enorme piedra para tirarla de nuevo y andar subiendo, bajando eternamente.

menes, y por ellos se le formaba una especie de consejo de guerra. Llovían sobre él a todas horas improperios, burlas y vejaciones. La explotación del hombre por el hombre tomaba carácter despiadado y feroz, según suele acontecer cuando se ejerce de pobre a pobre, y Chinto se veía estrujado, prensado, zarandeado y pisoteado al mismo tiempo. Le habían calificado y definido ya: era un mulo.

Acertó un día Chinto a volver unas miajas más tarde de lo acostumbrado, y acercose a la cama de la tullida para vaciar sus faltriqueras, donde danzaban los cuartos de la colecta diaria. Encontrábase allí Amparo, y le dio al punto en la nariz un desusado tufillo. Por sorprendente que parezca la noticia, la acuidad del sentido del olfato es notable en las cigarreras: diríase que la nicotina, lejos de embotarles la pituitaria, les aguza los nervios olfativos, hasta el extremo de que si entra alguien en la fábrica fumando, se digan unas a otras con repugnancia: «¡Puf, huele a hombre!». Así es que Amparo solía apartarse de Chinto –aunque sea inverosímil– repelida por el olor de las malas colillas que chupaba en secreto; pero lo que a la sazón percibía era peor que el tabaco; así es que pegó un salto.

—¡Vete de ahí –le gritó–; vete, maldito, que nos apestas! Anda, pellejo, despabílate.

Chinto la consideraba atónito, con los brazos colgantes, abriendo cuanto podía los ojos, cual si por ellos oyese.

—Que te largues; ¡repelo contigo!, que no se aguanta ese olor: confundes a la gente.

—¿A qué apestas, demontre? –preguntó la tullida–. Serán esos puros del estanquillo.

—¡No, señora, que es a vino! –exclamó Amparo.

—¡A vino! –clamó la impedida alzando los brazos tan escandalizada como si ella sólo catase el agua, porque en el pueblo los viejos, con sinceridad completa, se otorgan a sí propios el derecho de «echar un trago» que niegan a los mozos–. ¡A vino! ¡Tú quiéreste perder, condenado!

—Yo... pero yo... quiérese decir que yo... –balbució Chinto abrumado por el peso de su culpa.

—¡Aún tendrás valor para contar mentira! –chilló la enferma–. ¡Llégate acá, bruto! (Chinto se llegó compungido.) Echa el aliento. (Chinto lo echó.) Más fuerte, más fuerte... (Y la tullida asió de los indómitos pelos al paisano y le obligó, mal de su grado, a carearse con ella.) ¡Puf!, ¡pues es verdá y muy verdá! ¿Dónde te metiste? ¿Andas ya arrastrado por las tabernas, bribón?

—Yo... no, no fue cosa mala ninguna... no fue perrita, ni licor... Fue...

—Cuenta la verdá, borrachón de los infiernos, como si estuvieses difunto en el tribunal del devino Señor...

—No fue nada más sino que encontré un amigo de allí... de la Erbeda[126], que cayó soldado... y allí... me convidó, me dijo así: —¿Quieres una chiquita?–. Y yo... allí, le dije: —Bueno–. Y él me llevó allí... a casa de...

—¡Calla, calla y recalla ya, que siquiera sabes lo que dices, con la mona[127] que traes a cuestas!... ¡Como otra vez te vea yo así perdido de vino, he de decirle a Rosendo que te arree una tunda con la correa de la caja, que te has de chupar los dedos; chiquilicuatro[128], mocoso, viciosón! Convidarte, ¿eh? Me convides. ¡Quien te da vino, no te da pan; mulo! ¡Anda afuera, que me mareas la cabeza toda!

Amparo ejecutó el decreto materno empujando a Chinto por los hombros a las tinieblas exteriores del portal, y Chinto resignado optó por acostarse. Lo único que sentía confusamente era no poder ver a la muchacha un rato. Ahora le entretenía casi tanto mirar a Amparo, como antes contemplar la rueda del amolador y la bahía. Admirábale a él, rudo y tardío de eloquio[129] como suele serlo el aldeano, la facilidad y rapidez con que la pitillera se expresaba, la copia de palabras que sin esfuerzo salían de su boca. Si lo que experimentaba Chinto era enamoramiento, podía llamarse el enamoramiento por pasmo. Ello es que se le venían con frecuencia suma impulsos de tratar a Amparo como a las chiquillas de su aldea, las tardes de gaita; de pellizcarla, de soltarle un pescozón cariñoso, de echarle la zancadilla, de darle un varazo suave con la recién cortada vara de mimbre. Pero tan osados pensamientos no llegaban a realizarse nunca. Amparo sí que solía empujar a Chinto, y no por vía de halago, bien lo sabe Dios, sino de pura rabia que le tuvo siempre. Si pudiese leer en el alma del paisano, adivinar cómo le hervía la sangre al acercarse a ella, le hubiera cobrado asco amén del odio inveterado ya.

Para Amparo, hija de las calles de Marineda, ciudadana hasta la

---

126   Topónimo de Palavea, barrío obrero, marginado de A Coruña.
127   La borrachera.
128   Zascandil, mequetrefe.
129   Habla.

médula de los huesos, Chinto era un ilota[130]. Alguna duquesa con-
finada en oscuro pueblo, después de adornar los saraos de la corte,
debe sentir por los señoritos del poblachón lo que la pitillera por
Chinto. Enfadábale todo en él: la necia abertura de su boca, la pequeñez de sus ojos, lo sinuoso y desgarbado de su andar, su glotona
manera de comer el caldo. Le entraban irritaciones sordas a la vista
de objetos dejados por él, un par de zapatos viejos y torcidos, una faja
de lana roja pendiente de una percha, una colilla negra y pegajosa,
caída en el suelo. Y fortificaba su antipatía el que Chinto, con la desconfianza socarrona propia del paisano, lejos de resolverse a aceptar
los ideales políticos de Amparo, a su modo, daba a entender que le parecía huero y vano todo el bullicio federal. Con risa entre idiota y ma-
liciosa, solía decir a veces a la muchacha:

—Andas metiéndote en cuentos... Aún han de venir a buscarte los
civiles, para te llevar[131] a la cárcel...

---

130 Persona que está, o se considera, sin los derechos de ciudadano.
131 *Para te llevar*, modo de sintaxis del gallego en el uso del castellano, tan frecuente en el
     caso del humilde Chinto, de raíz campesina, y en el habla de las cigarreras.

– XIII –
Tirias y troyanas

También en la Fábrica observaba Amparo que las paisanas eran las menos federales, las menos calientes, llenas de escepticismo y de picardía, decían, meneando la cabeza, que a ellas la república «no las había de sacar de pobres». Alguna tenía sus puntas y ribetes de reaccionaria; y en conjunto, todas profesaban el pesimismo fatalista del labrador, agobiado siempre por la suerte, persuadido de que si las cosas se mudan, será para empeorarse. No se arrancaba de ellas la más leve chispa de fuego patriótico; empeñábanse en no exaltarse sino cuando viesen que iban a menos las contribuciones y a más los frutos de la tierra. Así es que en la Fábrica gozaban de detestable reputación, y eran tachadas de ávidas, tacañas y apegadas al dinero, y acusadas de cebarse en la ganancia abandonando su casa por un ochavo, al par que las de Marineda se jactaban de rumbosas, y se preciaban de mejores madres. No obstante, pronunció la revolución tres palabras áureas que a todas sacaron de quicio: «¡No más quintas!132». Hasta las mismas aldeanas abrieron ansiosamente el corazón y el alma para beberse la dulce promesa.

¡Si la república fuese, como decían diariamente los periódicos favoritos del taller, la supresión del impuesto de sangre, vamos, merecía bien que una mujer se dejase hacer pedazos por ella! En el taller de cigarrillos, aunque dominaban las mocitas solteras, bastaba hablar de quintas para que se moviese una tempestad de federalismo.

—Miren ustedes –decía Amparo– que eso de que arranquen a una de sus brazos al hijo de sus entrañas y lo lleven a que los cañones lo despedacen por un rey, ¡clama al cielo, señores! Por lo mismo queremos la república republicana, la santa república democrática fede-

---

132 Era un rechazo popular y republicano nacional muy generalizado y a favor de la abolición del servicio milita obligatorio, las Quintas, para los hijos del pueblo, y del que se podían librar los de las clases que podían pagar para que sus hijos no entraran en ellas. En octubre de 1869 y en abril de 1870, y en especial en esta última ocasión, hubo violentos levantamientos contra las Quintas en Barcelona. Sobre la situación Galicia, entre otros trabajos, contamos con el ensayo «Soldados e desertores. Os Galegos e o servicio militar no século XIX», 1991, de Xesús Balboa López.

rativa. Con ella Marineda será capital, y Vilamorta[133] también, y hasta
Aldeaparda será capital hecha y derecha. Sólo Madrí, que a ese se le
acaba la ganga, ya no nos chupará la sustancia; se va a hacer una cosa
magnífica, que se llama descentralizar; y veremos cómo después se le
baja el orgullo a la Corte. ¡Si es inicuo y absolutista lo que está pasando! Aquí no nos mandan, voy a poner por caso, sino tabaco de segunda, filipino para eso, espérelo usted un mes o dos. Las regalías y
las conchas se hacen en Madrid... ¡como si nuestros dedos no fuesen
de carne humana! ¿Somos aquí esclavas, o algunas torponas que no
sabemos perficionar la labor? Y luego allí, paguita siempre corriente,
consignas a barullo... ¡Ciudadanas, es preciso sacudir el yugo tiránico
con nobleza y energía cuando venga lo que se aguarda!, ¿eh chicas?

A las dos formas de gobierno que por entonces contendían en
España, se las representaba el auditorio de Amparo tal como las veía
en las caricaturas de los periódicos satíricos: la Monarquía era una
vieja carrancuda[134], arrugada como una pasa, con nariz de pico de
loro, manto de púrpura muy estropeado, cetro teñido en sangre, y rodeada de bayonetas, cadenas, mordazas e instrumentos de suplicio; la
República, una moza sana y fornida, con túnica blanca, flamante
gorro frigio, y al brazo izquierdo el clásico cuerno de la abundancia,
del cual se escapaba una cascada de ferrocarriles, vapores, atributos
de las artes y las ciencias, todo gratamente revuelto con monedas y
flores. Cuando la fogosa oradora soltaba la sin hueso, pronunciando
una de sus improvisaciones, terciándose el mantón y echando atrás su
pañuelo de seda roja, parecíase a la República misma, la bella República de las grandes láminas cromolitográficas; cualquier dibujante,
al verla así, la tomaría por modelo.

Y la muchacha iba ascendiendo a personaje político. En la ciudad
comenzaban a conocerla, y hasta oyó una vez, al pasar por la calle
Mayor, que murmuraban en un corrillo de hombres: «Esa es la
cigarrera guapa que amotina a las otras». En su barrio todos la embro-
maban: el mancebo de la barbería pronunciaba un festivo «¡Viva la República!» siempre que Amparo cruzaba ante su puerta; y la señora Porreta murmuraba con voz cascajosa y opaca: «Salú y liquidación sosial».
Si alguien cree que fue rápida la metamorfosis de la niña callejera en
agitadora y oradora demagógica, tenga en cuenta que más prontamente

133   Nombre literario de Carbadillo, pueblo de la provincia de Orense, donde Pardo Bazán
      situara su *El cisne de Vilamorta* (1885).
134   Cuelloerguido, de carácter orgulloso.

aún que la Fábrica de tabacos de Marineda, se gaseó la nación hispana. Ni visto ni oído. Contaba la Gloriosa menos de un año, y ya nadie sabía a qué santo encomendarse, ni a dónde íbamos a parar, ni dónde dar de cabeza. Abundaban las manifestaciones pacíficas, acabando siempre como el rosario de la aurora. En la frontera, agitación carlista; el Gobierno interna que te internarás, y los internados acá, volviendo a meterse en España media legua más allá, mientras en Madrid se fabricaban activamente, y sin gran reserva, fornituras, arneses y mantillas, que en los ángulos lucían una corona y las iniciales C. VII[135], y en Vitoria recorrían las calles grupos de jóvenes con boina blanca y garrote en mano, victoreando a las mismas iniciales. A bien que en Puerto Rico la guarnición aclamaba otras cosas, y en Écija mil republicanos protestaban contra «la presencia en España del intruso Antonio de Borbón»[136], y en las cercanías de Barcelona los payeses, armados de azadas y bieldos, perseguían a un alcalde y le obligaban a encastillarse en las Casas Consistoriales. A todo esto, el poder, representado por el regente Serrano, al cual se tributaban honores casi regios, estaba realmente en las vigorosas manos de Prim, que olfateando la ruina de la Gloriosa, como el marino vislumbra en el remoto horizonte el huracán, sin entretenerse en fruslerías demagógicas, sólo pensaba en traer un monarca, llamado a sosegar el país. España estaba próxima a la gran lucha de la tradición contra el liberalismo, del campo contra las ciudades; magna lid que tenía en la Fábrica de Marineda su representación microscópica.

Todas las mañanas, en efecto, al entrar las operarias en los talleres, al encontrarse en el camino, solían, urbanas y rurales, invectivarse ásperamente y dirigirse homéricos insultos, ni más ni menos que si fuesen las avanzadillas de los dos partidos enemigos que presto iban a encender la guerra civil. El pretexto de las riñas era que las de Marineda mostraban asombrarse de que las campesinas, viniendo quizá de tres leguas de distancia, estuviesen ya allí cuando apenas asomaba el día, y hacían rechifla de tal diligencia.

—¡Vaya, que es buen madrugar de Dios, hijas!

—¿Venides a caballo del Sol?

—¡Andar, lamponas[137]! ¡Dejáis la cama por hacer y el chiquillo por mamar! ¡Madrastras!

---

135 Carlos VII, el carlista aspirante a la Corona española.
136 Antonio Felipe de Orleans, duque de Montpensier. uno de los varios pretendientes al trono de Isabel II.
137 Bellaca, bribonas. Del más usado, lampón.

—¡Ni os peinades tan siquiera!... ¡Andáis arañando en el pelo con los dedos por llegar seis minutos antes, ansiosas de judas[138]!

—¡Tú dormiste en el camino, avariciosa! Imposible que a tu casa llegases. Tanto madrugar, y tanto madrugar, y luego no hacedes[139] ni medio cigarro, en tó el día, que mismo no sabedes menear los dedos, que mismo los tenedes que parecen chorizos, que mismo Dios os hizo torponas, que mismo...

Aquí ya la sorna y flema de las interpeladas tocaba a su fin, y respondían coléricas, pero entre dientes:

—¿Y luego? Cada uno se vale como puede, y vusté tendrá otras rentas, y más otros señoríos... y ganarálo de otra manera diferente, y Dios sabe cómo será... que yo no lo sé ganar sino trabajando, *hija*[140].

—Yo lo gano con tanta honra como usté... y no injuriar a nadie.

—Calle usté, que empezó. Yo no le dijen cosa mala.

—¡Avarientas, rañas[141], ahorcádevos por un ochavo!

—¡Sinvergüenzas! —replicaban furiosas las campesinas.

—¡Servilonas, carlistas! —contestaban las ciudadanas, ya en actitud agresiva.

—¡Malvadas, que echades contra Dios! —rugían las insultadas. Y en medio del tumulto se oía el agudísimo ¡ayyy!, de una mujer, a la cual manos furibundas intentaban arrancar de un solo tirón la trenza entera de sus cabellos. Por espacio de diez segundos imperaban la confusión y el desorden, y había empujones, pellizcos convulsivos, arañazos, violentos repelones; pero apenas iban aproximándose a las cercanías de la Fábrica, donde el severo reglamento prohibía los escándalos, cesaba el griterío, comenzaba el torrente femenil a precipitarse dentro del patio, y restablecíase la paz, ya que no la serenidad interior, en la fiel imagen abreviada de la nación española.

---

138 Judas Iscariote el apostol traidor de Jesucristo. Se extiende su nombre a personas traidoras o engañadoras.

139 Hacéis, en la forma gallega de *facedes,* como en sabedes y las otras voces del idioma gallego que reaparecen en la narración en el habla castellana de las cigarreras.

140 Así se escribe también en la edición de Darío Villanueva y José Manuel González Herran, en *Obras completas* (novelas) y en la de Marisa Sotelo Vázquez, pero en la de Benito Varela Jácome, de 1975, ponia: *Higa,* ejemplo de geada en el gallego. Siendo una de las cigarreras rurales quien habla quizá eso sería más exacto, a no ser que fuera la narradora quien lo pusiera corrigiendo y por eso aparece en cursivas.

141 Voz tomada del gallego: miserables.

– XIV –
Sorbete

Josefina García estaba aquella noche muy compuesta y emperejilada[142] en el paseo de *las Filas*, y la acompañaban las de Sobrado. Cuanto se ponía Josefina ajustábase siempre a los últimos decretos de la moda, no sin cierta exageración y nimiedad, que olía a figurín casero. Era esa la condición del cuerpo de Josefina semejante a la de la cola que los escultores usan para vaciar sus estatuas, que recibe toda forma que se le quiera imprimir. Josefina entraba dócil en los moldes impuestos por la moda, sin rebelarse ni protestar jamás. Tenía su físico algo de impersonal, una neutralidad que le permitía variar de peinado y de adorno sin mudar de tipo. Mediana de estatura, su rostro prolongado y sus agradables facciones no ofrecían rasgos característicos. Sus ojos, ni chicos ni grandes, ni eran feos, pero sí dominantes y escudriñadores más de lo que a su edad y doncellez convenía; su sonrisa, entre reservada y cándida, demasiado permanente en los labios, para que no tuviese visos de fingida y afectada; su talle, modelado por el corsé, sería pobre de formas si hábiles artificios del traje, como un volante sobre los hombros, o en la cadera, no reforzasen sus diámetros. Sin aliño y despeinada, Josefina debía parecer poca cosa; ayudada por el tocado, adquiría cierta postiza morbidez. En realidad, era un fruto prematuramente caído del árbol, una doncella núbil antes de tiempo; a los trece, cuando tocaba habaneras, tenía ya las coqueterías, los celos, los caprichos de la mujer, y ahora aquella flor rápida y precoz se había deshojado, y en vez de la lozanía seductora de la juventud, notábase en Josefina la tiesura y empaque de una señora formal y los remilgos de una lugareña. Figurábase que la distinción, el buen tono, consistían en contrahacer los menores movimientos, ajustándolos a una pauta preestablecida; que había un modo elegante y otro cursi de reír, de es-

---

142   Adornada con mucho esmero, y así aparece Josefina a través de la narración, contrastando su elegancia exterior, yendo a la moda, con su vacío interior y pretensiones burguesas y desprecios hacia la gente humilde y lo popular, como se manifiesta en sus declaraciones. Nótese, y como otro rasgo de literatura feminista, tan de ésta novela, y al igual que en el caso de Amparo, la detallada descripción dada de Josefina y de su vestir.

tornudar, de abanicarse; que hasta existían opiniones distinguidas y bien vistas, y opiniones que ya no se llevaban; y que en todo, lo más selecto y fino eran las medias tintas, la insustancialidad, lo insípido, inodoro e incoloro. Hablando de cosas superficiales, no le faltaba cierta charla vivaz, semejante al trinar del jilguero; pero apenas se tocaban asuntos serios, creíase obligada, por su papel de niña elegante y casadera, a encogerse de hombros, hacer cuatro dengues[143] y mudar de conversación. Tal cual era Josefina, muchas señoritas la imitaban, porque, según se decía, «sacaba las novedades»; y aunque tachándola de exagerada y rara, a veces, con el rabillo del ojo observaban las innovaciones de indumentaria que lucía, para reproducirlas al punto.

Aquel año comenzaba a imperar el traje corto, revolución tan importante para el atavío femenino, como la de Setiembre para España; las avanzadas en ideas se habían apresurado a cercenar sus faldas, mientras las conservadoras no se resolvían a suprimir la cuarta de tela con que barrían las inmundicias del piso. Josefina, que en materia de vestir era radical, llevaba la moda nueva en todo su rigor, con túnica de seda negra adornada de bellotas de pasamanería, cayendo sobre redonda falda de glasé azul. Un velo de rejilla formaba a su rostro la misteriosa aureola de un confesionario, y los *cuernos* de su peinado bajaban con gracia y simetría hacia la nariz. Por la espalda y en la cintura, un lazo negro muy pronunciado servía para abultar lo que entonces quería la *voluble diosa*[144] que abultase. Echaba la señorita los codos atrás con objeto de destacar el busto, actitud que escrupulosamente copiaba la segunda de Sobrado, Clara. Lola, que iba en medio, era la única a poner el cuerpo como Dios se lo dio. La luz de la luna, que se alzaba iluminando el paseo de *las Filas* y el mar, la hora y la temperatura envidiable de una noche de verano, incitaban a amantes efusiones, o siquiera a galanteos, y hasta el ruido de la concurrencia se brindaba a ser cómplice de tiernas palabras pronunciadas a media voz; así lo comprendía Baltasar, que acompañaba a las muchachas, inamovible al lado de Josefina, y haciendo, sin escrúpulo, que sus hermanas llevasen la cesta. A lo lejos, el blando murmullo de las olas, que parecían un lago de plata, decía cosas embriagadoras y poéticas; cantaba un idilio intraducible al humano lenguaje[145]. La conversación del grupo era, no obstante, por todo extremo, vulgar.

---

143 *Dengue*: gesto de disgusto afectado.
144 *Voluble diosa*: la «moda».
145 En *La Tribuna* el idilio de la Naturaleza es más poético que el amoroso de Baltasar con Amparo y Josefina.

—Está desanimado el paseo. ¿Verdad, Sobrado?

—Animadísimo lo encuentro yo. ¿Por qué dice usted eso?... –Y los ojos de Baltasar buscaron los de Josefina, y una mirada se cruzó entre ambos.

—¡Qué cosas tiene usted! Vaya, falta gente: usted no lo notará, pero sí falta.

—Yo, intervino Lola, me aburro con tanto dar y dar vueltas... En cualquier sitio me divertiría más. No hubiera salido hoy, si no fuese por la Octava de San Hilario... Pero ni aun la Octava estuvo a mi gusto; faltó muchísima gente de la que acostumbra alumbrar... ¿Sabéis porqué?

—No –dijo maquinalmente Josefina.

—Sí –declaró Baltasar–, porque fueron a esperar al muelle a los delegados de Cantabria.

—Los delegados... ¿de qué? –preguntó Josefina jugando con el abanico.

—De Cantabria... Vienen a firmar la unión del Norte... –explicó Lola–. ¡A mí me gustaría ver el desembarque! Si hubiese tenido con quien ir.

—Yo fui... ¡Qué lástima! –dijo Baltasar.

—Chica... ¡Vaya una idea! –exclamó Josefina soltando menudas carcajaditas–. Yo huyo de esas confusiones... Me aterra pensar que pueden gentes sin educación apachucarme, pisarme... ¡Qué fastidio! Y al fin poco tendrá que ver... Diga usted, Sobrado, ¿se ha divertido usted mucho?

—No por cierto... ¡Diversión! ¿Qué diversión ha de ser? Pero es curioso... ¡Hubo vivas, y mueras, y un silbido vergonzante, y abrazos, y apretones de manos!

—¡Bien por el que silbó! –dijo Lola batiendo palmas–. ¡A eso quería yo ir, a silbar con la llave de la puerta!

—Dice el tío Isidoro –intervino Clara– que si esto sigue así van a tener que cerrarse los comercios y se concluirá la industria.

—¡Y también se cerrarán las iglesias! –recalcó Lola con más calor aún–. ¡Malditos revoltosos! ¡A silbar, a silbar debió ir todo el mundo!

—¡Psss! ¡Por Dios! –suplicó Josefina–. Estamos llamando la atención... Luego dirán que nos metemos en política.

—Pues yo me meto... ¿y qué? Ahora todo el mundo se mete –afirmó Lola.

—¡Ay... yo no! Qué ridiculez, ¿eh, Sobrado? Yo no entiendo de eso.

—¿No tiene usted opiniones, polla?

—No... es decir, no me gustan los alborotos; ¡cuando hay trifulca el teatro está tan soso!... Ni queda humor para vestirse y salir.

—Vamos, usted debe tener sus preferencias... ¿Será usted carlista?

—¡Ay, no!... ¡La Inquisición me da un miedo!... –dijo riendo.

—¿Republicana?

—¡Qué horror! ¡Cosa más cursi...!

—Moderada, ea. Es usted moderada, de fijo.

—Tal vez, tal vez, algo moderada... La pobre Reina me da mucha lástima.

—Bueno, ahora ya sé que es usted moderada y lo voy a divulgar por ahí para que la prendan a usted por conspiradora.

—No, por Dios, que no sueñen que hablamos de estas cosas... Se reirían de mí y dirían que parecemos un club. ¿No sabe usted alguna noticia? ¿Qué me cuenta usted del prestidigitador que trabaja en el teatro?

—¿El húngaro? ¡Bah! Como todas esas funciones... Muy pesado, mucho cubilete y los pistoletazos de cajón[146]...

—¡Pistoletazos! Los odio: me asustan atrozmente. En viendo que preparan la pistola, ya estoy tapándome los oídos: las chicas se ríen y mamá me dice siempre: «Niña, que te miran...». Pero yo no puedo...

—¡Mejor! Si la miran a usted, ¿qué más quieren los espectadores? –declaró Baltasar cediendo a la destreza con que Josefina traía el diálogo al terreno personal.

Mientras pasaba este coloquio, las madres, que venían detrás, se sentaron en un banco, sin que su plática, por versar sobre asuntos de muy otra especie cediese en animación a la de la gente joven. Un momento, al pasar por delante de ellas, Lola se volvió a preguntarles no sé qué; al mismo tiempo Josefina tocó levemente en el codo a Baltasar, el cual se inclinó, y por movimiento simultáneo cayeron los brazos de ambos y sus manos se unieron el espacio de un segundo, depositando la mano varonil en la femenina un papelito blanco, tamaño como una mariposa. Susurraban las acacias, llenaba el aire el misterioso silabeo de las conversaciones de última hora, y el amoroso gemido del mar, besando el parapeto, completaba la sinfonía.

---

146   Parece que se refiere al prestidigitador húngaro Mister Velle que, por dichas fechas, actuaba en las ciudades españolas con tales espectáculos.

Ni se escapó el detalle del papel al ojo avizor de la viuda ni a la vigilante atención de doña Dolores, quien puso torcido y avinagrado gesto, levantándose al punto y anunciando que era hora de retirarse. Al tiempo que regresaban las dos familias, desde *las Filas* a la calle Mayor, la señora de Sobrado meditaba una épica pequeñez, una tontería trascendental y feroz que le sirviese para dar despachaderas[147] a las de García y quedarse sola con sus hijas. Y como llegasen cerca de las puertas del café de la Aurora, que dejaban pasar la luz amarilla y cruda del gas, ocurriósele, por fin, la liliputiense estratagema, y con felina amabilidad dijo la viuda:

—Y ahora, ¿qué se hacen? Nosotros pensábamos entrar a tomar un refresco... ¿Nos acompañarán ustedes? Un sorbetito, cualquier cosa...

—¡Jesús... pues no faltaba más! —contestó la viuda, abochornada como persona a quien ofrecen de mala gana y por fórmula un obsequio que cuesta dinero—. Nosotras tenemos que hacer, y nos retiramos.

—¡Baltasar! —gritó doña Dolores a su hijo, que iba delante con las muchachas—. ¡Baltasarito, entra aquí, que vamos a tomar sorbete!...

—Vengan ustedes, señoritas —murmuró el teniente, creyendo que se trataba de convidar a la familia García.

—No, estas señoras no quieren nada —se apresuró a advertir la madre, clavando a su hijo a la puerta del café con una mirada elocuentísima.

A pesar del aplomo de buen género que creía Josefinita poseer, se vieron a la claridad del gas sus ojos preñados de lágrimas de orgullo y su tez encendida, como si la abofeteasen. Dijo un seco «adiós» a Clara y Lola; a Baltasar y a doña Dolores ni palabra. Cogiose del brazo de la viuda y pronto se confundieron en la oscuridad del fin de la calle sus espaldas, erguidas con dignidad propia de espaldas de destronadas reinas. Baltasar se volvió hacia su madre.

—Pero, mamá... —pronunció.

—¡Chsss! —murmuró ella en voz baja, casi al oído del mancebo...—. Eres un bolo[148], que te comprometes en público con ellas, y tienen medio perdido su asunto. Van a quedar en la calle, chiquillo... He confesado a la infeliz de la madre y no pudo negármelo... Yo ya lo sabía

---

147 Desembarazarse de ellas.
148 Ignorante, poco hábil.

por un abogado. Va muy mal todo eso... Niñas, sentaos —añadió dirigiéndose a Lola y Clara—. Mozo, cuatro medios de leche y barquillos...

—Yo no tomo... —dijo Baltasar.

—Mozo, tres medios no más... Pues mira como andas, porque esa mocosa con su gesto de todo me fastidia, te va a envolver... La tendrás que mantener, y a las cuñaditas, y a la viuda...

—Pero si no pienso... usted todo lo abulta. Sólo que las cosas hechas así de este modo se comentan y dan que hablar... ¿No se empeñó usted misma en que las acompañase?

—Con permiso de ustedes —dijo el mozo colocando en la mesa tres vasos de leche amerengada coronados de canela, y un cestito de paja lleno de barquillos. Clara y Lola se pusieron a chupar su refresco, comprendiendo que no debían oír el diálogo de su madre y hermano.

—Que las acompañases, sí... porque no me figuraba yo que iba a resultar tal compromiso... Si pierden el pleito, ni sé cómo pagarán las costas... Han de acudir al bolsillo del prójimo; acuérdate de lo que te digo; como si todo el mundo tuviese ahí el dinero a disposición...

—Pues yo —declaró Baltasar— no vuelvo a meterme en otra... Mire usted bien las cosas antes, porque esto de andar así, hoy tomo y mañana dejo, es ridículo y le pone a uno en evidencia. Dirá la gente que cazamos... que cazo un dote... ¡Ya ve usted!

—¡Dios quiera que los cazados no seamos nosotros! —tartamudeó doña Dolores con las mejillas horriblemente sumidas por los esfuerzos de absorción que practicaba, a fin de convertir su barquillo en bomba ascendente de la leche garrapiñada.

– XV –
Himno de Riego, de Garibaldi. Marsellesa

Era Baltasar un hijo, no de este siglo, sino de su último tercio, lo cual es más característico y peculiar. Calificábanle las señoras de atento; sus compañeros, de muchacho corriente y agradable; su tío, de chico listo y con el cual se podía departir acerca de asuntos de comercio. Su temperatura moral no subía ni bajaba a dos por tres; no se le conocía ardor ni entusiasmo por ninguna cosa; la fiebre de la mocedad no le había causado una hora de franca y declarada calentura. Ni juego, ni bebida, ni mujeres le sacaban de quicio. En política era naturalmente doctrinario. Su madre le juzgaba mozo de gran porvenir y altos destinos, porque dejándole la paga para gastos menudos y diversiones, Baltasar ahorraba y nunca se halló sin blanca[149] en el bolsillo del chaleco. Destinado a la carrera militar, más por vanidad de su familia que por vocación, no era, sin embargo, cobarde, pero sí yerto; prefería los ascensos a la gloria, y a la gloria y a los ascensos reunidos anteponía una buena renta que disfrutar sin moverse de su casa ni estar a merced del ministro de la Guerra. Secretamente, con cautela suma (porque Baltasar respetaba la opinión pública y todo lo que hay que respetar para vivir con sosiego), la ley y norte de su vida era el placer, siempre que no riñese con el bienestar. Tenía vanidad, pero vanidad encubierta y en cierto modo solitaria. A sus creencias, vacilantes y endebles, no quería tocar, como si fuesen un diente próximo a caerse y con el cual evitase morder cortezas duras. Vivía a su gusto y talante, sin meterse en más libros de caballerías. Físicamente tenía Baltasar mediana estatura, la tez fina y blanca, y de un rubio apagado el ralo cabello; pero la parte inferior de su fisonomía era corta y poco noble; la barbilla chica y sin energía, la boca delgada de labios, como la de doña Dolores. En conjunto, su rostro pareciera afeminado[150] a no acentuarlo la aguda nariz, diseñada correctamente, y la frente espaciosa, predestinada a la calvicie.

---

149   Dinero, monedas.
150   Nótese que se insiste en que el rostro de Baltasar parecía afeminado, y adamado en su figura.

Al huir del café, como si huyese de sí mismo, dejando a su madre y a sus hermanas ocupadas en agotar los sorbetes, sintió que le daban una palmadica en la espalda, y volviéndose conoció a Borrén, que ya hacía días estaba de retorno de Ciudad Real, contando que allí había unas chicas... hombre, ¡cosa notable! Se cogieron del brazo y se dieron a vagar por las calles, que no aconsejaba otra cosa la serenidad y hermosura de la noche de estío. Baltasar desahogó sus cuitas en aquel amigo pecho. Él no estaba ciego por Josefina, ni cosa que lo valga; pero ahora recelaba que sería mal visto plantarla de golpe y porrazo.

—Entreténgala usted –aconsejó maquiavélicamente Borrén– y distráigase por otro lado. ¿Va usted a vivir así a su edad? ¡Pues no faltaba más, hombre!

—Es una diablura: en este pueblo todo se sabe, y después, líos, historias, lances que molestan... Se me figura que voy a pedir que me destinen a Andalucía o a Cataluña... Si me quedo aquí, hay una muchacha que me da, a veces, en que pensar... ¿y para qué se ha de meter uno en un atolladero?

—Una muchacha... No es la de García, ¿eh?

—No, hombre... Esos son solaces a la alta escuela y por todo lo fino, que no le quitan a uno el sueño... Es... una cigarrera.

—¡Hola... picarón! ¿Esas tenemos, y tan calladito?

—Usted mismo me la enseñó y me habló de ella... La chica del barquillero.

Borrén chasqueó la lengua contra el paladar.

—¡Yaaaá lo creo! ¡Toma, toma! ¡Pues si es una joyita, hombre! ¡Caramba con usted y cómo lo gasta! ¿No se lo decía yo a usted, eh?

—Debo advertir que por ahora no hay nada. No se eche usted a maliciar ya.

—Principio quieren las cosas, hombre.

Hablaban así al atravesar una calle principal, cuando de pronto les llamó la atención el corro de gente parada a la puerta de una sociedad de recreo. Dentro del marco de las iluminadas ventanas se veían agitarse figuras negras que gesticulaban animadamente, y detrás de ellas medio se columbraba una mesa servida con copas, botellas y dulces. A veces se dibujaba sobre el fondo de luz la silueta de una mano que alzaba una copa, y el clamor que seguía al brindis era delatado por el retemblido de los cristales.

—El Círculo Rojo –dijo Borrén–. Están obsequiando a los delegados de Cantabria.

—¡Llegar por mar ahora mismo y tener humor para correrla! – exclamó el teniente–. ¡Lástima de naufragio!

—¿A usted qué le parece de estas algaradas, Sobrado?

—¿Qué me ha de parecer? Que antes de dos meses nos embromarán allá por Navarra los del Terso[151]...

—¡Quia! Eso nunca, hombre. Eso murió, y los muertos no resucitan.

—Usted entiende más de chicas guapas que de política, amigo Borrén. Nos van a divertir, créame usted. Ya anda en danza Elío[152], un militar si los hay... Eso se va a organizar; verá usted cómo salen de la tierra igual que los hongos cuando llueve, pero equipaditos y con armamento. Y estos otros también van a sacar las uñas por Barcelona y donde haya blusas y fábricas. Lo peor de todo es que harán de España mangas y capirotes[153]...

Un golpe de gente que desembocaba en la calle cortó la réplica de Borrén. A la luz del astro nocturno se veía blanquear los instrumentos de metal y los papeles de música. Al llegar ante el Círculo Rojo instaló la banda sus atriles, en el centro del corro que aumentaba; y previas algunas palabras en voz baja y un golpe de batuta, rasgó los aires el bullanguero himno que todo español conoce y ama o detesta. Del concurso partieron gritos.

—¡Himno de Garibaldi[154]!

—¡Marsellesa, Marsellesa! –contestó un grupo más compacto.

Y enmudecieron los metales, y presto volvió a alzarse su formidable acento, entonando la trágica Marsellesa[155]. Impensadamente se abrieron las ventanas del Círculo, y fue como si la sala llena de claridad, de gente y de tumulto, se viniese a meter entre los espectadores.

---

151 Carlos VII, el líder carlista. Se le denominaba «el Terso», por decir que la causa que él simbolizaba tenía una tersura tan limpia como la de un espejo.

152 Joaquín Elío Espeleta (1806-1876), general, quien en 1873 tomó el mando supremo del Ejército carlista, logrando algunas victorias, y dejándolo en 1874, tras las derrotas que apuntaban al final de las guerras carlistas.

153 El dicho «Hacer de mangas capirotes», expresa hacer algo repentino, caprichosamente y sin reparar en sus consecuencias. Nótese que la anterior doña Emilia, quien fuera afín al carlismo, ahora, cuestiona sus últimos levantamientos.

154 Giuseppe Garibaldi (1807-1882), general impulsor de la unificación nacional italiana (1861). Por su parte, el «Himno de Riego», mencionado en el título del capítulo, era el himno republicano español en honor de Rafael de Riego (1784-1823), militar, defensor de la Constitución Liberal de 1812, e impulsor del Trienio liberal (1820-1823). Al ser derrotado éste, fue ahorcado en la madrileña plaza de la Cebada.

155 Marsellesa, canción de la Revolución francesa convertida en el Himno Nacional, y hecha tan suya por el republicanismo español. El que se tilde de «trágica», aludiendo al régimen de «Terror» que se impuso al principio de la Revolución, muestra el pespunte conservador y negativo de la narradora, y la autora, tan contrarias a lo que está sucediendo en la realidad que se describe.

En primer término asomaron las cabezas los recién venidos, y al punto calló la música y se oyeron vivas a los delegados, a Cantabria, dominando el clamoreo una voz aguardentosa que desde la esquina repetía incansable «¡Viva la honradez!». Una mujer se adelantó, y entrando en el círculo de luces, gritó con voz fresca y potente:

—¡Que brinden a la salud del pueblo!... ¡Que brinden!...

Volviose uno de los delegados, y al punto le trajeron una copa rebosando Champaña, que elevó a los cielos al pronunciar el brindis. Las luces de los atriles alumbraron su barba de nieve, sus mejillas sonrosadas como las de los viejos de la pintura arcádica. Baltasar sacudió el brazo de su confidente.

—¿La ve usted?

—La veo. ¡Olé y qué guapa se pone todos los días, hombre!

—Pero se me hace muy cargante con estas cosas políticas. Las mujeres no tienen más oficio que uno.

—Sí, hombre... quién la mete a ella... tiene chiste.

—Es una epidemia. Almorzamos política y comemos ídem. Se va volviendo España un manicomio. ¡Bah! Si no estuviese aquí, donde todo el mundo me conoce, las extravagancias de esa muchacha no dejarían de divertirme... ¿La ve usted aplaudiendo a rabiar al del brindis? ¿Cómo se llamará ese ciudadano? Parece el Oroveso de *Norma*[156].

—Psh... mañana lo sabremos.

---

[156] La ópera *Norma* (1831) de Vicenzo Bellini y el personaje Oroveso, padre de Norma y jefe de los druidas.

– XVI –
Revolución y Reacción, mano a mano

En la calle de los Castros estaba Carmela, la encajerita, descolorida como siempre y ocupada en oír de boca de Amparo el relato de los sucesos de la víspera. Asomada Carmela al tablero, disimulaba su talle encorvado ya por la habitual labor; pero no sus ojos ribeteados y cansados de fijarse en la blancura del hilo. No obstante su atareado vivir, la encajera gastaba humor apacible e inalterable y poseía la dulzura de las personas melancólicas, una benevolencia claustral. Amparo narraba animadamente; los delegados de Cantabria habían desembarcado entre inmenso gentío que llenaba el muelle y la ribera: ella pensó por la mañana alumbrar en la octava de San Hilario[157]; pero ¡qué octava ni octava!, en cuanto supo la venida del buque, allá se plantó, en el desembarcadero, abriéndose calle a codazos... Los delegados son unos señores..., ¡vaya!, de mucho trato y de mucho mundo: ¡saludan a todos y se ríen para todos!, ¡republicanos de corazón, ea! (y aquí Amparo se descargó una puñalada en el pecho). A la señora María, la *Rinchona*[158], mira tú, porque dijo que les quería dar la mano, la abrazaron a vista de todo Dios... luego los había acompañado al Círculo Rojo, y oído la serenata, y el discurso que echó uno de ellos... ¡un viejo que parece un santo!, y otro... un señor serio, de mal color...

—¿Y qué tal, predican bien?

—¡Dicen cosas... que se le hace a uno agua la boca de oírlas! Quisiera yo que estuviesen allí los que creen que la federal trae desgracias y belenes. El viejo no habló sino de que ya no había tiranía... de que todo se iba a arreglar con moralidad y atención... de que nos quisiésemos mucho los republicanos, porque ya todo ha de ser concordia entre los hombres.

—Tú tienes un memorión... A mí se me iría el santo al cielo. Mi memoria es de gallo. Y el otro, ¿qué dijo?

---

157 La Fiesta de San Hilario (Obispo de Poitiers, siglo IV), se celebra el 13 de enero.
158 Mote a su modo de hablar o expresarse en forma de relinchos.

—El otro, el otro... el otro habla despacio, pero echa unos términos, que a veces cuesta caro entenderlo... Predicó mucho de nuestros derechos y del trabajo, y de lo que representa esta Unión del Norte... y de que las clases trabajadoras, si se unen, pueden con las demás... Habían de venir allí arrastrados de las orejas los que piensan que los republicanos dicen cosas malas. No señor, allí se cantaba clarito lo que somos, paz, libertad, trabajo, honradez y la cara y las manos muy limpias.

—Dime una cosa, mujer.

—Más que sean dos.

—¿Y qué significa eso de república federal?

—Significa... ¿qué ha de significar, repelo? Lo que predicaron esos.

—Pero no me hice bien de cargo... ¿Qué más tiene eso que el gobierno que hay ahora?

—Tiene, tiene, tiene... tiene que Madrí no se nos monte encima, y que haya honradez, paz, libertá, trabajo...

—Pero... vamos, una pregunta, por preguntar, mujer. ¿No decían cuando vino el barullo de la revolución el año pasado, que nos iban a dar todo eso? Conforme aquellos no lo dieron también podrá cuadrar que no lo den estotros.

—No puede ser, y no, y no, porque estos son otros hombres de otra manera, que miran por el bien del pueblo... No digas tontadas.

La encajerita se rió con su risa tenue.

—No, si lo que vienen a dar es trabajo, por acá no falta... Y digo yo y preguntando otra vez, si es verdá que quitan la estancación del tabaco[159], vamos a ver, ¿cómo os valéis las cigarreras? Pidiendo limosna.

—¡Esa es una burrada de las gordas! —exclamó Amparo, fuerte ya en la controversia del punto concreto—. Oye y atiende, mujer, te lo voy a poner claro como el sol. Ahora el Gobierno nos tiene allí sujetas, ¿no es eso? Ganamos lo que a él se le antoja; si vienen, un suponer, buenas consignas, porque vienen, y si no, fastidiarse. Él chupa y engorda y se hace de oro, y nosotras, infelices, lo sudamos. Que se desestanca, que se desestancó: ¡ala con ella!, las reinas somos nosotras, las que tenemos nuestra habilidad en los dedos; con nosotras han de venir a batir el

---

159   Alusión al querer abolir la exclusividad de los *Estancos*, las tiendas de venta del tabaco bajo control del fisco.

consumidor y el estanquero, y si a mano viene, el ministro del ramo...
¿Aún no entendiste, tercona?

Meneaba suavemente la cabeza la encajerita, mientras los hilos de
la labor se deslizaban, se cruzaban, se entretejían a través de sus dedos,
y los palillos de boj, chocando unos contra otros, hacían una
musiquilla flauteada.

—Es que... tú pintas las cosas... Pero dime.

—¡Qué porfiosa del dianche[160]!

—Dime con verdad... ¿Falta ahora gente que pretenda entrar en
la Fábrica?

—¡Faltar! ¡Más empeños andan danzando!

—Pues, catá[161]... El día que quiten la estancación se echa medio
mundo a trabajar en cigarros, y habiendo mucho quien trabaje, el
trabajo anda por los suelos de barato. ¿Qué me está pasando a mí?
Empezó la tía a hacer encajes, y le salieron dos o tres de Portomar a
poner la competencia... porque ahora son mucha moda estas puntillas,
hasta para pañuelos; lo que estoy rematando es un pañuelo.

Descubrió ufana su almohadilla alzando un pañizuelo que velaba
parte de labor terminada ya, y viose una afiligranada crestería, un ali-
catado de hilo, donde el menudo dibujo se desplegaba en estrellitas microscópicas, en finos rombos, en exquisitos rectángulos, todo ello unido
con arte y gracia formando primorosa orla. Amparo aprobó.

—Está muy bonito –dijo.

—Pues con todo y que se lleva tanto, como ya somos muchas a
menear los palitroques, hay que arreglar los precios... Yo –murmuró
suspirando levemente– no puedo hacer más; a veces trabajo con luz,
pero no me lo resisten los ojos, y así me arrimo cuando más puedo al
tablero hasta que no se ve el día... La tía también se quedó medio
ciega; ya ni puntillas gordas hace: sólo sirve para ir por las casas a
vender lo que yo trabajo...

Batida en el terreno crematístico[162], Amparo tocó otra cuerda para
seguir hablando de lo que la gustaba; que no se le cocía el pan en el
cuerpo hasta desembuchar cuanto había visto y esperaba ver.

—¡El día que lleguen por tierra los delegados de Cantabrialta...
se prepara una buena! ¿No sabes?

---

160 Diablo, en el habla coloquial.
161 Mira, atiende
162 Referente a lo pecuniario.

—¿Mucha fiesta?

—Los han de esperar con coches... Y... —Amparo se detuvo, bajando la voz para acrecentar el efecto de la estupenda noticia— les iremos a alumbrar con hachas.

—¡Ave María de gracia! ¿Qué me dices, mujer? ¿Alumbrarles como a los santos?

—Andando.

—¿Y quién? ¿Las de la Fábrica?

—Ajá. Una ristra de ellas. Ya estamos habladas.

—¿Van tus amigas?... ¿Aquellas dos?...

—¡Espera por ellas! No, mujer, no. Ana, como trata con un capitán mercante, no se quiere rebajar a que la vean alumbrando; dice que cuando llegue la *Bella Luisa* la avergonzaría su marino... ¡Y aquella tonta de Guardiana tuvo valor a decirme que ella sólo cogería un hacha para ir en la procesión de Nuestra Señora de la Guardia!

—Pues yo digo otro tanto... más que te enfades, mujer. ¡Vaya unos dioses y unas imágenes que vais a llevar en procesión! Eso parece cosa de idólatras. Alumbrar solamente a las cosas de la iglesia, el veático[163], las octavas...

—Calla, que eres más nea que los neos.

—¡Y para el favor que me están haciendo a mí esos señores que predican la libertá! ¡Dicen que van a echar a todas las monjas a la calle y a no dejar convento con convento!

Amparo retrocedió tres pasos, se puso en jarras, enarcó las cejas, y después se persignó media docena de veces, con extraña prontitud.

—Me valga San... ¿Pero tú hablas formal, mujer? ¿Te quieres meter en aquella prisión por toda, toda, toda la vida? Arreniégote[164].

—Querer, quiero... ¡Ay! Quise desde que fui así pequeñita... Pero ¡bah!, ¡no puedo! ¿Dónde me van a recibir ahora sin el dote? ¡Buenas están las monjas para meterse en despilfarros! ¿Y yo, cómo he de juntar el dote, dime tú? Si pido, nadie me dará... A no ser que Dios me mande una sorpresa...

—Mujer, rica no soy; pero un par de duros aún no me hacen falta para comer mañana —dijo espontáneamente Amparo.

La pálida sonrisa de la encajerita alumbró su rostro.

—Se estima la voluntá... Necesito una atrocidá de dinero para el

---

163 Viático.
164 Intejección de admiración o de execración de algo o de alguna cosa. En gallego, la forma es *arrenégote*.

caso, y ya sé que juntar, no lo he de juntar nunca... En fin, paciencia nos dé Dios.

—¿Y tú estarías a gusto presa entre cuatro paredes?

—Bien presa vivo yo desde que acuerdo... Siquiera los conventos tienen huerta, y vería uno árboles y verduras que le alegrasen el corazón.

- XVII -
Altos impulsos de la heroína

Eran las horas meridianas, las horas de calor, cuando salieron desempedrando las calles de Marineda carruajes en que iban las comisiones del partido a esperar a los delegados de Cantabrialta. Las dos leguas de camino real que van de la ciudad al ex portazgo (como se decía entonces) hallábanse cuajadas de gente en expectativa, asaz empolvada y sudorosa. Poca levita, mucha tuina[165] y chaqueta, de higos a brevas un uniforme; buen número de mujeres, roncas ya, con los labios secos, los ojos inyectados, arrebatadas las mejillas, más o menos descompuesto el peinado y el traje. Engalanadas con colgaduras ostentaba sus casas el pobre suburbio de la Riberilla: quién había destinado a manifestar su civismo la colcha de la cama, quién las cortinas de la humilde alcoba, quién una sábana o mantel. Al ingreso de la barriada se alzaban arcos de triunfo, entretejidos con ramaje.

Cuando regresaron los coches trayendo ya a los esperados viajeros, el contraste que ofrecía el espectáculo convidaba a parar la consideración en él. Acercábase el sol a su ocaso y las colinas que limitaban el horizonte pasaban del suave azul ceniciento al lila más delicado. Las playas de la Barquera y el mar alternaban en zonas de nítida blancura y de limpio color de zafiro; a los últimos destellos del Poniente, el arenal brillaba como si estuviese salpicado de plata, y vaporosas franjas de espuma, tan pronto formadas como deshechas, corrían un instante por el borde de las olas. Soberana y majestuosa paz, unida al recogimiento de la hora vespertina, se elevaba de aquellas diáfanas lejanías al cielo puro, donde apenas de trecho en trecho leves nubecillas, semejantes a copos de algodón, se esparcían tiñéndose de oro. Así se preparaba al sueño la Naturaleza[166], mientras en la carretera una multitud abigarrada y polvorosa se desojaba mirando al punto por donde asomaría muy luego la comitiva, y recreaba

---

165 Chaquetón amplio y holgado.
166 Nótese que a lo largo de la narración, la Naturaleza se describe en forma poética y colorida.

la vista en contemplar los guiñapos y telas de colorines pendientes de los balcones, y el marchito verdor de los arcos de triunfo; y se recibían y daban pisotones recios, y *metidos*[167] feroces, y algún furtivo pellizco, y se tragaba y se mascaba el árido polvo del camino, oyendo a poca distancia, como irónica burla, el blando gemir de las ondas de la ría.

De tiempo en tiempo, las bombas de palenque[168] trataban de armar un escándalo en la atmósfera, pero en balde: diríase que era la detonación de algún vergonzante petardo, que así alteraba la amplia serenidad del ambiente, como el zumbido de un mosquito turbaría el reposo de un gigante. Las tocatas de la banda de música, hecha pedazos de puro soplar himnos y más himnos patrióticos, se empequeñecían en el libre y anchuroso espacio, hasta asemejarse al estallido de una docena de buñuelos al caer en el aceite hirviendo donde se fríen. Y visto desde la playa, el mismo numeroso gentío podía compararse a un avispero, y la bandera roja a un trapo de los que los chicos cuelgan de una caña a fin de pescar ranas en las ciénagas.

Para que la comitiva adquiriese unos asomos de solemnidad, fue preciso que entrase en los mezquinos arrabales del pueblo. Con la frescura de la noche que caía todo el mundo se halló más a gusto, los de los coches respiraron, sin dejar de saludar a diestro y siniestro, y comenzaron a abrir en las tinieblas sus pupilas de fuego los reverberos de la ciudad, la Farola, y las hachas de cera que encendían algunas mujeres para alumbrar a los carruajes. Así que brilló el cordón de luces, las portadoras de las hachas se alinearon en buen orden, bajando los ojos modestamente porque aquello olía a procesión. Entonces algunos curiosos de Marineda, que no habían querido molestarse en ir más lejos para ver la función, se abrieron paso y situaron convenientemente con propósito de estudiar los semblantes de las que en otra ocasión se llamarían devotas. Si las encontraban mozas y lindas, decíanles cosas almibaradas; si viejas y feas, barbaridades capaces de enojar y abochornar a un santo de leño. Cuando pasaba Amparo, que iba una de las primeras, al lado del rojo estandarte, era un fuego graneado de piropos, una descarga cerrada de ternezas, a quemarropa. Es que la muchacha se lo merecía todo: la luz del blandón descubría su rostro animado, encendía sus ojos rechispeantes, y mostraba la crespa melena, desanudada por la agitación de la caminata, y flotando

---

167   Empujones.
168   Cohetes de un solo estallido de gran potencia.

en caprichosas roscas por su frente, hombros y cuello. Baltasar y Borrén, de americana y hongo, se colocaron entre la apiñada muchedumbre y quizá le murmuraron al oído cien mil dislates; pero no estaba el alcacer para gaitas, es decir, no estaba Amparo de humor de requiebros, hallándose exclusivamente poseída del fervor político.

Sentíase sobreexcitada, febril, en días tan memorables. Por todas partes fingía su calenturienta imaginación peligros, luchas, negras tramas urdidas para ahogar la libertad. De fijo de fijo el Gobierno de Madrid sabía ya a tal hora que una heroica pitillera marinedina realizaba inauditos esfuerzos para apresurar el triunfo de la federal: y con tales pensamientos latíale a Amparo su corazoncillo y se le hinchaba el seno agitado. En medio de la vulgaridad e insulsez de su vida diaria y de la monotonía del trabajo siempre idéntico a sí mismo, tales azares revolucionarios eran poesía, novela, aventura, espacio azul por donde volar con alas de oro. Su fantasía inculta y briosa se apacentaba en ellos. Las enfáticas frases de los artículos de fondo, los redundantes períodos de los discursos resonaban en sus oídos como el *ritornelo* del vals en los de la niña bailadora. Aquella llegada de los individuos de la Asamblea de la Unión fue para Amparo lo que sería la de los Apóstoles para un pueblo que oyese hablar del Evangelio y de pronto viese arribar a sus costas a los encargados de anunciarlo.

Tenía Amparo por cosa cierta que se acercaba la hora de señalarse con algún hecho digno de memoria: ansiaba, sin declarárselo a sí misma, emplear las fuerzas de abnegación y sacrificio que existen latentes en el alma de la mujer del pueblo. ¡Sacrificarse por cualquiera de aquellos hombres, venidos de Cantabria a vaticinar la redención; inmolarse por el más viejo, por el más feo, prestándole algún extraordinario y capital servicio! Llamar a su puerta a las altas horas de la noche; decirle con voz entrecortada que «ahí viene la policía» y que se oculte; acompañarle por recónditas callejuelas a un escondrijo seguro; meterle en la mano unos cuantos pesos ahorrados a fuerza de liar pitillos; recibir, en cambio, un haz de proclamas para repartir al día siguiente, con la advertencia de que «si se las cogen, puede contarse ánima del Purgatorio»; distribuirlas con sigilo y celo; y por recompensa de tantas fatigas, de riesgos semejantes, ganar un expresivo apretón de manos, una mirada de gratitud del proscrito... Si el heroísmo es cuestión de temperatura moral, Amparo, que se hallaba a cien grados, tal vez se dejara fusilar por *la causa* sin decir esta boca es mía; y quién sabe si andando los tiempos no figuraría su retrato al lado del de Mariana Pineda en los cuadros que representan a los mártires de la libertad... Feliz o desgraciadamente, lo que ustedes quieran, que por eso no reñiremos, los tiempos eran más cómicos que trágicos, y los loables esfuerzos de Amparo no le obtuvieron otra corona de martirio sino el que en la Fábrica se prohibiese la lectura de diarios, manifiestos, proclamas y hojas sueltas, y que a ella y a otras cuantas que pronunciaron vivas subversivos y cantaron canciones alusivas a la Unión del Norte las suspendieran, como suele decirse, de empleo y sueldo.

– XVIII –
Tribuna del pueblo

El Círculo Rojo echa el resto; no se habla en Marineda sino del banquete que ofrece a los delegados de Cantrabria y Cantabrialta. No tiene el Círculo Rojo socios tan opulentos como el Casino de Industriales y la Sociedad de Amigos; pero sóbrale alma y desprendimiento, cuando la ocasión lo requiere, para sangrarse los bolsillos, empeñarse, si es preciso, hasta los ojos y salir con color y presentar una mesa que no le avergüence.

Llamada a conferenciar con el presidente del Círculo la «persona de buen gusto», que nunca falta en los pueblos para dirigir las solemnidades, entró al punto en el desempeño de sus funciones, y se dio tal maña, que en breve pudo negociar un empréstito de candeleros de plata, centros de mesa, vajilla fina, mantelería adamascada y nueva, palilleros caprichosos y pureras sorprendentes. Obtenido lo cual, el correveidile se frotó las manos asegurando al presidente que la mesa estaría regiamente exornada.

—Regiamente, no señor –contestó el presidente algo fosco–. Republicanamente, dirá usted.

No quiso el organizador de la fiesta discutir el adverbio, y satisfecho de haber encontrado los accesorios, se dio a buscar lo principal, o sea la comida. Bregando con fondistas y cafeteros, consiguió combinar platos, vinos y helados del modo que le parecía más ortodoxo y elegante; pero quiso su desdicha que a última hora el entusiasmo político lo echase todo a perder, instigando a este bodegonero federal a enviar «la prueba» de sus vinos y a aquel hornero a remitir media docena de robustas empanadas, que cayeron en el banquete como barbarismos en selecto trozo de latinidad clásica. Menudencias que la Historia no registrará seguramente.

De propósito se empezó tarde la comida, y circulaban aún las dos sopas de hierbas y de puré, cuando los camareros cerraron las maderas de las ventanas y encendieron las bujías de los candelabros y los aparatos de gas. Viose entonces salir de las vaguedades del crepúsculo la mesa, la larga mesa de sesenta cubiertos, con sus brillantes objetos de plata, sus ramos de flores simétricamente colocados, sus altos ramilletes de dulce, sus temblorosas gelatinas, donde la luz rielaba como en un lago. El presidente del Círculo tendió en derredor una mirada de orgullo. En verdad que el aspecto del banquete era majestuoso. Imperaba en él todavía la reserva de los primeros momentos: la gente comía con moderación y delicadeza, los camareros y mozos de servicio andaban discretamente sin taconear, las cucharas producían leve música al tropezar con los platos, la virginidad del mantel alegraba los ojos, y el vaho aperitivo de la sopa no desterraba del todo las fragantes emanaciones de las rosas y claveles de los floreros. No obstante, al servirse la primer entrada comenzaron a dialogar los vecinos de mesa, y el rumor creciente de las conversaciones envalentonó a los mozos, que pisaron ya más recio.

Presidía la mesa el viejo de blanca barba, y la teatral nobleza de su figura completaba la decoración. A su derecha tenía al presidente del Círculo y a su izquierda al orador de tenebrosa faz, el que, según Amparo, «echaba términos» difíciles de entender. Seguían los demás delegados por orden de respetabilidad, alternando con individuos de la Junta, de la Prensa, del partido.

Fue poco a poco acrecentándose el ruido de la charla y desatándose las lenguas, por donde rebosaba ya la abundancia del corazón. El que, merced a su ancianidad venerable, podía ser llamado patriarca, sonreía, aprobaba, estaba de acuerdo con todo el mundo, mientras el delegado tétrico y ceñudo se las componía lo mejor posible para disputar. Al tercer plato disparó con bala rasa contra la propiedad, el capital y la clase media, y el presidente del Círculo, patrón y dueño del establecimiento, hubo de amoscarse; poco después fue el patriarca mismo el enojado, a causa de no sé qué frases sobre el derecho de insurrección y el empleo de medios violentos y coercitivos. Ninguno le parecía al patriarca lícito; en su concepto, el amor, la paz, la fraternidad, eran las mejores bases para fundar la unión federativa, no sólo de Cantabria y de España, sino del mundo. Cada cual alegaba sus razones, tratando de quimera el ajeno parecer; la discusión se hacía general; intervenían en ella periodistas y delegados desde los más remotos extremos de la mesa; alguien brindaba sin ser oído; personas de voz escasa exclamaban en tono suplicante: «Pero oigan ustedes, señores... si ustedes oyesen una palabra...». Era en balde. El grupo central se lo hablaba todo; de su confuso vocerío sólo se destacaban frases sueltas, airadas, empeñadas en descollar. «Eso son utopías, utopías fatales... No, es que le convenzo a usted con la historia en la mano... Sí, sí, hagámonos de miel... La Revolución Francesa... Era otro régimen, señores... No confundamos los tiempos... Está usted en un error... Un hecho no es ley general... Eso lo ha dicho Pi... Cantú[169] es un reaccionario... El bautismo de la sangre... Horrores infecundos...». Mientras duraba la polémica, los mozos no se entendían para pasar las fuentes del asado y para escanciar el Champaña... Uno de ellos se inclinó hacia el presidente y le dijo al oído no sé qué... El presidente se levantó al punto y salió de la sala, volviendo a entrar presto seguido de un grupo de mujeres.

Amparo lo capitaneaba. Penetró airosa, vestida con bata de percal claro y pañolón de Manila de un rojo vivo que atraía la luz del gas, el rojo del *trapo* de los toreros. Su pañuelito de seda era del mismo color, y en la diestra sostenía un enorme ramo de flores artificiales, rosas de Bengala de sangriento matiz, sujetas con largas cintas lacre, donde se leía en letras de oro la dedicatoria. Diríase que era el genio protector de aquel lugar, el duende del Círculo Rojo; las notas del mantón, del pañuelo, de las flores y cintas se reunían en un vibrante acorde escarlata, a manera de sinfonía de fuego.

Adelantose intrépida la muchacha levantando en alto el ramo y recogiendo, con el brazo libre, el pañolón, cuyos flecos le llovían sobre las caderas. Y como el conspicuo disputador, dejando su asiento, mostrase querer tomar el ex–voto que la muchacha ofrecía en aras de la diosa Libertad, Amparo se desvió y fuese derecha al patriarca. El corro se abrió para dejarla paso.

La muchacha, sin soltar el ramo, miraba al viejo. Este, de pie, con su barba plateada y levemente ondulosa como la de los ermitaños de tragedia, con su calva central guarnecida de abundantes mechones canos, con su alta estatura, un tanto encorvada ya, se le figuraba la ancianidad clásica, adornada de sus atributos, coronando la cima de los tiempos. Y el patriarca, a su vez, creía ver en aquella buena moza el viviente símbolo del pueblo joven. Ambos formularon en sus adentros el pensamiento de simpatía que les asaltaba.

—Este señor mete respeto lo mismo que un obispo —se dijo Amparo.

---

169 César Cantú (1804-1895), renombrado historiador y político italiano, autor de la celebrada *Historia Universal*, en cinco volúmenes. Fue nombrado académico honorario de la RAE en 1880.

—Esta chica parece la Libertad –murmuró el patriarca.

Entre tanto la muchacha comenzaba su peroración. Temblábale la voz al principio; dos o tres veces tuvo que pasarse la mano, yerta, por la frente húmeda, y sin saber lo que hacía accionó con el ramo, cuyas cintas culebrearon como serpientes de llama, y carraspeó para deshacer un nudo que le apretaba el galillo[170]. Poco a poco, el rumor de la mesa, el cuchicheo de los convidados más distantes, la luz de los mecheros de gas que le calentaba los sesos, el aroma de los vinos y la espuma del Champaña, que aún parecía bullir en la iluminada atmósfera, la embriagaron, y sintió fluir de sus labios las palabras y habló con afluencia, con desparpajo, sin cortarse ni tropezar. Los convidados se daban al codo sonriendo, pronunciando entre dientes algún «¡bravo!, ¡muy bien!», al oír que las operarias republicanas de la Fábrica ofrecían aquel ramo a la Asamblea de la Unión del Norte y al Círculo Rojo en prueba de que... y para manifestar cuanto... y como testimonio de que los corazones que latían..., etc. El patriarca se colocaba la mano sobre el pecho, se la llevaba a la boca con sincerísima complacencia, mientras el disputador, tieso y serio, inclinaba de vez en cuando lentamente la cabeza en señal de aprobación. Por fin, la oradora acabó su discurso entregando el ramo al patriarca y gritando: «¡Ciudadanos delegados, salud y fraternidad!».

Tomó el viejo la ofrenda y la pasó al presidente, que se quedó con ella muy empuñada y sin saber qué hacer. Confusas las compañeras de Amparo por el silencio repentino, miraban de reojo hacia todas partes, maravillándose del esplendor de la mesa y algo sorprendidas de que el banquete republicano fuese cosa de tanto orden y de que los delegados comiesen en vez de salvar la patria[171]. El patriarca se acercó a Amparo; sus mejillas arrugadas y marchitas tenían a la sazón sonrosados los pómulos.

—Gracias, hijas... –tartamudeó cabeceando senilmente–. Gracias, ciudadanas... Acércate, tribuna del pueblo[172]... que nos una un santo

---

170 Campanilla del velo del paladar.

171 Vemos en tal expresión y en afines frases de sorna, la poca simpatía de la narradora y, por extensión, de la autora hacia tal histórico evento. No obstante, y pese a su intención, y por su fidelidad a la realidad, sí describe el que fuera un promisorio acto político histórico y exaltando a su personaje de ficción como figura de la «Libertad» y «Tribuna del pueblo». Respecto al final del capítulo anterior, en éste, Amparo vive un cambio que evoca el de Don Quijote pasando a ser del «Caballero de la Triste Figura», al «Caballero de los Leones», tras su encuentro con el león del carro que no se «atrevió» a pelear con él.

172 Tribuna del Pueblo: (en Latín *tribunus plebis*) era un cargo de la antigua república

abrazo de fraternidad... ¡Viva la tribuna del pueblo! ¡Viva la Unión del Norte!

—¡Viva! –balbució Amparo toda enternecida, ahogándose–. ¡Viva usted... muchos años! –Y el viejo y la niña estaban a dos dedos de romper a llorar, y algunos de los convidados se reían a socapa viendo aquel brazo paternal que rodeaba aquel cuello juvenil.

---

romana, elegido por los ciudadanos que componían la plebe. Fue establecido unos 15 años después de la fundación tradicional de la república romana (509 a. C.) para aventar el peligro de una rebelión popular. El cargo ostentaba *sacrosanta potestas*, quien la ocupase estaba protegido de cualquier daño físico, y su función inicial era proteger a los plebeyos contra cualquier arbitrariedad de los magistrados patricios. Su ámbito de acción se limitaba al interior de la ciudad. En poco tiempo tiempo los tribunos pasaron a dirigir las Asambleas plebeyas por tribus, y sus votaciones, de manera que acabaron convirtiéndose en los promotores de todas las iniciativas legislativas y promover leyes.

– XIX –
La Unión del Norte

¡Cuidado si hace calor!

Sobre el duro azul de un celaje no empañado por la más leve bruma, ondean las flámulas[173], colocadas en mástiles a la veneciana alrededor del baluarte de la Puerta del Castillo, y sus gayos[174] colores no desdicen del júbilo radiante del cielo y de la estrepitosa y alegre multitud. Arcos y ondas de follaje verde corren de mástil a mástil, disonando y contrastando con el tono cerúleo del firmamento. En mitad del anfiteatro se alzaba el palco destinado a la Asamblea de la Unión, con su tribuna al centro, y flanqueado de otros dos más bajos, pero mayores, destinados a las comisiones del partido. Bien podía la Asamblea constitutiva de la Unión del Norte de la costa ibérica –que así se nombraba en sus documentos oficiales– ocupar oronda y satisfecha el palco presidencial: pocas sesiones y breves horas le habían bastado para sentar las bases del gran contrato unionista federativo; actividad gloriosa, sobre todo comparándola con la flema y machaconería de aquellas holgazanas de Cortes Constituyentes, que tardaban meses en redactar un código fundamental y definitivo para la nación.

Caminaba impetuosa hacia el anfiteatro la comitiva, compuesta del partido y *juventud* republicana, de mucha chiquillería, de los comités rurales, de los delegados y de todo fiel cristiano que movido de curiosidad quiso injerirse en la procesión. Apresuradamente, como si fuese un ser único animado por un solo soplo vital, y tuviese por voz la banda de música que aturdía el ambiente con himnos y más himnos, adelantábase la palpitante masa humana; y empujadas por la compacta muchedumbre, las banderas, coronadas de flores, vacilaban cual si estuviesen ebrias, y tan pronto daban traspiés y se inclinaban acá o acullá, como tornaban a erguirse rectas y altivas. Y las casas del

---

173 Gallardetes en forma de escudos.
174 Alegres, vistosos.

tránsito parecían contemplar el cuadro y entender su asunto, y de unas llovían flores, ramos, coronas, y otras, en menor número, cerradas a piedra y lodo, dijérase que fruncían el ceño y se ponían hurañas y serias al sentir el roce de las olas revolucionarias.

Cuando estas llegaron a estrellarse en el baluarte, se esparcieron y derramaron por doquiera. El gentío trepó a las escaleras, cabalgó en el caballete de los bastiones, invadió los palcos de los comisionados, y se extendió coronando las alturas vecinas; por los troncos de los mástiles se encaramó más de un granuja, resuelto a dominar la situación. Penetró majestuosamente en su palco la Asamblea, y así que los delegados ocuparon sus asientos, el tumulto se apaciguó como por magia, y cerca de veinte mil personas guardaron silencio religioso. Sólo se oyó salir de algún rincón del anchuroso escenario, el melancólico grito que pregonaba: «¡Agua de limón fría, barquillos, agua, azucarillos, agua!». Dos fotógrafos, situados en el lugar oportuno para tomar la vista, enfocaban cubriéndose la cabeza con el paño de bayeta verde, y sus máquinas parecían los ojos de la Historia contemplando la escena. Casi se oiría el volar de una mosca, sobre todo en las cercanías del palco presidencial.

Procediose a la firma y lectura del contrato de Unión. Desde lejos se veía en el palco una agrupación de cabezas, entre las cuales se destacaba la negra cabellera melodramática del disputador y sus quevedos de oro, y la barba nívea del Patriarca, resplandeciente al sol como la de Jehová en los cuadros bíblicos. Estaban Baltasar y Borrén apoyados en un lienzo de parapeto, de pie sobre un sillar de piedra, lo cual les permitía ver cuanto ocurriese. Ambos prestaban atención suma, comprendiendo que presenciaban un episodio interesante del drama político español.

—Aquí se incuba algo, hombre —exclamó Borrén inclinándose hacia su amigo.

—¡Claro que se incuba! ¡El desbarajuste universal... y el picadillo que van a hacer de España esos señores!

—Hombre, dice que no... Dice que lo que desean es confederarnos, para que estemos más uniditos que antes... ¿no ve usted que esto se llama la Unión?

—¡Sí, sí, corte usted un dedo y péguelo después con saliva!

—A bien que una nación no es ninguna naranja para hacerse cuarterones tan fácilmente... ¿Sabe usted lo que me contaron de ese viejecito... del Patriarca? Mire usted, yo me explico que sea republicano... ¡había cosas en aquellos tiempos antiguos! ¡Era el segundo de una casa rica... poderosa, hombre! El mayorazgo arrampló con todo, ¿eh?, mimos y hacienda, y a él le quedó un palomar viejo y la memoria de las azotainas... Otro se hubiera hecho misántropo... Él se hizo filántropo y luego progresista, y luego federal... y es un bienaventurado que abraza a todo el mundo, y oye misa, y es incapaz de hacer daño a nadie... acá inter nos le tengo por algo chocho...

—¿Y aquel moreno... el de los quevedos?

—¡Ah! ese... ese dicen que es de los que quieren perder las colonias y salvar los principios: hombre de línea recta, de geometría... Según Palacios, que lo conoce, la ecuación entre la lógica y el absurdo: no en balde es ingeniero. Si para lograr sus ideales tuviese que desollarnos... ¡pobre pellejo!

—¿Y si tuviese que desollarse a sí mismo?

—¡Cáspita!, de la epidermis ajena a la propia... Con todo, no seamos escépticos, hombre. Allí tiene usted a aquel otro... al del bigote negro... el que está a la izquierda del Patriarca. Pues mire usted, hombre, que le ha costado ya dinero y disgustos esta mojiganga política... emigrado, encausado, maltratado... y se libró de ir a las Marianas[175]... no sé cómo... Hay humor para todo en este mundo sublunar... ¡Y decir que cuando Dios produce chicas como ésa se ocupen en politiquear los muchachos!

Al pronunciar estas palabras señalaba Borrén a Amparo, cuyos rojos atavíos la distinguían del círculo femenino que la rodeaba.

—Pues esa chica aún politiquea más que los barbudos... ¿no sabe usted...?

Y el incidente del banquete fue comentado, desmenuzado, acribillado por las dos bocas masculinas, que lo adornaron con festones satíricos. Entre tanto se leía el contrato de la Unión, y a pesar de que el sol no estaba en el zenit ni mucho menos, la gente arracimada y prensada producía una temperatura insufrible, y se oían exclamaciones de este jaez: «Nos morimos. —Nos asfixiamos. —¡Cuándo vendrá un poco de fresco! —Pero, hombre, no nos estruje usté. —Ave María, qué bárbaro. —Estese usté quieto. —Pues si no ve, fastidiarse: ¿sa figurao que vemos los demás? —¡Tan siquiera puede uno meter la mano en el bolsillo para sacar un triste pañuelo!

---

175   Las Islas Marianas, en el Pacífico bajo dominio español hasta 1898.

—Cuidado con el reloj, palpa si lo tienes». Y la voz del lector del Contrato volaba por cima del mar de cabezas, y las palabras «garantías sacrosantas... dogmas de libertad... derechos invulnerables... ideales benditos... pueblo honrado y libre...» se dilataban en el cálido y sereno ambiente. Una lluvia de flores vino, de improviso, a oscurecerlo, y multitud de blancas palomas fueron lanzadas a él, abatiendo al punto el vuelo con aletear trabajoso, y cayendo sobre la muchedumbre, entorpecidas de tener tanto tiempo ligadas las patas. Un estruendoso cubo de cohetes de lucería salió bufando en todas direcciones; retumbó la música; hubo un minuto de gritos, vivas, estruendo y confusión, y nadie reparó en que un pobre viejo, un barquillero, salía del recinto mitad arrastrado y mitad en brazos de dos hombres. «Le dio un accidente», decían al verlo pasar, sin añadir otro comentario.

– XX –
Zagal y zagala

Y del accidente se murió aquella noche misma, sin confesión, sin recobrar los sentidos. ¿Fue el sol abrasador? Mil veces le cayó verticalmente sobre el cráneo al señor Rosendo en sus épocas de vida militar, y vamos, que el de la isla de Cuba pica en regla... ¿Fue el haber vuelto a manejar las tenazas y a elaborar barquillos para el extraordinario consumo de aquellos días solemnes? ¿Fue, como dijeron algunas comadres, el orgullo de ver a su hija tan elocuente y bizarra, y tan agasajada por los señores de la Asamblea? Quédese para la posteridad el arduo fallo, si bien parece infundada la última suposición, por cuanto el señor Rosendo, lejos de manifestar complacencia cuando la chica se metía en semejantes trifulcas, rompiera pocos días antes su mutismo para decirle cosas muy al alma sobre eso de buscar tres pies al gato y perder su colocación por locuras. El servicio militar había formado de tal suerte el carácter del viejo, que la insubordinación era para él el más feo delito, y su divisa, obediencia pasiva, automática; así es que amenazó a Amparo, poniendo los ojos fieros y la voz tartajosa, con romperle una costilla si volvía a leer periódicos en la Fábrica. Algunos años antes no hubiera amenazado sino ejecutado; pero la cigarrera, desde que lo es, sale en cierto modo de la patria potestad, y por eso se creyó el señor Rosendo en el caso de guardar consideraciones a su progenitura. Sabiendo cuánto influyen en los sacudimientos cerebrales y en las hemorragias internas los accesos de furor, puede creerse que, tal vez, la rabia y no el orgullo de ver a su hija elevada al rango de *Tribuna del pueblo* determinaron en la pletórica constitución del viejo la apoplejía fulminante.

En fin, a él lo enterraron y quedáronse las dos mujeres cual es de suponer en los primeros momentos: aturdidas, maravilladas de ver cómo «se va uno al otro mundo». Desequilibrio económico no lo hubo, porque Amparo, indultada, había vuelto a la Fábrica, y Chinto, trabajando como un mulo porfiado que era, ganaba lo mismo que antes y traía fielmente la colecta todas las noches según costumbre, con la diferencia de que ni recogía ni reclamaba su mezquino sueldo. Pareció el nuevo sistema muy ventajoso y cómodo a la tullida, que venía a estar como si tuviese dos hijos y ambos ganasen para sustentarla. Pero Amparo vivía inquieta habiendo advertido cierto peregrino cambio en la actitud y modales de Chinto. Mostrábase este mandón y muy interesado por las cosas de la humilde casa, que indicaba considerar como suya; se tomaba otra vez la libertad de esperar a la muchacha a la salida de la Fábrica, y aun de acompañarla a la ida, si lo consentía la labor de los barquillos; gastaba con ella chanzas finas como tafetán de albarda, y en suma, desde la muerte del viejo, le daba de protector y cabeza de casa, sin que en modo alguno procediese como criado, único papel que Amparo le señalaba siempre, mortificada de ver que el tosco paisano le prestaba servicios. Indignada y ofendida, tratóle con más despego que nunca, y para colmo de disgusto, vio que Chinto correspondía a sus desaires con rústicas ternezas y a sus muestras de desvío con pruebas de confianza y afición. Una vez le trajo un pliego de aleluyas, y otra, como le oyese alabar ciertos pendientes de cristal negro, fue y se los presentó a la noche muy orondo.

Ella se negó a estrenarlos.

Hallábase una mañana Amparo en su cuarto vistiéndose para salir a la Fábrica, cuando sintió que una mano indiscreta alzaba el pestillo, y con gran sorpresa encontró delante de sí a Chinto, de un talante como nunca lo había visto la muchacha, pues traía el sombrerón ladeado sobre la oreja, los carrillos sofocados, el aire resuelto y un cigarro de a cuarto en la boca: preparativos todos que había juzgado indispensables el paisanillo para realizar la proeza de «cantar claro». La muchacha cruzó prestamente su bata que aún tenía sin abrochar, y arrojó al osado una mirada olímpica; pero Chinto venía tal, que ni las ojeadas de un basilisco le hicieran mella.

—¿A qué entras aquí, a ver? —gritó la cigarrera—. ¿Qué se te ofrece?

—Se me ofrecía... dos palabritas.

—¿Palabritas? Tengo que hacer más que oír tus tontadas.

—No, pues yo te quería decir de que... allí... como ya tengo aprendido el oficio... es decir, vamos, que quedándome las herramientas por lo que me debía tu padre de soldada... allí, yo, como ya en la quinta del mes pasado libré... y como vamos...

—¿Acabarás hoy o mañana? Habla expedito, que parece que estás comiendo sopas.

—Mujer, quiérese decir... que si tú admites el arriendo del trato, puedes, es decir, podemos... casarnos los dos.

La risa homérica[176] que soltó la insigne Tribuna al verse requerida de amores por aquella montés alimaña, se cambió presto en cólera al advertir que Chinto continuaba brindándole su mano y corazón con las discretas razones ya referidas.

—Porque yo, lo que es tenerte voluntá... te tengo muchísima, ya desde mismo que te vi... y me gustas que no sé, que parece que mismo no pienso sino en tus quereres... así me veo yo tan destruido, que cuasimente no como y propiamente no me quiere dormir el cuerpo... Por trabajar, ya sabes que trabajaré hasta que me reviente el alma... y por mantenerte...

—¡Mira... si no te sacas de delante, repelo, hago contigo una desgracia! –gritó furiosa ya Amparo dando al mozo, que estaba próximo a la puerta, un soberano empellón para arrojarle del cuarto. Pero el movimiento brusco y familiar despertó la sangre aldeana de Chinto, y con los brazos abiertos se fue hacia Amparo. Esta a su vez sintió que renacía la chiquilla callejera de antaño, y bajándose prontamente, alzó del suelo una botita y estampó el tacón de plano en la inflamada mejilla que vio próxima a las suyas: y con tanto brío menudeó los golpes, que a uno que le alcanzó entre los ojos, el bárbaro galán hubo de exhalar imprecaciones sofocadas, retrocediendo y dejando el campo libre. Mal segura aún la muchacha, agarró una silla; mas sobraban ya los aprestos bélicos, porque el mozo, restituido a la razón por el vapuleo, se había arrojado de bruces sobre la cama, y escondiendo y revolcando el rostro en la ropa tibia aún del cuerpo de Amparo, lloraba como un becerro, alzando en su dialecto el grito primitivo, el grito de los grandes dolores de la infancia que reaparece en las siguientes crisis de la existencia.

—¡Madre mía, madre mía[177]!

Encogiose Amparo de hombros y fuese a su Fábrica, que urgía el tiempo y era preciso ganar el pan, porque el entierro del viejo había consumido sus menguados ahorros. Al regresar contó a su madre lo ocurrido, y con no pequeña admiración oyó que la impedida la re-

176 Risa estruendosa, gran carcajada.
177 Nótese que, aunque Chinto dio el grito en su idioma gallego, la narradora lo traduce al castellano.

prendía por no haber aceptado la propuesta matrimonial; y es el caso
que la lógica de la tullida parecía contundente.

—¿Tú qué eres, mujer? –le decía–. Cigarrera como yo. ¿Y él qué
es, mujer? Barquillero como tu padre que en paz descanse. Que te
dicen por ahí si eres graciosa, si eres tal y cual... Conversación y más
conversación. ¿Él trabaja, eh? Pues a eso vamos, que lo otro... pa-
tarata[178].

Sin querer oír más, la muchacha declaró que no sólo repugnaba
casarse con semejante bestia, sino que iba a echarlo de casa volando:
no era cosa de tener que atrancar la puerta cada vez que se vistiese.
No y no: antes prefería que la aspasen[179] viva que sufrirlo allí a todas
horas. Lamentose la tullida, recordó que el jornal de Chinto las
ayudaba a vivir; todo se estrelló contra la firmeza de la Tribuna. Y
cuando volvió de fuera Chinto a soltar el tubo vacío y a entregar, cabizbajo y humilde como un borrego, sus ganancias del día, Amparo
le intimó la orden de no dormir ya aquella noche en casa. El mozo la
oyó con rostro entre abatido y atónito; y así que se convenció de que
se le condenaba al ostracismo, salió de la estancia a paso redoblado.
La tullida se inclinó hacia su hija cuanto pudo para decirle:

—Mira que le debemos cuartos[180].

—Se los restregaré por la cara –respondió Amparo con magnífico
desdén.

A los dos minutos se presentó otra vez Chinto, cargado con los
chismes de la barquillería, tenazas, cargador, lebrillo, y hasta un haz
de leña; Amparo se puso en actitud defensiva cuando le vio blandir
en el aire los hierros; mas no fue sino para desunirlos con fuerza
bovina y tirarlos a un rincón desdeñosamente; y en seguida, juntando
las tarteras, la leña y el cañuto de hojalata, lo pateó todo hasta reducir
a añicos los cacharros y a un bollo informe el reluciente tubo. Eje-
cutada la hazaña, a puntapiés mandó los tristes restos a las esquinas
de la habitación, de la cual se retiró sin volver atrás el rostro.

---

178   Cosa ridícula, despreciable.
179   Clavar en un aspa, maderos atravesados en forma de cruz.
180   Dinero.

– XXI –
TABACO PICADO

A los pocos días supo Amparo en la Granera, convento laico donde nada se ignora, que Chinto andaba pretendiendo ingresar en el taller de la picadura. Empezó a correr y comentarse en la Fábrica la leyenda del mozo transido de amor que por estar cerca de su adorado tormento se metía en los infiernos del picado, en el lugar doliente a cuya puerta hay que dejar toda esperanza[181]. De qué manera se las compuso Chinto para lograr su deseo, no hace al caso: lo cierto es que obtuvo la plaza, y que Amparo se lo encontró frecuentemente a la entrada y a la salida, triste como can apaleado por su amo, y sin que le dijese nunca más palabras que «Adiós, mujer... vayas muy dichosa». No cabía que Amparo, generosa de suyo, dejase de ser la primera en trabar otra vez conversación con él: hablaron de cosas indiferentes, de sus respectivas labores, y Amparo prometió visitar el taller de Chinto: que con venir diariamente a la Granera no lo conocía aún. La Comadreja la acompañó en la visita. Descendieron juntas al piso inferior, con propósito de aprovechar la ocasión y verlo todo. Si los pitillos eran el Paraíso y los cigarros comunes el Purgatorio, la analogía continuaba en los talleres bajos, que merecían el nombre de Infierno. Es verdad que abajo estaban las largas salas del oreo[182], y sus simétricos y pulcros estantes; el despacho del jefe, y el cuadro de las armas de España trabajadas con cigarros, orgullo de la Fábrica; los almacenes; las oficinas; pero también el lóbrego taller del desvenado[183] y el espantoso taller de la picadura.

En el taller del desvenado daba frío ver, agazapadas sobre las negras baldosas y bajo sombría bóveda sostenida por arcos de mampostería y algo semejante a una cripta sepulcral, muchas mujeres, viejas la mayor parte, hundidas hasta la cintura en montones de hoja de tabaco, que revolvían con sus manos trémulas, separando la vena

---

181   Retoma Pardo Bazán lo que se leía en la entrada del Infierno en la *Divina Comedia* de Dante: «Lasciate ogni speranza voi ch'entrate».
182   De secado al aire.
183   El lugar de la separación de las venas de las hojas de tabaco antes de trabajarlas.

de la hoja. Otras empujaban enormes panes de prensado, del tamaño y forma de una rueda de molino, arrimándolos a la pared para que esperasen el turno de ser escogidos y desvenados. La atmósfera era a la vez espesa y glacial. La Comadreja andaba a saltos por no pisar el tabaco, y a veces llamaba por su nombre a una de las desvenadoras.

—¡Hola... señora Porcona[184]! —exclamó dirigiéndose a una que parecía tener los párpados en carne viva y los labios blancos y colgantes, con lo cual hacía la más extraña y espantable figura del mundo—. ¿Hola... cómo le va? ¿Cómo están esos parientes? Tú no sabes —añadió volviéndose a Amparo— que la señora Porcona es parienta, muy parienta, del señor de las Guinderas, aquel tan rico que tiene dos hijas y vive en el Malecón y viene aquí a veces: y él se empeña en negarlo y en no darle un ochavo; pero ella se lo ha de ir a cantar a las hijas el día que vayan más majas por el paseo. ¿Verdá, señora Porcona?

—Yyyy... y es como el Evangelio, hiiigas... —contestó una voz temblona como el balido de la cabra, y aguardentosa además.

—Explíquenos el parentesco, ande —sugirió Amparo prestándose a la broma de su amiga.

La vieja alzó sus manos sarmentosas, se las pasó por los sangrientos ojos, y con muchas oscilaciones del labio inferior:

—Aunque... Diiios en persona estuviese allí —pronunció señalando a uno de los gigantescos panes de tabaco—, yo no he de contar mentira. Oíd, espectadores del caso. Es de saber que el padre del padre de mi madre, o quiérese decir mi bisabuelo, digo, el abuelo de mis padres, era cuñado carnal, o quiérese decir, medio hermano de la abuela de la madre política del señor de las Guinderas... De modo y manera es, que yo vengo a ser parienta de muy cerquita, por la infinidá de la sangre...

—Y es mucha picardía que no le den siquiera un realito diario para aguardiente —sugirió malignamente la Comadreja.

—¡Aaaa... guardiente! —clamó la vieja acentuando el trémolo—. ¡Diera Diiiios pan!

—Vamos, que un sorbito ya entró.

—Ni maldiito olor dél me llegó tan siquiera: y eso que a mis añitos, hiiigas... ya os gustará calentar el estómago que se pone como la pura nieve.

---

184   Apodo en gallego por sucia o desaseada.

—¿Qué años tendrá, señora Porcona? Sin mentir.

—¡Busssss! –pronunció la desvenadora. Así Dios me salve, ni sé de verdad el año que nací. Pero... –y bajó la temblona voz– sepades que cuando se puso aquí la fábrica, de las diez y seis primeritas fui yo que aquí trabajaron...

—¡Dónde irá la fecha! –murmuró la Comadreja. Amparo le tiró del brazo horrorizada de aquella imagen de la decrepitud que se le aparecía como vaga visión del porvenir. Recorrieron la sala de oreos, donde miles de mazos de cigarros se hallaban colocados en fila, y los almacenes, henchidos de bocoyes[185], que, amontonados en la sombra, parecen sillares de algún ciclópeo edificio, y de altas maniguetas de tabaco filipino envueltas en sus finos miriñaques de tela vegetal; atravesaron los corredores atestados de cajones de blanco pino, dispuestos para el envase, y el patio interior lleno de duelas y aros sueltos de destrozadas pipas; y por último, pararon en los talleres de la picadura.

Dentro de una habitación caleada, pero negruzca ya por todas partes, y donde apenas se filtraba luz al través de los vidrios sucios de alta ventana, vieron las dos muchachas hasta veinte hombres vestidos con zaragüelles[186] de lienzo muy remangados y camisa de estopa muy abierta, y saltando sin cesar[187]. El tabaco los rodeaba: habíalos metidos en él hasta media pierna: a todos les volaba por hombros, cuello y manos, y en la atmósfera flotaban remolinos de él. Los trabajadores estribaban en la punta de los pies y lo que se movía para brincar era el resto del cuerpo, merced a repetido y automático esfuerzo de los músculos; el punto de apoyo permanecía fijo. Cada dos hombres tenían ante sí una mesa o tablero, y mientras el uno, saltando con rapidez, subía y bajaba la cuchilla picando la hoja, el otro, con los brazos enterrados en el tabaco, lo revolvía para que el ya picado fuese deslizándose y quedase sólo en la mesa el entero, operación que requería gran agilidad y tino, porque era fácil que al caer la cuchilla segase los dedos o la mano que encontrara a su alcance. Como se trabajaba a destajo, los picadores no se daban punto de reposo: corría el sudor de

185 Barriles grandes.
186 Calzones anchos.
187 Rememorando escenas como ésta en la Fábrica, posteriormente, Pardo Bazán escribía: «El verdadero infierno social al que puede bajar el novelista, Dante moderno que escribe cantos de la comedia humana, es la fábrica, y el más condenado de los condenados, ese ser convertido en rueda, en cilindro, en autómata» (*Apuntes autobiográficos, Obras completas* III, 725). Coincidía aquí, doña Emilia, con lo que expresaran Marx y Engels sobre la cosificación del obrero en las Fábricas de la revolución industrial.

todos los poros de su miserable cuerpo, y la ligereza del traje y violencia de las actitudes patentizaba la delgadez de sus miembros, el hundimiento del jadeante esternón, la pobreza de las barrosas canillas, el térreo color de las consumidas carnes. Desde la puerta, el primer golpe de vista era singular: aquellos hombres, medio desnudos, color de tabaco, y rebotando como pelotas, semejaban indios cumpliendo alguna ceremonia o rito de sus extraños cultos. A Amparo no se le ocurrió este símil, pero gritó:

—Jesús... Parecen monos.

Chinto, al ver a las muchachas, se paró de pronto, y soltando el mango de la cuchilla, y sacudiéndose el tabaco, como un perro cuando sale de bañarse sacude el agua, se les acercó todo sudoroso, y con un sobrealiento terrible:

—Aquí se trabaja firme... dijo con ronca voz y aire de taco. Se trabaja... prosiguió jactanciosamente, y se gana el pan con los puños... ¡Se trabaja de Dios, conchas!

—Estás bonito; parece que te chuparon –exclamó la Comadreja, mientras Amparo lo miraba entre compadecida y asquillosa, admirándose de los estragos que en tan poco tiempo había hecho en él su perruno oficio. Le sobresalía la nuez, y bajo la grosera camisa se pronunciaban los omóplatos y el cúbito[188]. Su tez tenía matices de cera, y a trechos manchas hepáticas; sus ojos parecían pálidos y grandes respecto de su cara enflaquecida.

—Pero, bruto –exclamó la Tribuna con bondadoso acento–, estás sudando como un toro y te plantas aquí entre puertas, en este pasillo tan ventilado... para coger la muerte.

—Boh[189]... –y el mozo se encogió de hombros–. Si reparásemos a eso... Todo el día de Dios estamos aquí saliendo y entrando y las puertas abiertas, y frío de aquí y frío de allí... Mira onde afilamos la cuchilla.

Y señaló una rueda de amolar colocada en el mismo patio.

—La calor y el abrigo, por dentro... Ya se sabe que no teniendo aquí una gota... (y se dio una palmada en el diafragma).

—Así apestas, maldito –observó Ana–. Anda, que no sé qué sustancia le sacáis al condenado vinazo.

—Antes –pronunció sentenciosamente Amparo– sólo probabas

---

188   Hueso más grueso y largo del antebrazo.
189   Interjección en gallego, expresando indiferencia.

vino algún día de fiesta que otro... Pues aquí no tienes por qué tomar vicios, que gracias a Dios la borrachera poco daño nos hace...

—Las de arriba bien habláis, bien habláis... Si os metieran en estos trabajitos... Para lo que hacéis, que es labor de señoritas, con agua basta... Quiérese decir, vamos... que un hombre no ha de ponerse chispo[190]; pero un rifigelio... un tentacá[191]... ¿Queréis ver cómo bailo?

Volvió a manejar la cuchilla, mostrando su agilidad y fuerza en el duro ejercicio. De esta entrevista quedaron reconciliados la pitillera y el picador, que la acompañó algunas veces por la cuesta de San Hilario abajo, sin renovar sus pretensiones amorosas.

---

190 Achispado, bebido, adjetivo coloquial
191 Refrigerio, tente acá; otros ejemplos, como los numerosos en la conversación anterior de la Porcona y de los tantos más de la clase obrera iletrada gallega, de trabucar vocablos en su habla en castellano. Téngase presente que ellos y ellas –hay que insistir— en la vida real, hablaban en gallego.

– XXII –
El Carnaval de las cigarreras

Unos días antes de Carnavales se anuncia en la Fábrica la llegada del *tiempo loco*[192] por bromas de buen género que se dan entre sí las operarias. Infeliz de la que, fiada en un engañoso recado, se aparta de su taller un minuto; a la vuelta le falta su silla, y vaya usted a encontrarla en aquel vasto océano de sillas y de mujeres que gritan a coro: «Atrás te queda. Delante te queda». A las víctimas de estos alegres deportes les resta el recurso de llevar bien escondido debajo del mantón un puntiagudo cuerno, y enseñarlo por vía de desquite a quien se divierte con ellas. También se puede, por medio de una tira estrecha de papel y un alfiler doblado a manera de gancho, aplicar una *lárgala*[193] en la cintura, o estampar con cartón recortado y untado de tiza, la figura de un borrico en la espalda. Otro chasco favorito de la Fábrica es, averiguado el número del billete de lotería que tomó alguna bobalicona, hacerle creer que está premiado. Todos los años se repiten las mismas gracias, con igual éxito y causando idéntica algazara y regocijo.

Pero el jueves de Comadres es el día señalado entre todos para divertirse y echar abajo los talleres. Desde por la mañana llegan las cestas con los disfraces; y obtenido el permiso para bailar y formar comparsas, las oscuras y tristes salas se trasforman. El Carnaval que siguió al verano en que ocurrieron los sucesos de la Unión del Norte se distinguió por su animación y bullicio; hubo nada menos que cinco comparsas, todas extremadas y lucidas. Dos eran de *mozas y mozos del país*, vestidos con ricos trajes que traían prestados de las aldeas cercanas; otra, de *grumetes*; otra, de *señoritos* y *señoras*, y la última com-

---

192 Basándose en esta expresión, y partiendo de lo que se insiste en la narración sobre el rostro afeminado y figura adamada de Baltasar, y aludiendo a cuánto éste, estando en la guerra en Navarra, recordaba a Amparo vista en el presente carnaval disfrazada de grumete y apareciendo, según la narradora, como «el más hermoso muchacho que imaginarse pueda», Julia H. Chang escribió el ensayo, «"Tiempo loco". Queer temporality en Emilia Pardo Bazán's *La Tribuna*», en lo que el título apunta y en el que se vislumbran sobre la novela, podríamos decir, elementos del decadentismo que afloran en la ultima novela larga de doña Emilia Paro Bazán, *Dulce dueño* (1911).

193 Especie de maza que se prende en los vestidos de la persona en el Carnaval, como burla.

parsa era una estudiantina. Las dos de *labradores* se diferenciaban harto. En la primera se había buscado, ante todo, el lujo del atavío y la gallardía del cuerpo; las cigarreras más altas y bien formadas vestían con suma gracia el calzón de rizo, la chaqueta de paño, las polainas pespunteadas y la montera ornada con su refulgente pluma de pavo real; y para las mozas se habían elegido las muchachas más frescas y lindas, que lo parecían doblemente con el dengue[194] de escarlata y la cofia ceñida con cinta de seda. La segunda comparsa aspiraba, más que a la bizarría del traje, a representar fielmente ciertos tipos de la comarca. Enrollada la saya en torno de la cintura, tocada la cabeza con un pañuelo de lana, cuyos flecos le formaban caprichosa aureola; asido el ramo de tejo, de cuyas ramas pendían rosquillas, estaba la *peregrina* que va a la romería famosa[195] a que no se eximen de concurrir, según el dicho popular, ni los muertos; a su lado, con largo redingote[196] negro, gruesa cadena de similor[197], barba corrida y hongo de anchas alas, el *indiano*, acompañábanle dos *mozos de las Rías Saladas*, luciendo su traje híbrido, pantalón azul con cuchillos castaños, chaleco de paño con enorme *sacramento* de bayeta en la espalda, faja morada, sombrero de paja con cinta de lana roja. Los *estudiantes* habían improvisado manteos con sayas negras, y tricornios de cartón con cuchara y tenedor de palo cruzados, completaban el avío; los *grumetes* tenían sencillos trajes de lienzo blanco y cuellos azules; en cuanto a la comparsa de *señores*, había en ella un poco de todo; guantes sucios, sombreros ajados, vestidos de baile ya marchitos, mucho abanico, y antifaces de terciopelo.

En mitad del taller de cigarros comunes se formó un corro y se alzó gran vocerío alrededor de la *Mincha*[198], barrendera vieja, pequeña, redonda como una tinaja, que bailaba vestida de moharracho[199], con dos enormes jorobas postizas, un serón por corona, una escoba por cetro, un ruedo por manto real, la cara tiznada de hollín, y un letrero en la espalda que decía en letras gordas: «Viva la broma».

---

194 Esclavina de paño usada por las mujeres, que llega hasta la mitad de la espalda, se cruza por el pecho y las puntas se sujetan detrás del talle.

195 Alude a la romería de San Andrés de Teixido, en donde «va de muerto el que no fue de vivo».

196 Capote de poco vuelo y mangas ajustadas.

197 Cadena con el falso brillo del oro.

198 Apodo que en gallego significa mujer pequeña de cuerpo como el caracol marino llamado Mincho.

199 Persona que en el Carnaval se disfraza ridículamente y con sus gestos y ademanes alegra a los demás, como vemos aquí.

Incansable, pegaba brincos y más brincos, llevando el compás con el cuento de la escoba, sobre las carcomidas tablas del piso. Pero bien pronto le robó la atención de sus admiradoras la estudiantina, que estaba toda encaramada en una mesa de metro y medio de largo por un metro escaso de ancho. Cómo danzaban allí unas doce chicas, es difícil decirlo; ellas danzaban, acompañándose con panderetas y castañuelas y coreando al mismo tiempo habaneras y polcas. En aquella comparsa, la más alborotadora y risueña, figuraba Guardiana. Nunca el júbilo y la feliz imprevisión de los pocos años brillaron como en el rostro de la pobre chica, que a tan poca costa y con tan poca cosa divertía sus penas. Era la valerosa pitillera chiquita y delgada; tenía a la sazón el rostro encendido, ladeado el tricornio, y con picaresco ademán repicaba un pandero roto ya, y muy engalanado de cintas.

Ana y Amparo figuraban entre los *grumetes*. La Comadreja hacía un grumete chusco, travieso y cínico; Amparo, el más hermoso muchacho que imaginarse pueda. Todo lo que su figura tenía de plebeyo lo disimulaba el traje masculino; ni las gruesas muñecas, ni el recio pelo dañaban a su gentileza, que era de cierto notable y extraordinaria. La comparsa recorrió los talleres, bailando y cantando, recibiendo bromas de las *señoras*, y alegrando la oscuridad de las salas con la nota blanca y azul de sus trajes. Sin embargo, no se podía dudar que la victoria quedaba por los *labradores*. A la cabeza de estos estaba una mujer, casada ya, celebrada por buena moza, Rosa, la que llenaba con mayor presteza los *faroles*[200] de picadura. Con el traje propio de su sexo, Rosa era un tanto corpulenta en demasía; con el de labrador no había que pedirle. La camisa de lienzo labrado dibujaba su ancho pecho; el calzón se ajustaba a maravilla a sus bien proporcionadas caderas; pendiente del cuello llevaba un ancho escapulario de raso bordado de lentejuelas y sedas de colores. Debajo de la montera, un pañuelo de fular[201] azul, atado como lo hacen los paisanos, le encubría el pelo. Apoyábase en la *moca* o porra claveteada de clavos de plata, y con acento melancólico y prolongado, cantaba una copla del país, y contestábale desde enfrente una morenita vestida de ribereño, con su chaleco muy guarnecido de botones de filigrana y su faja recamada de pájaros y flores extravagantes, *echando la firma*, consistente en tres versos irregulares, improvisados siempre, con sujeción al asunto de la copla; al concluir la *firma*, salían

---

200 Fundas cubiertas de papel para paquetes de picadura de tabaco.
201 De seda fina y, por lo general, de dibujos estampados.

del corro de espectadores varios ¡ju... jurujú! agudísimos. Lo que hacía
maravilloso efecto era oír, en los intervalos en que callaban las cantoras,
unas malagueñas resonando en el otro extremo de la sala, mientras por
su parte la estudiantina se consagraba a las habaneras, cual si la anarquía
de los trajes se comunicase a las canciones. En la comparsa de las *señoras*
había una chica poseedora de bien timbrada voz y de muchísimo
donaire para las coplas propias de la ciudad, tan distintas de las rurales,
que al paso que en éstas las vocales se alargan como un gemido, en las
otras se pronuncian brevemente, produciendo al final de algunos versos
una inflexión burlesca:

> *En el medio de la mar*
> *Suspiraba una ballenaú*
> *Y entre suspiros deciaú*
> *Muchachas de Cartagenaú.*

¿Y quién tenía valor para trabajar en medio de la bulliciosa carnavalada? Algunas operarias hubo que al principio se encarnizaron
en la labor, bajando la cabeza por no ver las máscaras; pero a eso de
las tres de la tarde, cuando la inocente saturnal llegaba a su apogeo,
las manos cruzadas descansaban sobre la tabla de liar, y los ojos no
sabían apartarse de los corros de baile y canto. Ocurrió un incidente
cómico: el taller del desvenado quiso echar su cuarto a espadas, y organizó una comparsa numerosa; empeñáronse en formar parte de ella
las más ancianas, las más infelices, y la mascarada se improvisó de la
manera siguiente: envolviéndose todas por la cabeza los mantones, sin
dejar asomar más que la nariz o una horrible careta de cartón, y co-
locándose en doble fila, haciendo de batidores cuatro que llevaban
cogida por las esquinas una estera, en la cual reposaba, con los ojos cerrados, muy propia en su papel de difunta, la decana del taller, la res-
petable señora Porcona. Así colocadas y con extraño silencio recorrieron los talleres, dando no sé qué aspecto de aquelarre a la bulliciosa
fiesta. Al punto recibió título aquella nueva y lúgubre comparsa; lla-
máronle la *Estadea*, nombre que da la superstición popular a una procesión de espectros[202].

Diríase que el mago Carnaval, con poderoso conjuro, había desencantado la Fábrica, y vuelto a sus habitantes la verdadera figura en
aquel día. Muchachas en las cuales a diario nadie hubiera reparado

---

202   El cual según la creencia popular recorría de noche los caminos de la aldea; cortejo
       fúnebre conocido como la *Santa Compaña*.

quizá, confundidas como estaban entre las restantes, resplandecían, alumbradas por una ráfaga de hermosura, y un traje caprichoso, una flor en el pelo, revelaban gracias hasta entonces recónditas. Y no porque la coquetería desplegada en los disfraces llegase al grado que alcanza entre la gente de alto coturno que asiste a bailes de trajes y suele reflexionar y discurrir días y días antes de adoptar un disfraz – habiendo señorita que se viste de *Africana* por lucir una buena mata de pelo, o de *Pierrette*[203] por mostrar un piececito menudo–; no por cierto. Semejantes refinamientos se ignoraban en la Fábrica. Ni a las viejas se les daba un comino de enseñar en la fuga del baile la seca anatomía de sus huesos, ni a las mozas un rábano de desfigurarse, verbigracia, pintándose bigotes con carbón. El caso era representar bien y fielmente tipos dados; un *mozo*, un *quinto*, un *estudiante*, un *grumete*. Habíalas con tan rara propiedad vestidas, que cualquiera las tomaría por varones; las feas y hombrunas se brindaban sin repulgos a encajarse el traje masculino, y lo llevaban con singular desenfado. Y de un extremo a otro de los talleres, entre el calor creciente y la broma y bullicio que aumentaban, corría una oleada de regocijo, de franca risa, de diversión natural, de juego libre y sano; una afirmación enérgica de la feminidad de la Fábrica. No cohibidas por la presencia del hombre, gozaban cuatro mil mujeres aquel breve rayo de luz, aquel minuto de júbilo expansivo colocado entre dos eternidades de monótona labor.

Hacia las cuatro de la tarde no cabía ya la algazara y bulla en las salas; todo el mundo perecía de calor; a las disfrazadas de paisanos las ahogaba su traje de paño, y se apoyaban, descoyuntadas de tanto reír, molidas de tanto bailar, roncas de tanto canticio, en los estantes, abanicándose con la montera. La Comadreja, que ya no sabía cómo procurarse un poco de fresco, tuvo una idea.

—Si nos dejasen armar un corro en el patio, chicas, ¿eh?

Pareció de perlas la ocurrencia, y salieron al patio de entrada, y de allí al magro campillo colindante, y perteneciente también a la Fábrica. Estaba el día sereno y apacible; el sol doraba las hierbas quemadas por la escarcha, y se colaba en tibios rayos oblicuos al través de los desnudos árboles. El ambiente era más templado que otra cosa, como suele suceder en el clima de Marineda durante los meses de fe-

---

203 Femenino del famoso Pierrot, *clown* de las pantomimas de la Comedia del Arte y tan presente en Carnavales.

brero y marzo. Al desembocar en el campo la alegre multitud, huyeron espantadas unas cuantas gallinas y algunos borregos sucios y torpes patos, que correteaban por allí, y eran los únicos pobladores del mezquino oasis, limitado de una parte por la vetusta tapia, de otra por cobertizos atestados de fardos de vena, y de otra por el taller de cigarros peninsulares, aislado del edificio de la Granera. Al punto se formaron dos corros con más espacio que arriba, y la frescura de la tardecita restituyó las ganas de bailar a las exhaustas máscaras.

¡Oh, si ellas hubiesen sabido que desde las próximas alturas de Colinar las miraban dos pares de ojos curiosos, indiscretos y osados! De la cima de un cerrillo que permitía otear todo el patio de la Fábrica, dos hombres apacentaban la vista en aquel curioso cuanto inesperado espectáculo. Uno de ellos rondaba muchas veces las cercanías de la Granera, pero nunca en aquel predio había visto más seres vivientes que canteros picando sillares de granito, y aves de corral escarbando la tierra. Baltasar ignoraba los detalles del Carnaval de las cigarreras, y apenas entendería lo que estaba viendo, si Borrén, mejor informado, no se tomase el trabajo de explicárselo.

—Generalmente estas mascaradas son de puertas adentro; pero hoy, como hace calor y el día está bueno, salen al fresco a bailar... ¡Qué casualidad, hombre!

—Casualidad es, tiene usted razón. En todas partes he de encontrármela.

Y al decir así, señalaba el teniente al corro de los grumetes. Mientras los paisanos punteaban y repicaban un paso de baile regional, los grumetillos habían elegido el *zapateado*, donde la viveza del meridional bolero se une al vigor muscular que requieren las danzas del Norte. Bien ajena que la viese ningún profano, puesta la mano en la cadera, echada atrás la cabeza, alzando de tiempo en tiempo el brazo para retirar la gorrilla que se le venía a la frente, Amparo bailaba. Bailaba con la ingenuidad, con el desinterés, con la casta desenvoltura que distingue a las mujeres cuando saben que no las ve varón alguno, ni hay quien pueda interpretar malignamente sus pasos y movimientos. Ninguna valla de pudor verdadero o falso se oponía a que se balancease su cuerpo siguiendo el ritmo de la danza, dibujando una línea serpentina desde el talón hasta el cuello. Su boca, abierta para respirar ansiosamente, dejaba ver la limpia y firme dentadura, la rosada sombra del paladar y de la lengua; su impaciente y rebelde cabello se salía a mechones de la gorra, como revelación traidora del sexo a que pertenecía el lindo grumete, si ya la suave comba del alto seno y las fugitivas curvas del elegante torso no lo denunciasen asaz. Tan pronto, describiendo un círculo, hería con el pie la tierra, como, sin moverse de un sitio, *zapateaba* de plano, mientras sus brazos, armados de castañuelas, se agitaban en el aire, bajaban y subían a modo de alas de ave cautiva que prueba a levantar el vuelo.

– XXIII –
El tentador

Al descender de su observatorio, echados por las sombras de la noche, que envolvían el patio de la Fábrica y cubrían la estruendosa retirada de las cigarreras vestidas ya con sus trajes usuales, Baltasar iba silencioso y concentrado. Borrén muy locuaz. El bueno del capitán no cabía en sí de gozo, ni más ni menos que si la aventura de ver bailar a la Tribuna le aconteciese a él directamente. Hay en el mundo aficiones y gustos muy diversos; este chochea por monedas roñosas, aquel por libracos viejos, el de más acá por caballos y el de más allá por sellos y cajas de fósforos... Borrén había chocheado, chocheaba y chochearía toda su arrastrada vida por la hermosura, encantos y perfecciones de la mujer. Había adquirido para conocer la belleza, y sobre todo el atractivo, ese golpe de vista, ese tino especial que permite a los expertos, sin ejercer ni dominar las artes, apreciar con exactitud el mérito de un cuadro, el estilo de un mueble, la época de un monumento. Nadie como Borrén para descubrir beldades inéditas, para predecir si una muchacha valdría o no «muchas pesetas»[204] andando el tiempo, y fallar si poseía la quisicosa llamada *gracia, salero, gancho, ángel, chic, buena sombra*, y de otros mil modos —lo cual prueba que es indefinible.

La originalidad del caso está en que con toda su afición a las faldas, y sus profundos conocimientos de estética aplicada, no se refería de Borrén la más insignificante historieta. Viviendo siempre en una atmósfera fuertemente cargada de electricidad amorosa, nunca le hirió la chispa. Practicaba, en materia de amoríos, el más puro y desinteresado *otroísmo*[205]. Si no podía andar entre las muchachas asegurán-

---

204   De nuevo, la visión de la mujer vista por ambos burgueses como objeto. Peseta era la moneda española hasta nuestro tiempo cuando fue cambiada al euro.

205   Aunque de forma burlona, y un tanto disparatada, se vale Pardo Bazán de tal término. Curiosamente, un par de años después en *Lo prohibido* (1884-85), Galdós vuelve a usarlo, pero ya con el sentido que apunta a la importancia del otro, la otredad, en el pensamiento y poesía de Antonio Machado, a partir de los años XX del pasado siglo, y de varios más pensadores europeos, Lévinas, Martin Buber entre otros. Dice así el narrador-protagonista galdosiano en referencia a Carrillo, el marido de Eloísa: «Yo era un egoísta, mientras Carrillo tenía la manía del *otroísmo* y consagraba toda su actividad al bien ajeno» (146).

doles que Fulanito se alampaba[206] por ellas, o que Zutanito se moría por sus pedazos, se arrimaba a los jóvenes, calentándoles los cascos, encendiéndoles la sangre, hablándoles del pie de tal chica: –hombre, un pie que me cabe en la palma de la mano– o del color de cuál otra –hombre, si parece que se da agua de Barcelona, y no, me consta que aquello es natural–. Borrén sabía de las criadas que llevan y traen cartitas, de los paseos retirados donde es fácil tropezarse cuando hay buena voluntad, de los peladeros de pava, de las butacas que en el teatro ofrecen más comodidad para *hacer el oso*[207]; era el primero a olfatear los trapicheos, las bodas, los escandalillos y los *truenos* incipientes. No era Borrén un casamentero, porque, generalmente hablando, el casamentero se propone un fin moral, y a Borrén la moral –hombre, con franqueza– le tenía sin cuidado. Si el cuento acababa en nupcias, bien, y si no, lo propio; Borrén hacía *arte por el arte*; el amor le parecía objeto suficiente de sí mismo.

Para todo enamorado de Marineda, especialmente si pertenecía a la guarnición, el complemento de la dicha era esta idea: –Voy a contárselo a Borrén–. Y Borrén, como un espejo complaciente, de los que *hacen favor*, le devolvía la imagen de su felicidad, no exacta, sino aumentada, embellecida, multiplicada, radiante. –Vamos a pasearle la calle a la novia –le decían sus amigos cogiéndole del brazo–. Y Borrén giraba tardes enteras delante de una manzana de casas, parafraseando las observaciones de algún amador novel que exclamaba: –«Ya alzó el visillo... se asoma... no, es la hermana... ahora sí... cómo me mira... ¡hola!, tiene la mantilla puesta...»–. Jamás mostró Borrén cansarse de su papel de reflector y perro faldero; y cuenta que las chicas, guiadas por infalible instinto, le trataban como se trata a los inofensivos y a los mandrias; aunque él se derretía, acaramelaba y amerengaba todo, jamás le tomaron en parte alguna por lo serio.

Baltasar no le había buscado para confidente; Borrén se ofreció, y es más, atizó el incendio, echó leña a la hoguera con sus frases de pólvora y dinamita. Aquella tarde, cuando juntos bajaban hacia la ciudad, el más animado, el más exaltado era Mefistófeles: Fausto[208] callaba, meditando en lo comprometidos y engorrosos que son ciertos enredos en poblaciones de provincia, donde uno tiene madre y her-

---

206 Tener ansiedad para lograr algo.
207 Hacer el tonto.
208 Alusión, caricaturesca, a los dos personajes de la gran obra de Goethe, *Fausto,* el primero el Diablo y el segundo el sabio que se vende a él.

manas. Mefistófeles, ¡pobre diablo!, no se cansaba, entre tanto, de ponderar los primores del grumete. Cada vez que el confidente y el enamorado pasaban cerca de un farol, la luz se proyectaba en la fisonomía de Borrén, siempre movida, agitada y descompuesta, cómica a pesar del exagerado carácter viril que a primera vista le imprimían los cerdosos mostachos, las pobladas cejas y la prominente nuez. En su aspecto Borrén era semejante a los guardias civiles de madera que suelen colocarse en el frontispicio de los hórreos[209] y molinos del país: a despecho de sus bigotazos formidables, bien se les conoce que son muñecos.

—Dígole a usted, Borrén —exclamó Baltasar resolviéndose por fin a formular en alta voz su pensamiento—, que no comprende usted lo que es Marineda... ni lo que es mi madre. Me resultarían mil disgustos, mil complicaciones... Aborrezco los escándalos.

—¡Hombre, qué juventud tan sosa son ustedes! Parece mentira que habiendo visto lo que vimos...

—No me conviene, lo dicho; me alegraré de que me destinen a cualquiera parte. Si me quedo aquí, es fácil... Y después, ¿sabe usted lo que es esa Fábrica? Una masonería de mujeres, que aunque hoy se arranquen el moño, mañana se ayudan todas las unas a las otras. Me desacreditarían, me crearían un conflicto.

—No le hacía a usted tan medroso.

—La verdad, Borrén; tengo más miedo a las hablillas, si cuadra, que a un balazo. Será una tontería, pero me fastidia infinito ser el héroe de la temporada.

—Vamos, hombre, franqueza. Usted también recela verse envuelto en las redes de esa chica, y tener que casarse... Baltasar sonrió sin afectación, pero con tal señorío de sí mismo, que Borrén se encogió de hombros.

—Pues entonces...

—Por un lado, sí, lo acierta usted; soy un majadero en abrigar tales escrúpulos. Pasa uno así los mejores años de su vida, y ¿qué?, llega uno a viejo sin haber vivido...

Aquí el teniente se detuvo; una idea burlesca le impulsaba a sonreírse otra vez, pensando que el capitán se hallaba justamente en el caso de declinar hacia la edad madura sin tener que ofrecer a Dios ni qué contar al diablo. Borrén, entre tanto, aprobaba calurosamente las

---

209   Graneros, lugar para recoger los granos u otros productos agrícolas.

últimas palabras de Baltasar, las desenvolvía, las consideraba desde nuevos aspectos; en suma, soplaba para que la llama prendiese mejor. Tan bien desempeñó su oficio mefistofélico, que Baltasar convino en reunirse al día siguiente con él para meditar un plan de ataque que debelase la republicana virtud de la oradora. Pero al acudir a la entrevista, que era, por más señas, en el terreno neutral del café, Borrén conoció que Baltasar traía alguna extraordinaria nueva.

—Ya no hay necesidad de concertar planes –declaró el teniente con forzada risa–. ¿No se lo decía yo a usted? Me destinan allá... a Navarra. La cosa anda mal.

—¡Bah!... cuatro bandidos que salen de aquí y de acullá; hombre, partidillas sueltas.

—Partidillas sueltas... ya, ya me lo contará usted dentro de unos meses. El cariz del asunto se pone cada vez más feo. Entre esos bárbaros que quieren entrar en burro en las iglesias y fusilan por chiste las imágenes, y los otros salvajes que cortan el telégrafo y queman las estaciones... verá usted, verá usted qué tortilla se nos prepara. Aquí nadie se entiende. Mire usted que hasta Montpensier[210], que parecía formal, meterse en ese desafío estúpido. Él quería ser rey; pero el haber matado al perdis de su primo le cuesta la corona y a nosotros un ojo de la cara, porque como no venga Satanás en persona a arreglarnos, no sé lo que sucederá... Deme usted un cigarro... si lo tiene usted ahí.

Borrén le alargó la petaca, y Baltasar encendió nerviosamente un pitillo.

—Vamos, ¿cuántos candidatos dirá usted que hay al trono? –prosiguió echando leve bocanada de humo al techo–. Vaya usted contando por los dedos, si la paciencia le alcanza. Espartero[211]... uno. Dirá usted que es un estafermo, bien; pero los restos del partido progresista, todo cuanto gastó morrión, y algunos chiflados de buena fe, le aclaman. ¿No ha visto usted en las tiendas el retrato de Baldomero I con manto real? El hijo de Isabel II, dos; su madre abdicó o abdicará. Ese, al menos, representa algo; pero es un rapaz; para jugar a la pelota

---

210 Uno de los aspirantes al trono, el duque de Montpensier, casado con la hermana de Isabel II, María Luisa Fernanda, mató en un duelo a Enrique de Borbón, duelo que le dejó fuera como aspirante al Trono.

211 Baldomero Espartero (1793-1879) Militar y político liberal de gran prestigio, vencedor en la primera guerra Carlista, fue regente de 1840 a 1843, durante la minoría de edad de Isabel II y presidente del Consejo de Ministros. Encabezó el partido progresista. Postulado a la Corona española, rechazó tal propuesta. Quedó como figura legendaria.

serviría. El Pretendiente, tres... y mire usted, lo que es ese dará mucho juego; ya empieza todo el mundo a llamarle Carlos VII. Reúne él solo más partidarios que todos los demás juntos, y gente cruda, de trabuco y pelo en pecho. El duque de Aosta[212], un italiano... cuatro. Un alemán que se llama Ho... ho[213]... en fin, un nombre difícil; los periódicos satíricos lo convirtieron en *Ole, ole, si me eligen*... cinco. La regencia trina... seis, o por mejor decir, ocho. Y Ángel I... nueve. ¡Ah!, se me olvidaba el de Portugal que anda remiso... y Montpensier. Once. ¿Qué tal?

—Pero... así, candidatos formales... ¡Mozo, café y cognac!

—No, gracias, lo tomé en casa... Claro: candidatos serios, por hoy, don Carlos y la república. El caso es que entre todos no nos dejarán hueso sano... Por de pronto, yo me las guillo[214]. ¿Quiere usted algo para aquellos vericuetos?

—Hombre... ¡qué lástima! ¡Ahora que íbamos a emprenderla con la pitillera, que es de otro!

—¡Pch!... Si algún trabucazo no lo impide... a la vuelta.

---

212 Se refiere a quien con el nombre de Amadeo I reinó en España desde el 2 de enero de 1871 hasta febrero de 1973.
213 Alusión a Leopoldo de Hohenzollern, otro de los pretendientes al trono de España.
214 Coloquialismo: me voy, me largo.

– XXIV –
El conflicto religioso

Desde que las Cortes Constituyentes votaron la monarquía, Amparo y sus correligionarias andaban furiosas. Corría el tiempo, y las esperanzas de la Unión del Norte no se realizaban, ni se cumplían los pronósticos de los diarios. ¡Que hoy!... ¡que mañana!... ¡que nunca, por lo visto! ¡En vez de la suspirada federal, un rey, un tirano de fijo, y tal vez un extranjero! Por estas razones en la Fábrica se hacía política pesimista y se anunciaba y deseaba que al Gobierno «se lo llevase Judas». Dos cosas sobre todo alteraban la bilis de las cigarreras: el incremento del partido carlista y los ataques a la Virgen y a los Santos. A despecho de la acusación de «echar contra Dios» lanzada por las campesinas a las ciudadanas, la verdad es que, con contadísimas excepciones, todas las cigarreras se manifestaban acordes y unánimes en achaques de devoción. Ella sería más o menos ilustrada; pero allí había mucha y fervorosa piedad. Es cierto que sobre el altar de pésimo gusto dórico existente en cada taller depositaban las operarias sus mantones, sus paraguas, el atillo de la comida; mas este género de familiaridad no revelaba falta de respeto, sino la misma costumbre de ver allí el ara santa, ante la cual nadie pasaba sin persignarse y hacer una genuflexión. Y es lo curioso que a medida que la revolución se desencadenaba y el republicanismo de la Fábrica crecía, aumentáronse también las prácticas religiosas. El cepillo colocado al lado del altar, donde los días de cobranza cada operaria echaba alguna limosna, nunca se vio tan lleno de monedas de cobre; el cajón que contenía la cera de alumbrar, estaba atestado de blandones y velas; más de sesenta cirios iluminaban los días de novena el retablo; primero les faltaría a las cigarreras agua para beber, que aceite a la lámpara encendida diariamente ante sus imágenes predilectas, una Nuestra Señora de la Merced de doble tamaño que los cautivos arrodillados a sus plantas, un San Antón con el sayal muy adornado de esterilla de oro, un Niño–Dios con faldellines huecos y un mundito azul en las manos. Nunca se realizó con más lucimiento la novena de San José, que todas rezaron mientras trabajaban, volviéndose de cara al altar para decir los actos de fe y la letanía, y berreando el último día los gozos con mucha unción, aunque sin afinación bastante. Jamás produjo tanto la colecta para la procesión del Santo Entierro y novena de los Dolores; y por último, en ocasión alguna tuvo el numen protector de la Fábrica, la Virgen del Amparo, tantas ofertas, culto y limosnas, sin que por eso quedase olvidada su rival Nuestra Señora de la Guardia, estrella de los mares, patrona de los navegantes por la bravía costa.

Bien habría en la *Granera* media docena de espíritus fuertes, capaces de blasfemar y de hablar sin recato de cosas religiosas; pero dominados por la mayoría, no osaban soltar la lengua. A lo sumo se permitían maldecir de los curas, acusarles de inmorales y codiciosos, o renegar de que se «metiesen en política» y tomasen las armas para traer el «escurantismo y la Inquisición»: cuestiones más trascendentales y profundas no se agitaban, y si a tanto se atreviese alguien, es seguro que le caería encima un diluvio de cuchufletas y de injurias.

—¡Está el mundo perdido! —decía la maestra del partido de Amparo, mujer de edad madura, de tristes ojos, vestida de luto siempre desde que había visto morir de viruelas a dos gallardos hijos que eran su orgullo—. ¡Está el mundo revuelto, muchachas! ¿No sabéis lo que pasa allá por las Cortes?

—¿Qué pasará?

—Que un diputado por Cataluña dice que dijo que ya no había Dios, y que la Virgen era esto y lo otro... Dios me perdone, Jesús mil veces.

—¿Y no lo mataron allí mismo? ¡Pícaro, infame!

—¡Mal hablado, lengua de escorpión! ¡No habrá Dios para él, no; que él no lo tendrá!

—No, pues otro aún dijo otros horrores de barbaridá, que ya no me acuerdan.

—¡Empecatao[215]! ¡Pimiento picante le debían echar en la boca!

—¡Ay!, ¡y una cosa que mete miedo! Dice que por esas capitales toda la gente anda asustadísima, porque se ha descubierto que hay una compañía que roba niños.

—¡Ángeles de mi alma! ¿Y para qué?, ¿para degollarlos?

—No, mujer, que son los protestantes para llevarlos a educar allá a su modo en tierra de ingleses.

---

215   *Empetacado*, de mala intención, como dejado de la mano de Dios.

—¡Señor de la justicia! ¡Mucha maldad hay por el mundo adelante!

Conocido este estado de la opinión pública, puede comprenderse el efecto que produjo en la Fábrica un rumor que comenzó a esparcirse quedito, muy quedo, y como en el aria famosa de la *Calumnia*[216], fue convirtiéndose de cefirillo en huracán. Para comprender lo grave de la noticia, basta oír la conversación de la Guardiana con una vecina de mesa.

—¿Tú no sabes, Guardia? La *Píntiga* se metió *protestanta*.

—¿Y eso qué es?

—Una religión de allá de los *inglis manglis*[217].

—No sé por qué se consienten por acá esas religiones. Maldito sea quien trae por acá semejantes demoniuras. ¡Y la bribona de la *Píntiga*, mire usted! ¡Nunca me gustó su cara de intiricia...

—Le dieron cuartos, mujer, le dieron cuartos: sí que tú piensas...

—A mí... ¡más y que me diesen mil pesos duros en oro! Y soy una pobre, repobre, que sólo para tener bien vestiditos a mis pequeños me venían... ¡juy!

—¡Condenar el alma por mil pesos! Yo tampoco, chicas –intervenía la maestra.

—Saque allá, maestra, saque allá... Comerá uno borona[218] toda la vida, gracias a Dios que la da, pero no andará en trapisondas.

—Y diga... ¿qué le hacen hacer los protestantes a la *Píntiga*? ¿Mil indecencias?

—Le mandan que vaya todas las tardes a una cuadra, que dice que pusieron allí la capilla de ellos... y le hacen que cante unas cosas en una lengua, que... no las entiende.

—Serán palabrotas y pecados. ¿Y ellos, quiénes son?

—Unos clérigos que se casan...

—¡En el nombre del Padre! ¿Pero se casan... como nosotros?

—Como yo me casé... vamos al caso, delante de la gente... y llevan los chiquillos de la mano, con la desvergüenza del mundo.

—¡Anda, salero! ¿Y el arcebispo no los mete en la cárcel?

—¡Si ellos son contra el arcebispo, y contra los canónigos, y contra

---

216 La tan afamada aria de Basilio, «La Calunnia» en la ópera *El barbero de Sevilla*, de Rossini, tan popular por toda España.

217 Habría que determinar si este era un modo común y popular en Galicia de designar a los ingleses.

218 Pan de maíz; también: migaja de pan.

el Papa de Roma de acá! ¡Y contra Dios, y los Santos, y la Virgen de la Guardia!

—Pero esa lavada de esa *Píntiga*... ¡malos perros la coman! No, si se arrima de esta banda, yo le diré cuántas son cinco.

—Y yo.

—Y yo.

Así crecía la hostilidad y se amontonaban densas nubes sobre la cabeza de la apóstata, a quien por el color de su tez biliosa y de su lacio pelo, por lo sombrío y zaíno[219] del mirar, llamaban *Píntiga*, nombre que dan en el país a cierta salamandra manchada de amarillo y negro. Era esta mujer capaz de comer suela de zapato a trueque de ahorrar un maravedí, y no ajena a su conversión una libra esterlina, o doblón de a cinco, que para el caso es igual. Si lo cobró y pudo coserlo en una media con otras economías anteriores, amargólo aquellos días en forma. Acercábase a una compañera, y esta le volvía la espalda; su mesa quedó desierta, porque nadie quiso trabajar a su lado; ponía su mantón en el estante, y al punto se lo empujaban disimuladamente desde la otra parte de la sala, para que cayese y se manchase; dejaba su lío de comida en el altar, y lo veía retirado de allí con horror por diez manos a un tiempo; la maestra examinaba sus mazos de puros, antes de darlos por buenos y cabales, con ofensiva minuciosidad y ademán desconfiado. Un día de gran calor pidió a la operaria que halló más próxima que le prestase un poco de agua, y esta, que acababa de destapar un colmado frasco de cristal para beber por él, le contestó secamente: «No tengo meaja[220]». Señaló la *protestanta* al frasco, con ira silenciosa, y la operaria, levantándose, lo tomó y derramó por el suelo su contenido sin pronunciar una palabra. Púsose verde la *Píntiga*, y llevó la mano, sin saber lo que hacía, al cuchillo semicircular: pero de todos los rincones del taller se alzaron risas provocativas, y hubo de devorar el ultraje, so pena de ser despedazada por un millar de furiosas uñas. En mucho tiempo no se atrevió a volver a la Fábrica, donde la corrían.

---

219 Falso, traidor.
220 Miaja, nada.

– XXV –
Primera hazaña de la Tribuna

Extramuros, al pie de las fortificaciones de Marineda, célebrase todos los años una fiesta conocida por *las Comiditas*, fiesta peculiar y característica de las cigarreras, que aquel día sacan el fondo del cofre a relucir y disponen una colación más o menos suculenta para despacharla en el campo; campo mezquino, árido, donde sólo vegetan cardos borriqueros y ortigas. Desde el lavadero público hasta el alto de Agua santa, ameno y risueño, se había esparcido la gente, sentándose, si podía, a la sombra de un vallado o en la pendiente de un ribazo, y si no, donde Dios quería, al raso, sin paraguas ni quitasol. Y cuenta que ambos chismes podrían ser igualmente necesarios, porque el astro diurno, encapotado por nubarrones que amenazaban chubasquina, despedía claridad lívida y sorda, y a veces por la ahogada calma de la atmósfera atravesaban soplos de aire encendido, bocanadas de solano que amagaban tempestad.

No por eso había menos corros de baile y canto, menos puestos de rosquillas y jinetes, menos meriendas y comilonas. Aquí se escuchaba el rasgueo de guitarras y bandurrias, más adelante retumbaba el bombo, y la gaita exhalaba su aguda y penetrante queja. Un ciego daba vueltas a una *zanfona*[221] que sonaba como el obstinado zumbido del moscardón, y al mismo tiempo vendía romances de guapezas y crímenes. A pocos pasos de la gente que comía, mendigos asquerosos imploraban la caridad; un elefancíaco enseñaba su rostro bulboso, un herpético descubría el cráneo pelado y lleno de pústulas, este tendía una mano seca, aquel señalaba a un muslo ulcerado, invocando a Santa Margarita para que nos libre de «males extraños». En un carretoncillo, un fenómeno sin piernas, sin brazos, con enorme cabezón envuelto en trapos viejos, y gafas verdes, exhalaba un grito ronco y suplicante, mientras una mocetona, de pie al lado del vehículo, recogía las limosnas[222]. En el aire flotaban los efluvios de dos toneles de vino

---

221 Instrumento musical de cuerda hoy casi inexistente.
222 Vuelve la autora a las morbosas descripciones fisiológicas del Naturalismo,

que ya iban quedando exangües, y el vaho del estofado, y el olor de las viandas frías. Oíanse canciones entonadas con voz vinosa, y llantos de niños, de los cuales nadie se cuidaba.

Componíase el círculo en que figuraba Amparo de muchachas alegres, que habían esgrimido briosamente los dientes contra una razonable merienda. Allí estaba la Comadreja, a quien no era posible aguantar de puro satisfecha y vana, porque tenía en Marineda al capitán de la *Bella Luisa*, y si él no había querido convidarse a merendar «por el aquel del bien parecer», contaba con que la acompañaría al final de la función. Allí también la Guardiana, penetrada de alegría por otra causa diversa: porque había traído consigo a dos de sus pequeños, el escrofuloso y la sordo-mudita; en cuanto al mayor, ni se podía soñar en llevarlo a sitio alguno donde hubiese gente, porque le entraba enseguida la «aflición». La niña sordo-muda miraba alrededor, con ojos reflexivos, aquel mundo del cual sólo le llegaban las imágenes visibles; por su parte el niño, que ya tendría sus trece años, y que hubiera sido gracioso a no desfigurarlo los lamparones y la hipertrofia de los labios, gozaba mucho de la fiesta, y se sonreía con la sonrisa inocente, semi-bestial, de los *bobos* de Velázquez. La Guardiana no se mostró muy comedora: los mejores bocados los reservó para sus hermanos, y ella manifestó poco apetito.

—¿Qué tienes, Guardia? —le preguntó la radiante Ana.

—Mujer, algunos días parece que estoy así... cansada. He de ir a que me levanten la paletilla[223], porque imposible que no se me cayese.

—Aprensiones, aprensiones. Canta el *Joven Telémaco*[224], Amparo.

Amparo, y otras dos o tres del taller de cigarrillos, rendidas de calor y ahítas de comida, se habían tendido en una pequeña explanada, que formaba el glacis[225] de la fortificación, adoptando diversas posturas, más o menos cómodas. Unas, desabrochándose el corpiño, se hacían aire con el pañuelo de seda doblado; otras, tumbadas boca abajo, sostenían el cuerpo en los codos y la barba en las palmas de las manos; otras, sentadas a la turca, alzaban cuándo la pierna izquierda, cuándo la derecha, para evitar los calambres. Por la

223 Cartílago en el que termina el esternón. Caerse la ternilla, significa relajarse, venirse hacia abajo.
224 *El joven Telémaco,* original zarzuela bufa, estrenada en septiembre de 1866 en el Teatro de la Compañía de los Bufos Madrileños. Libreto de Eusebio Blasco. Música de José Cayetano Rogel. Debió ser muy popular y representada por distintas ciudades de España ya que la joven Amparo la conoce y evoca.
225 Declive desde el camino cubierto hasta el campo.

seca hierba andaban esparcidos tapones de botellas, papeles engrasados, espinas de merluza, cascos de vaso roto, un pañuelo de seda, una servilleta gorda.

Fuese efecto de la comida y del vinillo del país, ligero y alegre como unas pascuas, o del aire solano, que tiene especial virtud excitante de los nervios, hallábanse las muchachas alborotadas, deseosas de meterse con alguien, de gritar, de hacer ruido. Estaban ebrias, no del escaso mosto, sino del vaivén y mareo de la romería, de los colores chillones, de los sonidos discordantes: sólo la sordo-muda permanecía indiferente, con su límpida mirada infantil. La casualidad proporcionó a las briosas mozas un desahogo que tuvo mucho de cómico y pudo tener algo de dramático[226].

Es el caso que vieron adelantarse y dirigirse hacia ellas un individuo de extraña catadura, alto y delgado, vestido con larga hopalanda negra, y acompañado de otro que formaba con él perfecto contraste, pues era rechoncho, pequeño y sanguíneo, y llevaba americana gris rabicorta. Al aspecto de la donosa pareja llovieron los comentarios.

—El del gabanón parece un cura –dijo la Guardiana.

—No es cura –afirmó la Comadreja–. ¿No le ves unas patillitas como las de un padronés[227]?

—Pero, mujer, si lleva alzacuello.

—¡Qué alzacuello! Corbata negra.

—El gordo es un *inguilis*.

—¡Ay Jesús; parece que le pintaron la barba con azafrán!

—¿Y aquello qué es? ¡Madre mía de la Guardia!; un anteojo en un ojo solo, y colgado en el aire; ¡mira, mira!

—Callar, que vienen para acá.

—Vienen aquí en derechura.

—No, mujer.

—¡Dale! Vienen y vienen. ¿Te convences, porfiosa?

—Es que les gustaste tú.

—No, tú. El del azafrán viene a casarse contigo.

—Pues a ti te mira mucho el clérigo mal comparado.

—¡Chssss! Callar, que están cerca, alborotadoras de Judas.

—¡Callaban! Que callen ellos si les da la gana.

---

226 La alegría y actividades de esta fiesta popular de *las Comiditas,* quedan bastante opacadas, a pesar del estilo burlón y picaresco, bajo el episodio de a continuación con el hostil y frenético ataque a la libertad de culto religioso.

227 Natural de Padrón, villa de A Coruña.

Y Amparo y Ana cantaron a dúo:

> *Me gusta el gallo,*
> *Me gusta el gallo,*
> *Me gusta el gallo*
> *Con azafrán...*

No obstante estos primeros indicios de hostilidad, los dos graves personajes se aproximaban al corro, con mucha prosopopeya. El de la hopalanda, no bien se acercó lo suficiente, pronunció un «a los pies de ustedes, zeñoras», que hubiera provocado una explosión de carcajadas, si al pronto no pudiese más la curiosidad que la risa. ¡Tenía el bueno del hombre una voz tan rara, ceceosa a la andaluza, y una pronunciación tan recalcada!

—Tengo el honor –prosiguió, metiendo las manos en los bolsillos de su inmenso tabardo– de ofrecer a ustedes un librito de lectura muy provechoza para el espíritu, y espero me dispenzarán el obsequio de repazarlo con atención. Yo le ruego reflezionen sobre el contenío de estos *imprezo*, zeñoras mías[228].

Diciendo y haciendo, les presentaba tres o cuatro volúmenes empastados, y un haz de hojas volantes. Nadie estiró la mano para recoger los *imprezo*, y él fue depositando suavemente en los regazos de las muchachas el alijo. El inglés tripudo observaba el reparto con su fulgurante monóculo.

—¡Así Dios me salve (Ana fue la primera en hablar), yo conozco a estos pajarracos! Oyes tú, Bárbara, ¿este no es el que puso la capilla en la cuadra?

—El mismo... es el que berrea allí por las tardes.

—¿El que le dio los cuartos a la *Píntiga*?

—Sí, mujer.

—Y este, ¿no dice que fue cura?

—Dice que sí, allá en su país, y que ahora es cura de ellos, y está casado...

—¡¡¡Casado!!!

—Bueno, está... con una viuda. Ya tienen... –y la muchacha remedó burlescamente el llanto de un recién nacido.

—¿Y el otro bazuncho?[229]

—Es el que... –y frotó el índice con el pulgar, ademán expresivo que significa en todas partes soltar dinero.

---

228   Burlonamente, se imita con este personaje un habla popular andaluza.
229   Término en gallego; bajo, chaparro, y barrigudo.

Mientras duraban estas explicaciones en voz baja, Amparo había leído el título de algunos folletos: «*La verdadera Iglesia de Jesús... La redención del alma... Cristo y Babilonia... La fe del cristiano purificada de errores... Roma a la luz de la razón...*». Entre los retazos del diálogo que llegaban a sus oídos y los fragmentos de hoja impresa en que fijaba la vista, penetró el misterio. Levantose grave, determinada, como el día que peroró en el banquete del Círculo Rojo.

—Oiga usté –pronunció con tono despreciativo–, esto que nos ha dado usté no nos hace falta, ni para nada lo queremos. Vaya usté a engañar con ello a donde haya bobos.

—Zeñora, no ha zío mi ánimo...

—Pensará usté que somos como otras, infelices, que las compran ustés por una triste peseta; pues sepa usté, repelo, que acá ni por las minas del Potosí renegamos como San Judas.

—Zeñora... hermanas mía... tómense uzté la molestia de reflezionar, y verán la puresa de mi intencionez, que zon darle a conosé la doctrina de Jezú nuetro Zalvaor...

Pronta como un rayo, y con fuerzas que duplicaba la cólera, Amparo desbarató la encuadernada Biblia, hizo añicos las hojas volantes, y lo disparó todo a la cara afilada del catequista y a la rubicunda del silencioso inglés, los cuales, habituados, sin duda, a tal género de escenas, volvieron grupas y trataron de escurrirse lo más pronto posible entre el concurso. Por su mal, era éste tan apretado y numeroso en aquel sitio, que o tenían que retroceder, dar un rodeo y volver a cruzar ante el grupo de muchachas, o aguardar una ocasión de enhebrarse por medio de la gente. Optaron por lo primero, y avínoles mal, porque Amparo, como el corcel de batalla que ha olido la sangre, dilatadas las fosas nasales, brillantes los ojos, se preparaba a renovar la lid, animando a sus compañeras.

—Son los protestantes. A correrlos.

—A correrlos: ¡viva!

—Van a pasar otra vez por aquí... ánimo... a ver quién les acierta mejor.

—¡Que vengan, que vengan! ¡Ahora entra lo bueno!

Recelosos, arrimados el uno al otro, probaron a deslizarse los dos apóstoles sin ser observados de las mozas, que ya los aguardaban haldas en cinta[230]. Así que los vieron a tiro, enarbolaron cuál medio pan, cuál un trozo de empanada, cuál una pera, y Ana, rabiosa, no en-

---

230 Remangadas las faldas para poder correr mejor.

contrando proyectil a mano, cogió a puñados la tierra para arrojársela. Cayó la granizada sobre los protestantes cuando menos se percataban de ello; un queso se aplanó sobre la faz del inglés, rompiéndole el monóculo; un gajo de cerezas despedido por el hermano de la Guardiana se estrelló en la nuca del ministro, embadurnándosela lastimosamente. Al par que bombardeaban, denostaban las intrépidas muchachas al enemigo. —Tomar, a ver si reventáis –chillaba la Comadreja. —De parte de Nuestra Señora –gritaba *la Guardiana*. —Para que volváis a dar dinero por hacer maldades –vociferaba Amparo lanzando con notable acierto un tenedor de palo al cura. Cerrados los puños como para boxear, inyectado el rostro, fieros los azules ojos, vínose sobre el grupo el hijo de la Gran Bretaña, resuelto, sin duda, a hacer destrozos en las heroínas; amenazadora actitud que redobló el coraje de estas.

—Venga usté, venga usté, que aquí estamos, le decía Amparo con voz vibrante, bella en su indignación como irritada leona, asiendo con la diestra una botella; mientras Ana, pálida de ira, se apoderaba de la cazuela en que había venido el guisado, y las restantes amazonas buscaban armamento análogo. Pero ya, al ruido de la escaramuza, se arremolinaba gente, y gente adversa a los catequistas, a quienes conocían bastantes de los espectadores; y el ministro, verde de miedo, con turbada lengua aconsejaba a su acompañante una prudente retirada.

—Éjelas, *míter Ezmite...* (Smith). Éjelas, que no zaben lo que jazen... Éjelas, que aquí nadie noz efenderá, de eguro... Yo debo ar ejemplo de manzedumbre...

No hizo caso *míter Ezmite*, por demás mohíno y amostazado con el bombardeo de comestibles; pero antes de que llegase al grupo cumplióse la profecía del ministro, interponiéndose más de treinta personas, que rodearon a los malaventurados apóstoles apretándolos en términos que no les dejaban respirar. A poca distancia un agente de policía presenciaba una rifa, y aunque harto veía con el rabo del ojo el motín, no dio el más leve indicio de querer intervenir en él, y basta que vio a los dos catequistas abrirse paso trabajosamente y huir como perro con maza, perseguidos por la rechifla general, no volvió la cabeza ni se acercó, preguntando al descuido: «¿Qué pasa aquí, señores?».

– XXVI –
Lados flacos

Para la Comadreja el desenlace de la romería fue delicioso: comenzaron a llover gotas anchas cuando ya se aproximaba la noche, y vino el capitán mercante a ofrecerle el brazo y un paraguas. A la luz de los faroles de la calle, que rielaba en el mojado pavimento, Amparo vio alejarse a la pareja y quedose poseída de una especie de tristeza interior que rara vez domina a los temperamentos sanguíneos, alegres de suyo. Aquella melancolía atacaba a la Tribuna desde que no alimentaba su viva imaginación con espectáculos políticos y desde que al bullicio de la Unión del Norte sucedió la habitual y uniforme vida obrera de antes, sin asomo de conspiración ni de otros romancescos incidentes. Por distraerse, habló más con Ana de amoríos y menos de política. Ana se prestaba gustosa a semejantes coloquios. Llegó la Tribuna a saber de memoria al capitán de la *Bella Luisa*, sus hábitos, sus viajes, sus caprichos, y el eterno proyecto de matrimonio, diferido siempre por altas razones de conveniencia, que explicaba Ana con sumo juicio y cordura. Si ella se quisiese casar con algún *artista* de esos ordinarios, un zapatero, verbigracia, cansada estaría de tener marido; pero ¿para qué? Para cargarse de familia, para vivir esclava, para sufrir a un hombre sin educación. No en sus días.

—¿Y si te deja plantada Raimundo? –preguntaba Amparo nombrando al galán de su amiga, como lo hacía ésta, por el nombre de pila.

—¡Qué ha de dejar, mujer... qué ha de dejar! ¡Diez años de relaciones! Y luego, aquel señorío de estar tanto tiempo con un chico fino, eso no me lo quita nadie.

Amparo protestó: ella no entraba por cosas de ese jaez; quería poder enseñar la cara en cualquier parte; quería, como dijeron los señores de la Unión, moral y honradez ante todo.

—¿Si pensarás tú –replicó Ana viperinamente– que el de Sobrado venía a casarse contigo?

—¿El de Sobrado? ¿Y qué tengo yo que ver con el de Sobrado?

—Anduvo tras de ti, y si no estuviese fuera, sabe Dios... No digas, mujer, no digas, que bastantes veces lo encontré yo por los alrededores de la Fábrica.

—Bueno, bueno, ¿y qué? ¿Por qué, un suponer, no se había de casar conmigo? Yo seré de igual madera que otras que pertenecían a mi clase, y ahora... Tú bien conoces a la de Negrero... aquella tan guapa que lleva abrigo de terciopelo y capota de tul blanco... Pues, hija mía, sardinera del muelle primero, cigarrera después, y luego la vino Dios a ver con ese marido tan rico... ¿Y la de Álvarez? A esa la acuerdan aquí liando puros, y en el día tiene una casa de tres pisos y un buen comercio en la calle de San Efrén... ¿Y la que casó con aquel coronel del regimiento de Zaragoza?... Una chiquilla, que también hacía pitillos... En la actualidad, para más, hay el aquel de que las clases son iguales; ese rey que trajeron dice que da la mano a todo el mundo, y la mujer abrazó en Madrí a una lavandera; y si viene la federal, entonces...

—Sí, sí, vele con eso a doña Dolores, la de Sobrado.

—¡Pues... Jesús, Ave María! ¡No se allegue usted, que mancho! Me parece a mí que los de Sobrado no son de allá de la aristocracia, ni del barrio de Arriba. Aún hay quien los vio cargando fardos en el almacén de Freixé, el catalán; que por ahí empezaron, ¡repelo! Hijos del trabajo, como tú y como yo.

—Pero, mujer, si ya se sabe que son así; nada y nada, y vanidá que les parte el alma. Como el hijo es de tropa piensan que sólo la Princesa de Asturias sirve para él... Mira tú como ahora que las de García pierden el pleito están medio reñidas con ellas... Y eso que la mayor de Sobrado, la Lolita, no quiso apartarse de la amiga y sigue yendo allá...

—Bien; pues ellos no nos querrán a los demás, pero los demás bien nos valemos sin ellos... Para comer yo no les he de pedir. Y el hijo, si me quiere decir algo, ha de ser con el cura de la mano, que si no...

Echose a reír la Comadreja y le citó ejemplos dentro de la misma Fábrica: ¿qué les había sucedido a Antonia, a Pepita, a Leocadia?, y eran las que más hablaban y más cosas decían. La que se conformaba con los de su clase, aún menos mal; pero la que andaba con señores... Esas cosas —añadía la Comadreja— no tienen remedio; nos hacen ver lo negro blanco...

—Si me quisiera perder —exclamó ofendida Amparo— no me faltaría por dónde, como a todas.

—¡Bueno! No cuadró, mujer, que lo demás... También no te gustarían los que se te pusieron delante, porque hay hombres que se tiraría uno a la bahía por ellos, y otros que ni forrados de onzas... Y a veces los que le chistan a uno no se dan por entendidos... Y al fin y al cabo, hija, ¿qué se gana con vivir mártir? Nadie cree en la dinidá de una pobre.

—¿Y por qué ha de ser así? ¡Esa no es ley de Dios!

—No, pero... ¿qué quieres tú?

Quedábase Amparo pensativa. Cuantas sugestiones de inmoralidad trae consigo la vida fabril, el contacto forzoso de las miserias humanas; cuantas reflexiones de enervante fatalismo dicta el convencimiento de hallarse indefenso ante el mal, de verse empujado por circunstancias invencibles al precipicio, pesaban entonces sobre la cabeza gallarda de la Tribuna. Acaso, acaso tenía sobrada razón la Comadreja. ¿De qué sirve ser un santo si al fin la gente no lo cree ni lo estima; si por más que uno se empeñe, no saldrá en toda la vida de ganar un jornal miserable; si no le ha de reportar el sacrificio honra ni provecho? ¿Qué han de hacer las pobres, despreciadas de todo el mundo, sin tener quien mire por ellas, más que perderse? ¡Cuántas chicas bonitas, y buenas al principio, había visto ella sucumbir en la batalla, desde que entró en su taller! Pero... vamos a cuentas –añadía para su sayo la oradora–: diga lo que quiera Ana, ¿no conozco yo muchachas de bien aquí? ¡Está esa Guardiana, que es más pobre que las arañas y más limpia que el sol! Y de fea no tiene nada; es así delgadita... Ella se confiesa a menudo... dice que el confesor le aconseja bien...

Amparo se quedó cada vez más pensativa después de esta observación.

—Yo, confesar, me confesaría... Pero luego... si el cura sabe que me meto en política... ¡Bah! Bien basta en Semana Santa... Tampoco yo, gracias a Dios, no soy ninguna perdida... ¡me parece!

– XXVII –
Bodas de los pajaritos

Regresó Baltasar de Navarra y las Provincias firmemente resuelto a estrujar la vida, como si fuese un limón, para exprimirle bien el zumo. Habiendo visto de cerca la guerra civil, comprendió que no hacía sino empezar y que prometía ser encarnizada y duradera, a pesar de que la *Gaceta* anunciaba diariamente la dispersión de las últimas partidas y la presentación del postrer cabecilla. Desde luego Baltasar traía un grado más, y ganas de precipitarse en algún abismo cubierto de flores, ya que las balas carlistas se lo toleraban. Vista de lejos, la opinión pública de su ciudad natal le pareció mucho menos temible, y resolviose a arrostrarla, en caso de necesidad, si bien con maña y no provocándola de frente.

Más de una vez, en la ligera tienda de campaña o en algún caserío vascongado, se acordó de la Tribuna y creyó verla con el rojo mantón de Manila o con el traje blanco y azul de grumete. Las mujeres que encontraba por aquellos países no le distrajeron, porque eran la mayor parte toscas aldeanas curtidas del sol, y si tropezó con alguna beldad *euskara*, esta, en vez de sonreír al oficial amadeísta, le echó mil maldiciones. Además, Baltasar, frío y concentrado, no era de los que toman por asalto un corazón en un par de horas. De suerte que al volver a Marineda, en vez de rondar la Fábrica, como antes, se resolvió, desde el primer día, a acompañar a Amparo cuando la viese salir; y ejecutó el propósito con su serenidad habitual. Mucho le favoreció para estos acompañamientos el cambio de domicilio de la muchacha, que vivía cerca del alto de la cuesta de San Hilario, en una casita que daba a la Olmeda, desde que faltando el señor Rosendo y Chinto, el bajo de la calle de los Castros se hizo muy caro y muy lujoso para dos mujeres solas. Como la Olmeda puede decirse que es un rincón campestre, prestóse al naciente idilio con el género de complacencia que hace de la naturaleza amiga perenne de todos los enamorados, hasta de los menos poéticos y soñadores.

Febrero vio la aurora de aquel amor en un día clásico, el de la Candelaria[231], en que, según el dicho popular, celebran los pajaritos sus bodas sobre las ramas todavía desnudas de los árboles, para que con la llegada de la primavera coincida la fabricación del nido. Las vísperas de la fiesta eran muy señaladas en la Fábrica: andaban esparcidos por las estanterías, sobre los altares, ocultos en los justillos de las mujeres, mezclados con la hoja, haces de rama de romero, y su perfume tónico y penetrante vencía al del tabaco mojado. En el centro de los haces se hincaban candelicas de blanca cera, y había de otras candelas largas y amarillas, compradas por varas y que se cortaban en trozos para hacer cuantas luces se quisiese; siendo el origen de traer estas candelas la creencia de que los niños muertos antes del bautismo y sepultados en las tinieblas del limbo sólo el día de la Candelaria ven un rayo de claridad, la de la luz que encienden, pensando en ellos, sus madres. Al día siguiente, en la iglesia, envueltas en el romero bendito, habían de arder todas las velitas microscópicas.

Ya se comprende que entre las cigarreras marinedinas —cuatro mil mujeres al fin y al cabo— había muchas que querían enviar a sus hijos difuntos aquella caricia de ultratumba, fundir el hielo de la muerte al calor de la pobre candelilla; por otra parte, aun las que no tenían niños vivos ni difuntos habían comprado romero gustándoles su olor, y propuestas a llevarlo a la misa de la Candelaria, que al fin, como decía la señora Porcona con tono sentencioso, era «un día de los más grandes, hiiiigas... porque fue cuando la Virgen sintió el primer dolorito, por razón de que un cura que le llamaban Simeón le anunció lo que tenía que pasar Cristo en el mundo». La tarde de la Candelaria, Amparo, llevando el romero bendito oculto en el pecho, despedía un aroma balsámico, que pudiera tomarse por suyo propio; tal era la lozanía y vigor de su organismo, cuya robustez, vencedora en la lucha con el medio ambiente, había crecido en razón directa de los mismos peligros y combates. Si la labor sedentaria, la viciada atmósfera, el alimento frío, pobre y escaso, eran parte a que en la Fábrica hiciesen estragos anemia y clorosis, el individuo que lograba triunfar de estas malas condiciones ostentaba doble fuerza y salud. Así le acontecía a la Tribuna.

Como era día festivo, Baltasar no la esperó a la salida de la Fábrica, sino en la Olmeda, a corta distancia de su casita. Había llegado Baltasar al mayor número de pulsaciones que determinaba en él la calentura amorosa. Su pasión, ni tierna, ni delicada, ni comedida, pero

---

231   La Candelaria se celebra el día 2 de febrero.

imperiosa y dominante, podía definirse gráfica y simbólicamente llamándola apetito de fumador que a toda costa aspira a fumar el más
codiciadero cigarro que jamás se produjo, no ya en la Fábrica de Marineda, sino en todas las de la Península. Amparo, con su garganta
tornátil gallardamente puesta sobre los redondos hombros, con los
tonos de ámbar de su satinada, morena y suave tez, parecíale a
Baltasar un puro aromático y exquisito, elaborado con singular
esmero, que estaba diciendo: «Fumadme». Era imposible que des-
echase esta idea al contemplar de cerca el rostro lozano, los brillantes
ojos, los mil pormenores que acrecentaban el mérito de tan preciosa
regalía. Y para que la similitud fuese más completa, el olor del cigarro
había impregnado toda la ropa de la Tribuna, y exhalábase de ella un
perfume fuerte, poderoso y embriagador, semejante al que se percibe
al levantar el papel de seda que cubre a los habanos en el cajón donde
se guardan. Cuando por las tardes Baltasar lograba acercarse algún
tanto a Amparo e inclinaba la cabeza para hablarle, sentíase envuelto
en la penetrante ráfaga que se desprendía de ella, causándole en el paladar la grata titilación del humo de un rico veguero y el delicioso
mareo de las primeras chupadas. Eran dos tentaciones que suelen
andar aisladas y que se habían unido, dos vicios que formaban alianza
ofensiva, la mujer y el cigarro íntimamente enlazados y comunicándose encanto y prestigio para trastornar una cabeza masculina.

El día espiraba tranquilamente en aquella alameda, que en hora
y estación semejante era casi un desierto. Sentáronse un rato Baltasar
y la Tribuna en el parapeto del camino, protegidos por el silencio que
reinaba en torno, y animados por la complicidad tácita del ocaso, del
paisaje, de la serenidad universal de las cosas, que los sepultaba en
profundo caimiento de ánimo, que relajaba sus fibras infundiéndoles
blanda pereza muy semejante a la indiferencia moral. El sol langui-
decía como ellos; la naturaleza meditaba. Hasta la bahía se hallaba
aletargada; un gallardo queche[232] blanco se mantenía inmóvil; dos paquetes de vapor, con la negra y roja chimenea desprovista de su pe-
nacho de humo, dormitaban, y solamente un frágil bote, una cascarita
de nuez, venía como una saeta desde la fronteriza playa de San
Cosme, impulsado por dos remeros, y el brillo del agua, a cada palada,
le formaba movible melena de chispas. Por donde no alcanzaban el

---

232   Embarcación a vela de dos palos, *mayor* y *mesana*, este último por lo general ubicado a
       proa del timón, por lo que se diferencia de una Yola, cuya *mesana* va a popa del timón.

último resplandor solar, las olas estaban verdinegras y sombrías; al Poniente, dorada red de movibles mallas parecía envolverlas.

A medida que avanzaba la sombra, levantábase del mar una brisa fresca, que agitaba por instantes los picos del pañuelo de Amparo y los cabellos rubios de Baltasar, en los cuales se detenían las postreras luces del sol, haciendo de su cabeza una testa de oro. Presto la abandonaron sin embargo, y asimismo las montañas del horizonte empezaron a confundirse con el agua, mientras la concha blanca del caserío marinedino se destacaba aún, pero perdiéndose más cada vez, como si al ausentarse la claridad se llevase consigo el rosario de edificios y el encendido fulgor de los cristales en las galerías. Marineda, la *Nautilia* de los romanos, se envolvía en una clámide de tinieblas. En breve comenzaron a distinguirse algunas luces que oscilaban sobre la masa oscura de la población, y presto se cubrió toda ella de puntos lucientes como estrellas de oro en un celaje sombrío. La noche, que ya mostraba el cuerpo entero, era de esas lácteas, pero frías, en que el equinoccio de primavera se anuncia por no sé qué vaga trasparencia del cielo y del aire, y en modo alguno por la temperatura, que más bien parece recrudecerse. Baltasar y la muchacha, obligados quizá por el helado ambiente, se aproximaban el uno al otro, hablando no obstante de cosas indiferentes y poco importantes.

—No, Bilbao no es más bonito... ni tampoco Santander, digan lo que quieran los santanderinos, que son muy patriotas. ¿Sabe usted lo que ha mejorado Marineda? ¿Y lo que está llamada a mejorar todavía? Esto crece a cada paso; vamos a tener barrios nuevos, magníficos, a la americana, ahí donde usted ve aquella lucecita... todo por ahí, a lo largo del baluarte.

—¿Y Madrí? ¿Es mucho mejor que Marineda? —interrogó Amparo por decir algo, enrollando un cabo de su pañuelo.

—¡Ah! Madrid, ya ve usted... al fin y al cabo, es la corte... Sólo la calle de Alcalá...

Este apacible diálogo encubría en Baltasar tempestuosos pensamientos; pero como no carecía de penetración y sabía que la muchacha era honrada, y orgullosa, y vivía de su trabajo, comprendió que no debía tratarla como a cualquier criatura abyecta, sino empezar mostrándole cierta deferencia y aun respeto, género de adulación a que es más sensible todavía la mujer del pueblo que la dama de alto copete, habituada ya a que todos le manifiesten cortesía y miramientos. Lisonjeó mucho a la

Tribuna el ver que se habían con ella lo mismo que con las señoritas, y
auguró bien del rendido galán. Mas tan luego como la noche cauta se-
ñoreó absolutamente el escenario, Baltasar creyó poder apoderarse a
hurto de una mano morena, hoyosa y suave al tacto como la seda.
Amparo pegó un respingo.

—Estese usted quieto... Y va de dos veces que se lo digo, caramba.

—¿Por qué me trata usted así? –preguntó con pena fingida Baltasar, que en sus adentros renegaba de la virtud plebeya ¿Qué mal
hay en...?

—¿Por qué? –repitió Amparo con sumo brío–. Porque no me
conviene a mí perderme por usted ni por nadie. ¡Sí que es uno tan
bobo que no conozca cuando quieren hacer burla de uno! Esas libertades se las toman ustedes con las chicas de la Fábrica, que son tan
buenas como cualquiera para conservar la conducta. ¿A que no hace
usted esto con la de García, ni con las señoritas de la clase de usted?

—¡Diantre! –pensó Baltasar–: no es boba.

Y al punto, mudando de táctica, habló con gran rapidez, diciendo
que estaba enamorado, pero de veras; que para él no había categorías,
distinciones ni vallas sociales, encontrándose el amor de por medio;
que Amparo era tanto como la más encopetada señorita, y que su
desliz no provenía de falta de respeto, sino de sobra de cariño: todo lo
cual acompañó con mil dulces e insinuantes inflexiones de voz.
Amparo respondió estableciendo su credo y sus principios: ella no
quería ser como otras chicas conocidas suyas, que por fiarse de un
pícaro allí estaban perdidas: ella bien sabía lo que pasaba por el
mundo, y cómo los hombres pensaban que las hijas del pueblo las
daba Dios para servirles de juguete: lo que es ella, bien se había de
librar de eso; bueno que se hablase un rato, en lo cual no hay malicia;
pero ciertas libertades, no; ya podía saberlo el que se arrimase a ella.
Baltasar juró y perjuró que su amor era de la más probada y
acendrada pureza, y que sólo limpios e hidalgos propósitos cabían en
él; y en el calor de la discusión, los dos interlocutores se volvieron a
hallar sentados en el parapeto, y la mano antes esquiva se mostró más
tratable, consintiendo que la prendiesen dos manos ajenas.

—Hoy se casan los pajaritos –murmuró Baltasar después de un
breve instante de silencio.

—Día de la Candelaria... Hoy se casan –repitió ella con turbada
voz, sintiendo en la palma de la mano el calor de la diestra de Baltasar,

que amorosamente la oprimía. Pero él fue discreto y no quiso abusar de la victoria, por temor de perder las ventajas adquiridas, y también porque empezaba a correr agudo frío en la solitaria alameda, y Amparo se levantó quejándose del relente y del aire, que cortaba como un cuchillo. Cruzáronse dos protestas de ternura, en voz baja, envueltas en el último apretón de manos, delante de la casa de la pitillera.

– XXVIII –
Consejera y amiga

Alguna que otra vez volvía Amparo a visitar su antigua calle, por ver a los amigos que allí había dejado. Pocos días después del de la Candelaria sintió deseos de realizar una expedición hacia aquella parte. Halló todo en el mismo estado; el barbero, muy ocupado en descañonar a un sargento, la saludó jovialmente; a la puerta de su casa divisó a la señora Porreta tomando el fresco, o el sol, que ambas cosas faltaban dentro del tugurio de la comadrona, la cual hacía extraña y risible figura sentada en una silleta baja, y muy esparrancada; sus pies, calzados con zapatillas de orillo, miraban uno a Poniente y otro a Levante; tenía caídas las medias, por deficiencia de ligas sin duda; en el formidable hueco del regazo descansaban sus manos, y mientras una chiquilla encanijada, nieta suya, le peinaba las canas greñas y le hacía dos *chichos*[233] tamaños como bellotas, la insigne matrona no perdía el tiempo, y calcetaba con diligencia manejando las metálicas agujas, que despedían vivos fulgores. Al ver a la Tribuna, se echó a reír con opaca risa.

—Hola, chica... salú y fraternidá. ¿Cómo está tu madre? ¿Y la revolusión, cuándo la hasemos? ¿Cuándo me proclamas a mí reina de España?

Y como Amparo procurase escabullirse, la vieja subió el tono de sus carcajadas, semejantes al chirrido de una polea, y que hacían retemblar su vientre de ídolo chino.

—Sí, escápate, escápate... –murmuró–. Ahora bien te escapas... Ya bajarás la soberbia cuando yo te haga falta... ¿oyes, Amparo? Cuando necesitáis a la señora Pepa, venís como corderitos... ¡Quién te verá aquel día!, ¿eh?

—Dios delante, señora Pepa –contestó altiva y picada Amparo–, otras la llamarán más pronto, señora.

—¡Sí, sí... echar por la boca! El tiempo todo lo vense –afirmó con profético acento la comadre, cogiendo una hilera de puntos que se le había soltado al reír.

---

233 Pequeños rizos que caen sobre la frente.

Siguió Amparo calle adelante, y llamó al tablero de Carmela la encajera; pero con gran sorpresa suya, en vez de abrirse este, se entreabrió la puerta interior que comunicaba con el portal, y se asomó Carmela animada, encendida la tez y con un júbilo nunca visto en ella.

—Entra, entra –dijo a la pitillera.

Ésta entró. El cuartito estaba en desorden; recogida la almohadilla de los encajes; había un baúl abierto y ya casi colmado, y los cuadros de lentejuela y estampas devotas, que solían adornar las paredes, faltaban de ellas.

—Hola... ¿parece que vamos de viaje? –preguntó Amparo.

La respuesta de la encajera fue echarle al cuello los brazos, y pronunciar, con voz entrecortada de alegría:

—¿Luego tú no sabes, no sabes que Dios me dio la sorpresa? Ya tengo el dote, chica... me voy a Portomar a ver si me reciben allá en el convento...

—¡Ahora que dicen que se acaban las monjas!

—Las de Portomar no, mujer... esas no... hay un señorón liberal, allá en Madrí, que pidió por ellas...

—Pero... ¿y cómo, quién te dio el dote?

—Verás... Yo echaba todos los meses un décimo a la lotería... todos los meses. Tú ya sabes que la tía me hacía trabajar los domingos por la mañana; pero por las tardes, decía: «Anda, distráete... vete un poco a rezar a la iglesia». Bien. Pues, señor, yo en vez de rezar, iba, ¿y qué hacía? Trabajaba unas puntillitas estrechas, sin que la tía lo supiese, y se las vendía a una mujer del mercado, diciéndole a Nuestra Señora: «No es pecado esto que hago, porque es para sacar a la lotería, y si saco es para entrar monja...». Pues etaquí que cada mes me tomaba mi décimo, y para que saliese bien, siempre echaba con algún santo. Unas veces llevaba de compañero a San Juan Bautista; otras, a San Antonio; otras, a Santa Bárbara... y nada: ni tristes cinco duros. Entonces dije yo para mí: hay que ir a la fuente limpia; estos compañeros no valen. ¿Y qué se me ocurrió? Tomé un decimito con un número muy lindo, mil ciento veintidós, y se lo fui a llevar al Niño Dios de las Madres Descalzas... y le dije: mira, Jesusito, si sale premiado, la metá para ti... Tenía una carita tan alegre cuando se lo dije, lo mismo que si me entendiese. Pues ¿quién te dice, mujer...?

Pausa de gran efecto.

—¿Quién te dice a ti... que al sorteo voy y miro la lista, y me veo un mil ciento veintidós como un sol? Me quedé aturdida; y mucho más, porque el premio era de los grandes: cerca de mil pesos. Sólo que, como la metá es del Niño, a mí me queda el dote limpio y pelado...

—¿Y tu tía? –preguntó Amparo, como si censurase el regocijo de Carmela.

—¿Y sabes, mujer, que yo quise depositar el dote para cuando ella muriese y quedarme en su compañía, y no quiso? Dice que no, que bien claro está que Dios me llama para sí... Ella tiene buscada colocación en casa de un cura... como está así, medio ciega, sólo en un sitio de poco trabajo puede servir. ¡Ay, Niño Jesús de mi alma! ¡Cuántas lagrimitas tengo llorado aquí sin que nadie me viese! ¡Qué días! Es mejor hacer pitillos que encajes, chica. ¡Fumar, siempre fuma la gente; pero los encajes en invierno... es como vivir de coser telarañas!

Y levantándose, cogió un tiesto que estaba en la ventana y lo entregó a Amparo.

—Toma, me alegro de que vinieses... cuídame mucho la malva de olor, que por el camino tengo miedo de que se rompa el tarro.

Amparo cogió el tiesto y respiró el perfume de la planta, hundiendo la faz entre las aterciopeladas hojas. La encajera la miraba con sus pupilas siempre melancólicas y serenas.

—Amparo –dijo de pronto...

—¿Eh?... –respondió la Tribuna, sorprendida como si la despertasen de golpe.

—¿Te enfadas si te digo una cosa?

—No, mujer... ¿y por qué me he de enfadar? –contestó fijando sus ojos gruesos y brillantes en la futura concepcionista.

—Pues quería decirte... que por ahí te pusieron un mote.

—¿Un mote?, ¿y es cosa mala?

—Mala... ¡qué sé yo! Te llaman la Tribuna.

—¿Y quién me lo llama?

—Los señoritos... los hombres. Dicen que fue porque el día del convite... no te parezca mal, que a mí me lo contaron así, inocentemente... te dio un abrazo uno de aquellos señores de la *Samblea*... y que te dijo...

—¡Me llamó Tribuna del pueblo! –exclamó orgullosamente la muchacha–. ¡Ya se ve que me lo llamó!

—¿Y eso qué es, mujer?

—¿Lo qué?

—¿Eso de Tribuna del pueblo?

—Es... ya se sabe, mujer, lo que es. Como tú no lees nunca un periódico...

—Ni falta que me hace... pero dímelo tú, anda.

—Pues es... así a modo de una... de una que habla con todos, supongamos...

—¿Que habla con todos?... ¿y te lo dijo en tu cara?... ¡El Dulce nombre de María!

—Pero no hablar por mal, tonta; si no es eso... Es hablar de los deberes del pueblo, de lo que ha de hacerse; es istruir[234] a las masas públicas...

—Vamos, como una maestra de escuela... Jesús, si pensé que... ya decía yo: ¿había de ser tan descarado que se lo encajase allí, sin más ni más? Pero como por ahí se ríen cuando mentan eso...

—¡Bah!... no tienen que hacer, y velay[235].

—Y... mira, ¿te digo otro cuento?

—Tú dirás...

—Me contaron... no tomes pesadumbre, que son dichos... que andaba tras de ti un señorito... de la oficialidá.

—¿Y si anda?

—Y si anda, haces muy mal en hacer caso de un oficial, mujer... A las chicas pobres no las buscan ellos para cosa buena, no y no... Ya las que son pobres y formales no se arriman porque ven que no sacan raja...

—¡Eh!, a modo... no la armemos, Carmela. A mí nadie se arrima por la raja que saque, sino por el aquel de que le gustaré, y vamos andando, que cada uno tiene sus gustos... Hoy en día, más que digan los reacionarios, la istrución iguala las clases, y no es como algún tiempo... No hay oficial ni señorito que valga...

—Mujer, yo no hablé por mal... Te quise avisar porque siempre te tuve ley, que eres así... una infeliz, un pedazo de pan en tus interioridades... Déjate de políticas, no seas tonta, y de señoritos... Fuera de eso, ¿a mí qué se me importa? Es por tu bien...

Se dispuso Amparo a marcharse, cogiendo debajo del brazo su tarro; pero la afectuosa encajera la quiso abrazar antes.

—No quiero que quedemos reñidas... ¿Vas enfadada? Bien sabe Dios mi intención... Escríbeme a Portomar... Ya te contaré todo, todo.

---

234   Instruir. Vemos que, a pesar de ser Amparo tan buena lectora y oradora, la autora, a veces, la hace cometer los mismos errores de pronunciación que las demás cigarreras.

235   Claro; a veces se usa en el sentido de «Qué le vamos a hacer».

Y se asomó a la puerta para ver alejarse a la garbosa muchacha, cuyo vestido de percal proyectó, por espacio de algunos segundos, una mancha clara sobre las oscuras paredes de las casas de enfrente.

– XXIX –
Un delito

Desde la venida de Amadeo I tenían las cigarreras de Marineda a quien echar la culpa de todos los males que afligían a la Fábrica. Cuando caminaba hacia España el nuevo Rey, leíanse en los talleres, con pasión vehementísima, todos los periódicos que decían: «No vendrá». Y el caso es que vino, con gran asombro de las operarias, a quienes la prensa roja había vaticinado que la monarquía era «un yerto cadáver, sentenciado por la civilización a no abandonar su tumba». Alguna cigarrera abogó por el hijo de Víctor Manuel, rey liberal al cabo, que daba la mano a todos y no tenía maldita la soberbia; pero la inmensa mayoría convino en que, al fin, un rey siempre era un rey, y en que la monarquía no era la república federal, verdades tan palmarias que, por último, los disidentes hubieron de reconocerlas.

Otros motivos de irritación ayudaban a soliviantar los ánimos. Escaseaban las consignas y la hoja tan pronto era quebradiza y seca, como podrida y húmeda. No, trabajo habían de pasar los que fumasen semejante veneno; pero las que lo manejaban también estaban servidas. Al ir a estirar la hoja para hacer las capas, en vez de extenderse, se rompía, y en fabricar un cigarro se tardaba el tiempo que antes en concluir dos; y para mayor ignominia, había que echarle remiendos a la capa por el revés lo mismo que a una camisa vieja, lo cual era gran vergüenza para una cigarrera honrada y que sabe su obligación al dedillo. Las operarias alzaban los brazos ejecutando la desesperada pantomima popular, llevándose ambas manos a la cabeza, a la frente, al pecho, señalando con enérgicos ademanes el tabaco averiado e inútil, de imposible elaboración. Tan alteradas estaban, que al pasar las maestras les metían puñados de hoja en las narices, gritando que «olía a berzas»; y, envalentonándose, lo hicieron también con los inspectores, y si el jefe se hubiera presentado en los talleres, apostaban que con el jefe repetirían la escena. En vano algunas maestras intentaron calmar el oleaje prometiendo, para el entrante mes, nuevas consignas:

seguían las turbulencias porque aquel Gobierno maldito, no contento con enviarles hoja de desperdicio, para más, daba en la flor de no pagarles. Pasaban días y días sin que la cobranza se abriese, y las pobres mujeres, tímidamente al principio, después en voz alta y angustiosa, preguntaban a las maestras: «Y luego, ¿cuándo nos darán los cuartos[236]?». Fue en crescendo el run run y se convirtió en formidable marejada. El instinto que impele a los amotinados a ponerse a las órdenes de alguien, aconsejó a las operarias del taller de cigarrillos arrimarse a Amparo buscando el calor de su tribunicia frase. Halláronse chasqueadas: Amparo no dio fuego. Oyó a todas y convino con ellas en que, efectivamente, era una picardía no pagarles lo suyo; y, ventilado este punto, siguió liando pitillos, sin añadir arenga, excitación, sermón político ni cosa que lo valiese. Admiradas se quedaron las turbas de semejante frialdad. ¡Si pudiesen penetrar en lo íntimo del alma de Amparo, en aquellos inexplorados rincones donde quizá ella misma no sabía con total exactitud lo que guardaba! ¡Si hubiesen visto brotar una figurita chica, chica y remotísima, como las que se ven con los anteojos de teatro cogidos a la inversa, pero que iba creciendo con rapidez asombrosa, y que en la nomenclatura interior de las ilusiones se llamaba *señora de Sobrado*! ¡Si advirtiesen cómo esa *señora*, microscópica, aun vestida del color del deseo, iba avanzando, avanzando, hasta colocarse en el eminente puesto que antes ocupaba la Tribuna, que se retiraba al fondo envuelta en su manto de un rojo más pálido cada vez[237]!

Atribuyóse a otras causas la indiferencia de la oradora. Amparo tenía los dedos listos y una boca no más que mantener; la crisis económica no podía importarle tanto como a las que reunían seis hijos, tres o cuatro hermanos, familia dilatada, sin más recursos que el trabajo de una mujer. El tiempo corría, y en la tienda se cansaban de fiarles; se veían perdidas, ¿cómo salir del apuro? ¡A los angelitos no era cosa de darles a comer las piedras de la calle! La Guardiana, hablando de su sordomuda, partía el corazón; ella primero consentía morir, que privar a la niña de su cascarillita con azúcar y de su pan fresco de trigo; si era preciso, pediría una limosna: no sería la primera vez; y al oír esto todas sus amigas la atajaron: ¡pedir limosna!, ¡qué humillación para la Fábrica! No; se ayudarían mutuamente, como

---

236   El dinero, la paga.
237   Es de interés esta metafórica introspección en los deseos subconscientes de Amparo.

siempre; las que estaban mejor se rascarían el bolsillo para atender a las más necesitadas; y en efecto, así se hizo, verificándose numerosas cuestaciones, siempre con fruto abundante.

Cierto día se difundió por la Fábrica siniestro rumor: Rita de la Riberilla, una operaria, había sido cogida con tabaco. ¡Con tabaco! ¡Jesús, si parecía una santa aquella mujer chiquita, flaca, con los ojos ribeteados de llorar, que solía atarse a la cara un pañuelo negro a causa, quizá, del dolor de muelas! Pero algunas cigarreras, mejor informadas, se echaron a reír: ¿dolor de muelas?, ¡ya baja! Era que su marido la solfeaba todas las noches, y ella, por tapar los tolondrones y cardenales, se empañicaba así; también una vez se presentó arrastrando la pierna derecha y diciendo que tenía reúma, y la reúma era un lapo[238] atroz sacudido por él. Cuando llevaron a la culpable al despacho del jefe, lo primero que hizo fue llorar sin responder; y al cabo, hostigada ya, asaeteada a preguntas, se resolvía a confesar que «el marido» la abría a golpes si no le llevaba todos los días tres cigarros de a cuarto... La Comadreja, con su carilla acutangular[239], cómicamente fruncida, remedaba a la perfección los entrecortados sollozos, el hipo y las súplicas de la delincuente.

—Tres cig...aaaarros, señor menistrad...ooooor, tres cig...aaaarros sólo, que aun yo de aquí viva no saaaal...ga si otra triste hilacha de taaaaab...aco apañé... que yo no lo hiiiice por cudicia[240], tan cierto como que Dios bendito está en los diiiivinos sielos, sino que el marido me da con el formón, que, perdonando la cara de usté, en una pierna me cortó la carne, que puedo enseñar la llaga, que aún no curó... Y él sólo quería el tabaco para fuuumar, que no era para vender ni hacer negocio... Y ahora yo pierdo el pan, y mis hijos también... Porque escuche, y perdone: él me decía: «Ya que no traes cuartos hace un mes a la casa, tan siquiera trae cigarros...».

El taller entero, a vueltas de la risa que le causaba la graciosa mímica de Ana, rompió en exclamaciones de lástima: robar no estaba bien hecho, claro que no; pero también hay que ponerse en la situación de cada uno; ¿cómo se había de gobernar la infeliz, si su marido la partía y hacía picadillo con ella? ¡Ay! ¡Dios nos libre de un mal hombre, de un vicioso! En fin, no era razón dejar morir de hambre

---

238   Golpe.
239   Puntiaguda.
240   Codicia. Las formas en gallego son *cobiza* o *cubiza*.

a los chiquillos de la Rita; la Fábrica daba limosna a bastantes pobres
de fuera: con más motivo a los de dentro; y la maestra recorrió el taller
con el delantal hecho bolsa, y llovieron en él cuartos, *perros*[241] y monedas de diferentes calibres en gran abundancia. Al llegar frente a
Amparo esta tuvo un rasgo que fue aplaudidísimo y le conquistó otra
vez gran popularidad. Hacía ya una semana que la pitillera vivía del
crédito, porque sus gastos de vestir la traían siempre atrasada; y
cuando la cuestora[242] se acercó a pedirle, no tenía la futura señora de
Sobrado ni un ochavo roñoso en el bolsillo. Pero, cosa de un mes antes,
había realizado uno de sus caprichos, comprando con las economías,
en otro tiempo destinadas a salvar a la Asamblea, un par de
pendientes largos de oro bajo, que eran su orgullo: quitóselos sin va-
cilar, y los echó en el delantal de la maestra. Alzose un clamoreo, una
aprobación ruidosa y vehemente, gritos agudos, voces humedecidas
por el llanto, bendiciones casi inarticuladas; y al punto, dos o tres objetos más de escaso valor, una sortija de plata, un dedal de lo mismo,
vinieron despedidos desde las mesas próximas, cayeron en el delantal
y se mezclaron con la calderilla[243].

Aquella tarde, al salir de los talleres, vieron las operarias, colgado
cerca del quicio de la puerta, el cartel de rigor: «Habiendo sido cogida
con tabaco en el acto del registro la operaria del taller de cigarros comunes, Rita Méndez, del partido núm. 3, rancho 11, queda expulsada
para siempre de la Fábrica.– El Administrador Jefe, FULANO DE
TAL».

Colocadas a ambos lados de la escalera, las cuadrilleras vigilaban
para que el despejo se hiciese con orden; y sentadas ya en sus sillas, esperaban las maestras, más serias que de costumbre, a fin de proceder
al registro. Acercábanse las operarias como abochornadas, y alzaban
de prisa sus ropas, empeñándose en que se viese que no había gatu-
perio ni contrabando... Y las manos de las maestras palpaban y recorrían con inusitada severidad la cintura, el sobaco, el seno, y sus dedos
rígidos, endurecidos por la sospecha, penetraban en las faltriqueras,

---

241   *Perros.* como anteriormente *perritas,* igualmente, en el lenguaje coloquial, significan mo-
      nedas.
242   Persona que se acerca a pedir limosna con fines benéficos.
243   Novelaba aquí ya, Pardo Bazán, un pensamiento y sentimiento que evocara cuatro años
      después: «¡Pobres mujeres de la Fábrica de La Coruña! Nunca se me olvida todo lo
      bueno, lo instintivo que noté en ellas, su natural rectitud, y su caridad espontánea.
      Capaces de dar hasta la camisa, si en una lástima como ellas dicen» (*Obras completas* III.
      726).

separaban los pliegues de las sayas... Mientras los bandos de mujeres iban saliendo con la cabeza caída –humilladas todas por el ajeno delito–, el reloj antiguo de pesas, de tosca madera, pintado de color de ocre con churriguerescos adornos dorados, que dominaba el zaguán grave y austero como un juez, dio las seis.

– XXX –
Dónde vivía la protagonista

El barrio de Amparo era de gente pobre; abundaban en él cigarreras, pescadores y *pescantinas*[244]. Las diligencias y los carruajes, al cruzarlo por la parte de la Olmeda, lo llenaban de
polvo y ruido un instante; pero presto volvía a su mortecina paz de
aldea. Sobre el parapeto del camino real que cae al mar estaban
siempre de codos algunos marineros, con gruesos zuecos de palo, faja
de lana roja, gorro catalán; sus rostros curtidos, su sotabarba poblada
y recia, su mirar franco, decían a las claras la libertad y rudeza de la
existencia marítima; a pocos pasos de este grupo, que rara vez faltaba
de allí, se instalaba, en la confluencia de la alameda y la cuesta, el mercadillo: cestas de marchitas verduras, pescados, mariscos; pero nunca
aves ni frutas de mérito.

Lo más característico del barrio eran los chiquillos. De cada casucha baja y roma, al lucir el sol en el horizonte, salía una tribu, una
pollada, un hormiguero de ángeles, entre uno y doce años, que daba
gloria. De ellos los había patizambos, que corrían como asustados pal-
mípedos; de ellos, derechitos de piernas y ágiles como micos o ardillas;
de ellos, bonitos como querubines, y de ellos, horribles y encogidos
como los fetos que se conservan en aguardiente. Unos daban indicios
de no sonarse los mocos en toda su vida, y otros se oreaban sin reparo,
teniendo frescas aún las pústulas de la viruela o las ronchas del sa-
rampión; a algunos, al través de la capa de suciedad y polvo que les
afeaba el semblante, se les traslucía el carmín de la manzana y el brillo
de la salud; otros ostentaban desgreñadas cabelleras, que si ahora eran
zaleas[245] o ruedos[246], hubieran sido suaves bucles cuando los peinaran
las cariñosas manos de una madre. No era menos curiosa la indumentaria de esta pillería que sus figuras. Veíanse allí gabanes
aprovechados de un hermano mayor, y tan desmesuradamente largos,
que el talle besaba las corvas y los faldones barrían el piso, si ya un ti-

---

244 *Pescaderas*, vendedoras de pescado al por menor, ambulantes, en puestos o en pequeñas
     tiendas.
245 *Zalea*: cuero de oveja curtido con su lana adherida.
246 *Ruedo*: estrerilla afelpada.

jeretazo oportuno no los había suprimido; en cambio, no faltaba pantalón tan corto, que, no logrando encubrir la rodilla, arregazaba impúdicamente descubriendo medio muslo. Zapatos, pocos, y esos muy estropeados y risueños, abiertos de boca y endeblillos de suela; ropa blanca, reducida a un jirón, porque, ¿quién les pone cosa sana para que luego se revuelquen en la carretera, y se den de mojicones todo el santo día, y se cojan a la zaga de todos los carruajes, gritando: «¡Tralla, tralla!»?

De lo que ninguno carecía era de cobertera para el cráneo: cuál lucía hirsuta gorra de pelo, que le daba semejanza con un oso; cuál un agujereado fieltro sin forma ni color; cuál un canasto de paja tejido en el presidio, y cuál un enorme pañuelo de algodón, atado con tal arte, que las puntas simulaban orejas de liebre. ¡Oh, y qué cariño profesaban los benditos pilluelos a aquella parte de su vestido! Antes se dejarían cortar el dedo meñique, que arrancar la gorra o el sombrero; nada les importaba volver a casa de noche sin una pierna del calzón o sin un brazo de la chaqueta; pero tornar con la cabeza descubierta sería para ellos el más grave disgusto.

Vivía el barrio entero en la calle, por poco que el tiempo estuviese apacible y la temperatura benigna. Ventanas y puertas se abrían de par en par, como diciendo que donde no hay, no importa que entren ladrones; y en el marco de los agujeros por donde respiraban trabajosamente los ahogados edificios, se asomaba ya una mujer peinándose las guedejas, y de la cual sólo distinguía el transeúnte la rápida aparición del brazo blanco y la oscura aureola del cabello suelto; ya otra, remendando una saya vieja; ya lactando a un niño, cuyas carnes rollizas doraba el sol; ya mondando patatas y echándolas, una a una, en grosera cazuela... Esta vecina atravesaba con la *sella*[247] de relucientes aros camino de la fuente; aquella se acomodaba a sacudir un refajo o a desocupar, mirando hacia todos lados con recelo, una jofaina; la de más acá salía con ímpetu a administrar una mano de azotes al chico que se tendía en el polvo; la de más allá volvía con una pescada, cogida por las agallas, que se balanceaba y le flagelaba el vestido. Todas las excrecencias de la vida, los prosaicos menesteres que en los barrios opulentos se cumplen a sombra de tejado, salían allí a luz y a vista del público. Pañales pobres se secaban en las cancillas[248]

247 Herrada; cubo de madera con grandes aros de hierro o de latón
248 Verjas antepuestas a las puertas.

de las puertas; la cuna del recién nacido, colocada en el umbral, se exhibía tan sin reparo como las enaguas de la madre... Y no obstante, el barrio no era triste; lejos de eso, los árboles vecinos, el campo y mar colindantes, lo hacían por todo extremo saludable; el paso de los coches lo alborotaba; los chiquillos, piando como gorriones, le prestaban por momentos singular animación; apenas había casa sin jaula de codorniz o jilguero, sin alelíes o albahaca en el antepecho de las ventanas; y no bien lucía el sol, las barricas de sardinas arenques, arrimadas a la pared y descubiertas, brillaban como gigantesca rueda de plata.

Tampoco faltaban allí comercios que, acatando la ley que obliga a los organismos a adaptarse al medio ambiente, se acomodaban a la pobreza de la barriada. Tiendecillas angostas, donde se vendían zarazas[249] catalanas y pañuelos; abacerías de sucio escaparate, tras de cuyos vidrios un galán y una dama de pastaflora[250] se miraban tristemente viéndose tan mosqueados y tan añejos, y las cajas *tremendas* de fósforos se mezclaban con garbanzos, fideos amarillos, aleluyas y naipes; figones que brindaban al apetito sardinas fritas y callos; almacenes en que se feriaban cucharas de palo, cestería, cribas y zuecos: tal era la industria de la cuesta de San Hilario. Allí se tuvo por notable caso el que un objeto adquirido se pagase de presente, y el crédito, palanca del moderno comercio, funcionaba con extraordinaria actividad. Todo se compraba al fiado: cigarrera había que tardaba un año en poder abonar los chismes del oficio. Reinaba en el barrio cierta confianza, una especie de comadrazgo perpetuo, un comunismo amigable: de casa a casa se pedían prestados, no solamente enseres y utensilios, sino «una sed» de agua, «una nuez» de manteca, «un chisquito» de aceite, «una lágrima» de leche, «un nadita» de petróleo[251]. Avisábanse mutuamente las madres cuando un niño se escapaba, se descalabraba o hacía cualquier diablura análoga; y como el derecho de azotar era recíproco, las infelices criaturas venían a estar en potencia propincua de ser vapuleadas por el barrio entero.

Pronto se acostumbró la madre de Amparo a su nueva vecindad:

---

249   Telas de algodón estampadas.
250   Se dice de persona blanda o demasiado condescendiente, en relación con la pastaflora, pasta dulce, delicada, que se disuelve fácilmente en la boca.
251   Contrario a ls primeras descripciones de los barrios obreros destacando la sordidez y miserias a la luz del Naturalismo, en la de este barrio, la autora entronca, como ya se señaló en la Introducción, con el realismo español que encuentra en lo más bajo hondos destellos de compasiva humanidad y con el eco, en ese caso, de un «comunismo amable».

tenía la cama próxima a la ventana, y nadie pasaba por allí sin dete-
nerse a conversar un rato... Las pescaderas le referían sus lances, y la
tullida compraba desde su lecho sardinas, pedía agua, oía chismes sin
número, forjándose en cierto modo la ilusión de que tomaba el aire
libre... Por lo que hace a Amparo, fue presto la reina del barrio:
reíanse los marineros, abierta la boca de oreja a oreja, dilatando sus
anchos semblantes de tritones, cuando la veían pasar; los carabineros
del Resguardo le echaban flores... Casi todos manifestaron
sentimiento al saber que «andaba» con un oficial, un señorito de allá
del barrio de Abajo.

– XXXI –
Palabra de casamiento

Desde que tuvo secretos que confiar, por natural instinto Amparo se arrimó a la Comadreja más que a la Guardiana. Esta andaba no sé cómo, medio enferma, con la paletilla caída, según decía; y por más que se la levantó una saludadora[252] con los rezos y ensalmos de costumbre, la paletilla seguía en sus trece, y la muchacha tristona, pensando en cómo quedarían sus pequeños si se muriese ella. Hallaba Amparo en el semblante de la Guardiana no sé qué limpidez, qué tranquilidad honesta, que le helaban en los labios el cuento de amores cuando iba a empezarlo; al paso que Ana, con su nervioso buen humor, su cara puntiaguda rebosando curiosidad, convidaba a hablar. Amparo la tomó por confidente, y hasta por compañera. Ana, viuda a la sazón de su capitán mercante, que andaba allá por Ribadeo, se prestó gustosa a ser, en cierto modo, la dueña guardadora de la Tribuna. Por su parte Baltasar se apoderó de Borrén. Estaban aún los dos enamorados en el período comunicativo.

—¿Te dio palabra de casarse contigo? –preguntaba Ana a su amiga.

—No cuadró que yo se la pidiese... Una vez, con disimulo, le indiqué algo... ¡Si no fuese por la familia! ¡La madre, sobre todo, que es así!

Y Amparo cerraba el puño.

—¡Bah! Ve tomando paciencia once añitos, como yo... ¡Y si después lo consigues!...

—No, pues si no quiere casarse... me parece que le doy despachaderas.

Ana notó en estas bravatas que se tambaleaba el alcázar de la firmeza tribunicia. Desde entonces su curiosidad perversa la espoleó, y en cierto modo le halagó la idea de que todas, por muy soberbias que fuesen, paraban en caer como ella había caído. Organizose una especie

---

252 Curandera. En el diccionario de la Real Academia Española, dice así del saludador-ra: «Embaucador que se dedica a curar o prevenir la rabia y otros males, con el aliento, la saliva y cierta deprecaciones y fórmulas».

de sociedad compuesta de cuatro personas, Amparo, Ana, Borrén y Baltasar; cada vez que celebraba sesión este círculo, ya se sabía que la Comadreja «cargaba» con el ronco y galanteador Borrén. Entreteníale con pesadas bromas, con todo género de indirectas y burletas, subrayadas por la risa de sus labios flacos, por el fruncimiento de su hocico de roedor. Ana sabía, como acostumbraba saberlo todo, la historia de Borrén, o por mejor decir, su carencia de historia; y este carácter inofensivo del incansable faldero daba asunto a la Comadreja para crucificarlo a puras chanzas, para clavarle mil alfileres, para abrasarlo. La travesura de pilluelo vicioso que distinguía a Ana le sirvió para olfatear la horrible timidez, el pánico extraño que afligía a aquel hombre tan pródigo de requiebros, tan aficionado al aroma del amor, y tan incapaz, por carácter, de gustarlo, como los soñadores que contemplan la luna de descolgarla del firmamento. ¡Pobre Borrén! Desde el sarcasmo hasta la mal rebozada injuria, todo lo devoró con resignación que podría llamarse angelical, si virtudes de este linaje negativo no fuesen más dignas del limbo que del cielo.

Vestía la primavera de verdor y hermosura cuanto tocaba, y convidados por la amable estación, los cuatro socios acostumbraban aprovechar las tardes de los días festivos, solazándose en los huertos que abundan en la vega marinedina, dominada por el camino real. Pese a su temperamento calculador y enemigo del escándalo, Baltasar cedía a la vehemente codicia del aromático veguero, hasta el punto de acompañar en público a la muchacha, si bien concretándose a aquel rincón apartado de la ciudad. Hacíalo, sin embargo, con tales restricciones, que Amparo se figuraba que lo comprometía dejándose ver a su lado.

En la vega se cultivaban legumbres y algún maíz; pero la prosa de este género de plantíos la encubría la estación primaveral, adornándolos con una apretada red de floración: la col lucía un velo de oro pálido; la patata estaba salpicada de blancas estrellas; el cebollino parecía llovido de granizo copioso; las flores de coral del haba relucían como bocas incitantes, y en los linderos temblaban las sangrientas amapolas, y abría sus delicadas flores color lila el erizado cardo. Los sembrados de maíz, cuyos cotiledones comenzaban a salir de la tierra, hacían de trecho en trecho cuadrados de raso verdegay. Sobre todo, un rincón había en la vega, donde la naturaleza, empeñada en vencer con su espontaneidad los artificios de la horticultura, logró reunir alrededor de un rústico pozo que suministraba muy fresca agua, dos o tres olmos más anchos que copudos, un grupo gracioso de mimbres, helechos y escolopendras[253], un rosal silvestre, algo, en fin, que rompía la uniformidad de la hortaliza. Aquel paraje era el favorito de Amparo y Baltasar; sobre todo desde que al lado, en los fresales, cuajados de flor blanca, empezaba a madurar la roja fruta. El día de San José[254], Baltasar consiguió ya recoger para la muchacha media docena de fresas en una hoja de col. Hasta mediados de abril aumentó la cosecha de fresilla; a principios de mayo comenzaba a disminuir, y escasearon los fresones de pulpa azucarosa, que tan suavemente humedecían la lengua. Un domingo del hermoso mes, hallándose reunida la *partie carrée*[255] en la huerta a pretexto de fresas, ya a duras penas se rastreaba alguna escondida entre las hojas y gulusmeada[256] de babosas y caracoles.

—Don Enrique —exclamaba Ana dirigiéndose a Borrén—, ¿cuántas ha cogido usted ya? ¿Una y media? A ese paso, dentro de quince días las probaremos. No sirve usted... ni para coger fresas.

—¿Cómo que no? Mire usted una preciosa que pillé ahora mismo... Le digo a usted, Anita, que sirvo para el caso.

—¿A ver? ¡Eso es lo que usted encuentra! Comida de bicharracos... ¡Uuuuy!

—¿Qué pasa? —exclamó solícito Borrén.

—¡Un babosón! —chilló ratonilmente Ana, sacudiendo los dedos y disparando el glutinoso animalucho al rostro de Borrén, que se pasó apaciblemente el pañuelo por las mejillas, amenazando a la Comadreja con la mano.

Amparo y Baltasar se hallaban un poco más apartados, y cerca del pozo que sombreaban los árboles. Picaban por turno las pocas fresas que tenía Amparo en el regazo sobre una hoja de berza. Las habían recogido juntos, y al hacerlo sus manos trémulas y ávidas se encontraron entre el follaje.

—¡Eh... dejar algunas! —les gritaba inútilmente Ana.

Amparo comía sin saber qué, por refrescarse la boca, donde notaba sequedad y amargor. Borrén miraba el grupo paternalmente, con ojos lánguidos de carnero a medio morir. La Tribuna pedía cuentas; Baltasar estaba por todo extremo obediente y cortés.

---

253   Pequeños animalejos, como el ciempiés, que llegan a tener 20 cm de longitud y viven entre las piedras.
254   El 19 de marzo.
255   Grupo de cuatro, galicismo.
256   Hollada, baboseada.

—¿Conque no fue usted a las *Flores de María*?[257]

—No, mujer... por quien soy que no fui. ¿No ves?, hoy es domingo; estarán llenas de gentes las Flores, y el paseo brillante, con música y todo; y yo no pienso poner los pies en él.

—Los días de fiesta... ¡vaya que! Sólo faltaba... es el único día que uno tiene libre; ¡y se había usted de ir al paseo! ¿Pero ayer? ¿No entró usted ayer en San Efrén? ¿No cantaba la de García?

—¡Para lo bien que canta, hija! Parece un grillo.

—Pues ella dice que se alaba de que va allí toda la oficialidad por oírla.

—Alabará... ¿qué sé yo? Si no la veo hace mil años... Esa fresa es mía —exclamó arrebatando una que Amparo llevaba a sus labios. Ella se la dejó robar, confusa, ruborizada y satisfecha.

—¿Y a su casa... tampoco va usted?

—Tampoco... no seas celosa, chica. ¿Por qué hemos de hablar siempre de la de García, y no de ti? ¡De nosotros! —añadió con expresión de contenida vehemencia. Sintió la muchacha como una ola de fuego que la envolvía desde la planta de los pies hasta la raíz del cabello, y después un leve frío que le agolpó la sangre al corazón. Borrén se aproximó a la amante pareja, abriendo las manos llenas de tierra y de fresas despachurradas.

—Ya me duelen los riñones de andar a gatas —dijo—. Podíamos merendar... si a ustedes no les molesta, pollos.

—Por mí... —murmuró Amparo. Ana se acercaba también, trayendo una servilleta anudada, que desató y tendió sobre el brocal del pozo. Reducíase la merienda a unos pastellillos de dulce y una botella de moscatel, regalo de Baltasar. Fueles preciso beber por un mismo vaso, único que había, y Ana, que era asquilosa y aprensiva, prefirió echar tragos por la botella, sin recelo de cortarse con los agudos cristales del roto gollete. Sus carrillos chupados se colorearon, su lengua se desató más que de costumbre; y por vía de diversión empezó a coger tierra a puñados y a esparcirla por la cabeza de Borrén. Después, levantándose, le propuso que «hiciesen el remolino». Borrén no quería, ni a tres tirones; pero la Comadreja le asió de las manos, estribó en las puntas de los pies, muy juntas y arrimadas a las de su pareja, y echando el cuerpo atrás y dejando caer la cabeza hacia la espalda, empezó a girar, con gran lentitud al principio; poco a poco fue

---

257   Función religiosa en loa a la Virgen que se celebra diariamente en el mes de mayo.

acelerando el volteo, hasta imprimirle vertiginosa rapidez. Cuando pasaba se veían un punto sus pómulos encendidos, sus ojos vagos y extraviados, su boca pálida, abierta para respirar mejor, su garganta espasmodizada, rígida; mas no tardaba ni medio segundo en presentarse la asustada faz de Borrén, que se dejaba arrastrar sin que acertase a decir más palabra que «por Dios... por Dios...» con no fingida congoja. De repente se detuvo la peonza humana, con brusco movimiento, y se oyó un grito gutural. Ana se aplanó en el suelo.

Al ir a socorrerla, notó Amparo que ya no estaba sonrosada, sino del color de la cera, y que se le veía el blanco de los ojos. Baltasar subió precipitadamente el cubo del pozo, y casi colmado se lo volcó encima a la mareada Comadreja. Frotáronle mucho los pulsos, las sienes, con el fresco líquido, y al fin la pupila fue bajando al globo de la córnea, mientras el pelo se dilataba con ruidoso suspiro. Dos minutos después estaba Ana en pie; pero quejándose de la cabeza, del corazón, declarando que tenía los huesos rotos, que se moría de frío; todo en voz tan baja y quejumbrosa, que nadie la tendría por la petulante moza de antes del desmayo.

—Mujer, vente a mi casa, te daré ropa seca –dijo Amparo.

—No, a la mía, a la mía... El cuerpo me pide cama.

—Duermes conmigo.

—No, a mi casita –insistió la abatida Comadreja–. Si va conmigo una fiebre, quiero estar en mi cuarto. Ea, adiós.

—Toma mi mantón siquiera –porfió la Tribuna.

—Bueno, venga... ¡Brr!, estoy hecha una sopa.

Y Ana, saludando con su esqueletada mano, ademán que indicaba un resto de intención festiva que aún retoñaba en ella, tomó el sendero que conducía al camino real. Entonces Baltasar miró a Borrén fijamente con ojos expresivos, más claros y categóricos que palabra alguna. Hay que decir en abono del confidente universal, que titubeó. Sin alardear de moralista, bien puede un hombre blanco que viste uniforme y peina barbas, encontrar que ciertos papeles son desairados y tontos. Una cosa es hablar, acompañar, animar, y otra... Por lo menos así pensaba Borrén, que más tenía de sandio rematado que de perverso. Y no obstante su flaqueza, no supo resistir a la segunda ojeada, coercitiva al par que suplicante, de su amigo. Bebió la hiel hasta las heces, y echó tras la Comadreja pisando aturdidamente coles y maíz tierno.

—Espere usted, Anita, que la acompaño –murmuraba–. Espere usted... puede ocurrírsele a usted algo.

Encogiose de hombros Ana, y acortó el paso para dejar que se uniese Borrén. Emparejaron y caminaron en silencio por la carretera; Ana con los labios apretados y algo escalofriada y temblorosa, a pesar de ir muy arropada en el mantón. Al llegar a la entrada de la ciudad, la cigarrera se volvió y midió a Borrén con despreciativa ojeada de pies a cabeza.

—¿Se le ocurre a usted alguna cosa? –preguntó él medio desvanecido aún, con ronquera que rayaba en afonía.

—Nada –respondió ella bruscamente. Y después, fijando en los de Borrén sus ojuelos verdes–: Don Enrique –añadió–, ¿sabe usted lo que venía pensando?

—Diga usted...

—Que es usted una alhaja.

—¿Por qué me dice usted eso, bella Anita? –pronunció ya afablemente Borrén, que al verse entre gentes y en calles transitadas había recobrado su aplomo.

—Porque... que uno se marche cuando enferma... ¡Pero usted! ¡Pero qué hombres! –articuló con ira–. ¡Si aunque se acabase la casta... no se perdía tanto así! Vaya, abur... que estoy medio trastornada y me da poco gusto ver gente.

—Iré con usted por si...

—¿Usted? –murmuró ella entre irónica y desdeñosa–. ¿Para qué? Abur, abur; ¡que si lo ven con una muchacha de mi clase! Abur.

Y la Comadreja se escurrió por una callejuela, dejando a Borrén sin saber lo que le pasaba.

Cuando Baltasar y la oradora se quedaron solos, la tarde caía, no apacible y glacial como aquella de febrero, sino cálida, perezosa en despedirse del sol; nubes grises, pesados cirros se amontonaban en el cielo; el mar, picado y verdoso, mugía a lo lejos, y una franja de topacio orlaba el horizonte por la parte del Poniente. Amparo tuvo un instante de temor.

—Me voy a mi casa –dijo levantándose.

—¡Amparo... ahora no! –pronunció con suplicantes inflexiones en la voz Baltasar–. No te marches, que estamos en el paraíso.

La Tribuna, paralizada, miró en derredor. Mezquino era el paraíso en verdad. Un cuadro de coles, otro de cebollas, el fresal pol-

voroso, hollado por los pies de todo el mundo; los olmos bajos y acha-
parrados, los acirates llenos de blanquecinas ortigas, el pozo triste con
su rechinante polea; mas estaban allí la juventud y el amor para her-
mosear tan pobre edén. Sonrió la muchacha posando blandamente en
Baltasar sus abultados ojos negros.

—¿Por qué quieres escaparte, vamos? —interrogó él con dulce autoridad–. Si te escapas siempre de mí; si parece que te doy miedo, no
tiene nada de particular que yo me vaya también al paseo, o a donde
se me ocurra. Ya lo sabes. –Y acercándose más a ella, abrasándole el
rostro con su anhelosa respiración–: ¿Me voy al paseo? –preguntó.

Amparo hizo un movimiento de cabeza que bien podía traducirse
así: —No se vaya usted de ningún modo.

—Me tratas tan mal...

—¿Usted qué quiere que haga?

—Que te portes mejor...

—Pues hablemos claros –exclamó ella sacudiendo su marasmo y
apoyándose en el brocal del pozo.

La roja luz del ocaso la envolvió entonces; su rostro se encendió
como un ascua, y por segunda vez le pareció a Baltasar hecha de fuego.

—Di, hermosa...

—Usted... quiere comprometerme... quiere conducirse como se
conducen los demás con las muchachas de mi esfera.

—No por cierto, hija; ¿de dónde lo infieres? No pienses tan mal
de mí.

—Mire usted que yo bien sé lo que pasa por el mundo... mucho de
hablar, y de hablar, pero después...

Baltasar cogió una mano que trascendía a fresas.

—Mi honor, don Baltasar, es como el de cualquiera, ¿sabe usted?
Soy una hija del pueblo; pero tengo mi altivez... por lo mismo...
Conque... ya puede usted comprenderme. La sociedá se opone a que
usted me dé la mano de esposo.

—¿Y por qué? –preguntó con soberano desparpajo el oficial.

—¿Y por qué? –repitió la vanidad en el fondo del alma de la
Tribuna.

—No sería yo el primero, ni el segundo, que se casase con... Hoy
no hay clases...

—¿Y su familia... su familia... piensa usted que no se desdeñarían
de una hija del pueblo?

—¡Bah!... ¿qué nos importa eso? Mi familia es una cosa, yo soy otra –repuso Baltasar impaciente.

—¿Me promete usted casarse conmigo? –murmuró la inocentona de la oradora política.

—¡Sí, vida mía! –exclamó él sin fijarse casi en lo que le preguntaban, pues estaba resuelto a decir amén a todo.

Pero Amparo retrocedió.

—¡No, no! –balbució trémula y espantada–. No basta hablar así... ¿me lo jura usted?

Baltasar era joven aún y no tenía temple de seductor de oficio. Vaciló; pero fue obra de un instante: carraspeó para afianzar la voz y exhaló un:

—Lo juro.

Hubo un momento de silencio en que sólo se escuchó el delgado silbo del aire cruzando las copas de los olmos del camino y el lejano quejido del mar.

—¿Por el alma de su madre?, ¿por su condenación eterna? Baltasar, con ahogada voz, articuló el perjurio.

—¿Delante de la cara de Dios? –prosiguió Amparo ansiosa.

De nuevo vaciló Baltasar un minuto. No era creyente macizo y fervoroso como Amparo, pero tampoco ateo persuadido; y sacudió sus labios ligero temblor al proferir la horrible blasfemia. Una cabeza pesada, cubierta de pelo copioso y rizo, descansaba ya sobre su pecho, y el balsámico olor de tabaco que impregnaba a la Tribuna le envolvía. Disipáronse sus escrúpulos y reiteró los juramentos y las promesas más solemnes.

Iba acabando de cerrar la noche, y un cuarto de amorosa luna hendía como un alfanje de plata los acumulados nubarrones[258]. Por el camino real, mudo y sombrío, no pasaba nadie.

---

258   Por lo poético de este símil de la luna iluminado el acto amoroso, Xesús Alonso Montero, en «Relendo «La Tribuna"...», escribe que se puede asociar con el Lorca del Romancero gitano, aunque lo de la luna y el alfanje, también, y quizá mejor, se podría relacionar, por las intenciones de Baltasar, con la imagen cinematográfica de Un perro andaluz de Buñuel: un primer plano de la luna llena, seguido de la imagen del redondo ojo de la mujer deseada, el cual una hendida navaja, en mano masculina, lo taja.

– XXXII –
La Tribuna se forja ilusiones

En los primeros tiempos, Baltasar, embriagado por el aroma del cigarro, se mostró asiduo, olvidó su habitual reserva y obró como si no temiese la opinión del mundo ni de su familia. Es cierto que en el barrio apartado donde Amparo moraba no era fácil que le viesen las gentes de su trato; no obstante, alguna vez tropezó con conocidos, en ocasión de ir acompañando a la muchacha. Fuese por esta razón o por otras, no tardó en buscar lugares más recónditos para las entrevistas, a donde cada cual iba por su lado, no reuniéndose hasta estar al abrigo de ojos indiscretos. Uno de estos sitios era una especie de merendero unido a una fábrica de gaseosa, bebida muy favorita de las cigarreras. Ante la mesa de tosca piedra, roída por la intemperie, se sentaban Baltasar y Amparo, y allí les traían las botellas de cerveza, de gaseosa, cuyo alegre taponazo animaba de tiempo en tiempo el diálogo. Una parra tupida les prestaba sombra; algunas gallinas picoteaban los cuadros de un mezquino jardín; el lugar era silencioso, parecido a un gabinete muy soleado, pero oculto. Por entre las hojas de vid se filtraban los rayos del sol, y caían a veces, en movibles gotas de luz, sobre el rostro de Amparo, mientras Baltasar la contemplaba, admirando involuntariamente ciertas gracias y perfecciones de su rostro hechas para ser vistas de cerca, como la delicada red de venas que oscurecía sus párpados, las sinuosidades de su diminuta oreja, la nitidez del moreno cutis, donde la luz se perdía en medias tintas de miel; la caliente riqueza del color juvenil, la blancura de los dientes, la abundancia del cabello. Duró este inventario minucioso algún tiempo, al cabo del cual, Baltasar, habiendo aprendido de memoria estas y otras particularidades, y hablado con la Tribuna de todo lo que se podía hablar con ella, empezó a encontrar más largas las horas. Restringió las visitas al merendero, limitándolas a los días festivos; y mientras Amparo le elaboraba *a mano* los cigarrillos que acostumbraba a consumir, él leía, arrancando al pitillo recién acabado nubes de humo. No sabiendo qué hacer, quiso enseñar a Amparo cómo se fumaba, a lo cual ella se prestó con repugnancia, alegando que las cigarreras no fuman, que casualmente están «hartas de ver tabaco», y que éste sólo era bueno para ponerse parches en las sienes cuando duele la cabeza. Discurriendo medios de entretenerse, Baltasar trajo a Amparo alguna novela para que se la leyese en voz alta; pero era tan fácil en llorar la pitillera así que los héroes se morían de amor o de otra enfermedad por el estilo, que convencido el mancebo de que se ponía tonta, suprimió los libros. En suma, Baltasar y Amparo se hallaron como dos cuerpos unidos un instante por la afinidad amorosa[259], separados después por repulsiones invencibles, y que tendían incesantemente a irse cada cual por su lado.

Para colmo de aburrimiento, reparó Baltasar que, al paso que él aspiraba a ocultar diestramente su aventura, Amparo, que ya tenía puesta toda su esperanza en las falaces palabras y en el compromiso creado por el mancebo, se desvivía porque los viesen juntos, porque la publicidad remachase el clavo con que imaginaba haberle fijado para siempre. Quería ostentarlo, como Ana ostentaba su capitán mercante; quería que la familia de Sobrado supiese lo que sucedía y rabiase, y que la de García, la orgullosa damisela, se enterase también de que Baltasar la dejaba por la Tribuna; así como suena. Quemadas ya las naves, a Amparo le convenía hacer ruido, tanto como a Baltasar guardar silencio. De esta diversa disposición de ánimo nacieron las primeras disputas, leves y cortas aún, de los dos amantes, reyertas que al principio sirvieron de diversión a Baltasar, porque, a veces, hasta la contrariedad distrae. Al menos, mientras duraban, no venía el importuno bostezo a descoyuntar las mandíbulas. Peor sería hablar de política, conversación que Baltasar había prohibido y a la cual la Tribuna se manifestaba más aficionada de algún tiempo a esta parte.

No era del todo sistemática la conducta de Amparo al buscar publicidad en sus amoríos; su carácter la impulsaba a ello. Superficial y vehemente, gustábanle las apariencias y exterioridades; la lisonjeaba andar en lenguas y ser envidiada, nunca compadecida. El día que dio sus pendientes de oro para la Rita, no le quedaba en casa un ochavo, y por pueril orgullo dijo a todas que tenía dinero, amenguando así el valor de su noble rasgo. Ahora, durante sus relaciones con Baltasar, trabajaba más que nunca y se vestía lo mejor posible, para hacer creer que el señorito de Sobrado era con ella dadivoso. Se regocijaba inte-

---

259   Poquísimo se describe o narra de tales «afinidades amorosas».

riormente de que la sostuviesen sus ágiles dedos, mientras el barrio le envidiaba larguezas que no recibía: es más, que rechazaría con desdén si se las ofrecieran. Su vanidad era doble: quería que el público tuviese a Baltasar por liberal, y que Baltasar no la tuviese a ella por mercenaria. Y Baltasar, si pagaba la gaseosa, los pastellillos, alguna vez las entradas del teatro, en lo demás se mostraba digno heredero y sucesor de doña Dolores Andeza de Sobrado. Nunca pensó o nunca quiso pensar (que hasta a esto del pensar sobre una cosa suele determinarse la voluntad libremente) en lo que comería aquella buena moza, si sería caldo o borona, si bebería agua clara, y cómo se las compondría para presentársele siempre con enagua almidonada y crujiente, bata de percal saltando de limpia, botitas finas de rusel[260], pañuelo nuevo de seda. El cigarro era aromático y selecto: ¿qué le importaba al fumador el modo de elaborarlo?

Entre tanto, Amparo disfrutaba viendo la rabia de sus rivales en la Fábrica, la sonrisilla de Ana, las indirectas, los codazos, la atmósfera de curiosidad que se condensaba en torno de su persona, llegando a tanto su desvanecimiento, que se hacía a sí propia regalos misteriosos para que creyese la gente que procedían de Sobrado; se prendía en el pecho ramilletes de flores, y hasta llegó a adquirir una sortija de plata con un corazón de esmalte azul, por el retegustazo de que pensasen ser fineza de Baltasar. Cuando le preguntaban si era cierto que se casaba con un señorito, sonreía, se hacía la enojada como de chanza, y fingía mirar disimuladamente la sortija... ¡Casarse! ¿Y por qué no? ¿No éramos todos iguales desde la revolución acá? ¿No era soberano el pueblo? Y las ideas igualitarias volvían en tropel a dominarla y a lisonjear sus deseos. Pues si se había hecho la revolución y la Unión del Norte, y todo, sería para que tuviésemos igualdad, que si no, bien pudieron las cosas quedarse como estaban... Lo malo era que nos mandase ese rey italiano, ese Macarronini[261], que daba al traste con la libertad... Pero iba a caer, y ya no cabía duda, llegaba la república.

Con estos pensamientos entretenía las horas de trabajo en la Fábrica. A cada pitillo que enrollaba, al suave crujido del papel, una cándida esperanza surgía en su corazón. Cuando ella fuese señora, no

---

260 Tejido de lana asargado (de color verdoso como las flores del arbusto Sarga).
261 Con tal mote se le designaba al rey Amadeo I, parodiado en la popular comedia bufa, *Macarronini I,* de Eduardo Navarro Gonzalvo (1846-1902), representada en 1870. En el mismo año, estrenó la, igualmente popular y tan candente en tales fechas, *¡Abajo las Quintas!*

había de portarse como otras altaneras, que estuvieron allí liando cigarros lo mismo que ella, y ahora, porque arrastraban seda, miraban
por cima del hombro a sus amigas de ayer. ¡Quia! Ella las saludaría
en la calle, cuando las viese, con afabilidad suma. Por lo que hace a
recibirlas de visita... eso, según y conforme dispusiese su marido; pero,
¿qué trabajo cuesta un saludo? A Ana le había de enseñar su casa. ¡Su
casa! ¡Una casa como la de Sobrado, con sillería de damasco carmesí,
consola de caoba, espejo de marco dorado, piano, reloj de sobremesa
y tantas bujías encendidas![262] Y Amparo, cerrando los ojos, creía
sentir en el rostro el frío cierzo de la noche de Reyes... Cuando entraba
descalza en el portal de Sobrado a cantar villancicos, ¿pensó que se
enamorase nunca de ella Baltasar? Pues así como había sucedido esto,
lo otro...

No obstante, dentro de la Fábrica misma hubo escépticas que au-
guraron mal de los enredos en que se metía Amparo. ¡Casarse,
casarse! Pronto se dice; pero del dicho al hecho... ¿Regalos? ¡Vaya
unos regalos para un hijo de Sobrado! ¡Sortijas de plata, ramos de a
dos cuartos! ¡Bah, bah! Ya se sabía en lo que paraban ciertas cosas.
Aunque sordos, estos rumores no fueron tan disimulados que no llegasen a la interesada, y unidos a otras pequeñeces que ella observaba
también, empezaron a clavarle en el alma el dardo de los más crueles
recelos. Baltasar enfriaba a ojos vistas: a cada paso mostraba más
cautela, adoptaba mayores precauciones, descubría más su carácter
previsor y el interés de esconder su trato con la muchacha como se
oculta una enfermedad humillante. Mostrábase aún tierno y apa-
sionado en las entrevistas; pero se negaba obstinadamente a
acompañar a Amparo dos pasos más allá de la puerta.

Todo lo referido, notó desde su cama la paralítica, y hallábase su-
mamente inquieta y quejosa, por varias razones, entre otras, porque
desde que Amparo gastaba cuanto ganaba en botas nuevas y enaguas
bordadas, ella se veía privada de algunas comodidades y golosinas que
no le escatimaban antes. Malo era que su hija se perdiese y malo
también que, tratando con señores, en vez de traer dinero a casa, se
empeñase, y tuviese que pasarse las noches haciendo pitillos de

---

262   Curiosa coincidencia, y dentro de la ambigüedad de la autora respecto a su heroína, que
en este pasaje se presente a Amparo, alejada de su ser de mujer libre y proletaria,
aspirando (con lo de «según y conforme dispusiera su marido») a devenir «el ángel del
hogar», la concepción de la mujer en el matrimonio burgués, subordinaa al marido, sobre
lo cual, valga la ironía, doña Emilia Pardo Bazán estaría tan en contra y deshaciéndose
de tal matrimonio mientras escribía la novela.

encargo para poder comer. ¡Y mucho de flores! ¡Y mucho de chambras con puntillas! ¡Qué necesidad!

Confidente de estas lamentaciones era Chinto, que solía venir a pasarse con la tullida largas horas al salir del trabajo, desde que supo cuán propicia se mostrara un tiempo a su pretensión matrimonial. Aún volvía la vieja a la carga de tiempo en tiempo, y hablaba de Chinto a su hija; él no sería fino ni buen mozo, pero era un burro de carga, un lobo para el trabajo y un infeliz. Autorizada, sin duda, por tan buenas intenciones, la paralítica disponía de Chinto cual de un yerno. Una vez, cuando empezó a escasear el dinero, rogóle «que fuese por seis cuartos de azúcar para la cascarilla a la tienda de la esquina, que ya le pagaría». El mozo salió y volvió con un cucurucho de papel de estraza henchido de azúcar moreno; del pago no se habló más. Otro día se encargó de tomar un décimo para el próximo sorteo; la vieja, por tranquilizar su conciencia de empedernida jugadora, le dijo que si «le caía» partirían como buenos amigos. Poco a poco, y ayudando a ello lo muy distraída que Amparo andaba, volvió Chinto a amarrarse al antiguo yugo, a obedecer ciegamente a la despótica voz de la tullida; hízole los recados, le arregló el cuarto, le trajo remedios, le dio unturas. Y no quiere decir esto que la pobre mujer se propusiese deliberadamente explotar al mozo, sino que, a su edad y en su estado, ciertos cuidados y mimos son tan necesarios como el aire respirable.

Curioso espectáculo en verdad el que ofrecía Chinto, descolorido, flaco, casi harapiento, cuidando de aquella mujer que no era su madre, que siempre le había tratado con dureza; y mientras él mondaba las patatas para el caldo del día siguiente, o mullía el jergón de la impedida, Amparo regresaba, a la plateada luz de la luna de verano, que prolongaba sobre la carretera de la Olmeda la sombra de los majestuosos árboles, de alguna cita en lugares escondidos, en los solitarios huertos, o en el desierto camino del cerro de Aguasanta.

– XXXIII –
Las hojas caen

Aconteció que, cuando ya se aproximaba el otoño, la paralítica llamó a Amparo a la cabecera de su lecho, con tono y ademanes desusados, murmurando sordamente:

—Acércate aquí, anda.

Amparo se acercó con la cabeza baja. La madre extendió la mano, le cogió violentamente la barbilla para que alzase el rostro, y con voz aguda y terrible gritó:

—¿Y ahora?

Calló la hija. Constábale que la persona que la interrogaba así había vivido largos años orgullosa de su matrimonio legítimo, de su honestidad plebeya, de su marido trabajador, de que en la Fábrica los citasen a entrambos por modelo de familia unida, de que en cierta ocasión el jefe hubiese proferido palabras honrosas para ella, llamándole mujer «formal y de bien». Sí, Amparo lo sabía, y por eso callaba. Repetidas veces la paralítica le diera consejos, haciendo funestos vaticinios, que se cumplían al fin. Incorporada a medias sobre la cama, concentrando en los ojos la vida furiosa de su cuerpo, repitió la madre, con desprecio y con ira:

—¿Y ahora?

Amparo permaneció pálida e inmóvil. La tullida sintió un hormigueo en la palma de la mano, y la estampó ruidosamente en la mejilla de su hija, que se tambaleó, retrocedió escondiendo el rostro, y se fue a sentar en la silla más próxima.

—¡Sinvergüenza, raída, eso de mí no lo aprendistes! –vociferó la enferma, algo desahogada ya después del bofetón. No respondió nada la oradora, que diera entonces de buen grado su popularidad, y hasta el advenimiento de la ideal república, por hallarse siete estados debajo de tierra. No obstante, se sorbió estoicamente las lágrimas abrasadoras que asomaban a sus ojos, y, abatida, reconociendo y acatando la autoridad maternal, balbució:

—Me ha dado palabra de casamiento.

—¡Y te lo creíste!

—No sé por qué no... –exclamó la muchacha con acento más firme
ya–. Yo soy como otras, tan buena como la que más... hoy en día no
estamos en tiempos de ser los hombres desiguales... hoy todos somos
unos, señora... se acabaron esas tiranías.

Meneó la cabeza la paralítica, con la tenaz desconfianza de los
viejos indigentes que nunca vieron llover del cielo torreznos asados.

—El pobre, pobre es –pronunció melancólicamente...–. Tú te quedarás pobre, y el señorito se irá riendo... –Y a esta idea, sintiendo re-
nacer su furor chilló–: Sácateme de delante, indina, que te mato: si te
dieron palabras, que te las cumplan.

Amparo se agachó, y salió temblando. A solas, recobró energía, y
calculó que tal vez hacía mal en desesperarse; acaso su mala ventura sería
un lazo más que acabase de unir a Baltasar con ella para siempre. Sí, no
podía suceder de otro modo, a menos que tuviese entrañas de tigre.

Esperó con afán el domingo, día de cita en el merendero de la gaseosa. Madrugó, llegó mucho antes que Baltasar. El otoño iba despo-
jando a la parra de su pomposo follaje recortado, y los nudosos sar-
mientos parecían brazos de esqueleto mal envueltos en los jirones de
púrpura de las pocas hojas restantes. Algún racimo negreaba en lo
alto. En unas tinas viejas arrimadas al banco de piedra, había botellas
vacías que semejaban embarcaciones náufragas varadas en un arenal.
Amparo sentía mucho frío cuando Baltasar llegó.

Sentose este al lado de la muchacha, que le presentó un paquete
de sus cigarrillos predilectos, emboquillados, bastante largos, liados
con gran esmero. Baltasar tomó uno y lo encendió, chupándolo nerviosamente con rápidas aspiraciones. Toda mujer prendada de un
hombre llega a conocer por sus movimientos más leves, por los actos
que distraída y casi mecánicamente ejecuta, el talante de que está.
Amparo sabía que cuando Baltasar fumaba así, no se distinguía por
lo jocoso y afable. Como la luz del sol no hallaba obstáculos para fil-
trarse al través de la deshojada parra, el rostro del mancebo, bañado
de claridad, parecía duro y anguloso; su bigote, blondo a la sombra,
tenía ahora un dorado metálico; sus ojos zarcos miraban con glacial
limpidez. La pobre Tribuna, tan intrépida cuando peroraba, se halló
del todo cortada y recelosa, y creyó sentir que le anudaban la garganta
con un dogal. Esperó en vano una expansión, una caricia dulce y apa-
sionada, que no vino. Baltasar se callaba cosas muy buenas, y seguía

taciturno. De cuando en cuando el soplo de las ráfagas otoñales desprendía una de las postreras hojas de vid, que caía arrugada y amarillenta sobre la mesa de granito, entre los dos amantes, produciendo
un ruidito seco. ¡Pin! En los oídos de Baltasar resonaba la voz de doña
Dolores, exclamando: «¿Chico, no sabes que las de García...
¡pásmate!, ganan el pleito en el Supremo? Lo sé de fijo por el mismo
abogado de aquí». ¡Pin, pin! Y Amparo, a su vez, escuchaba frases
coléricas: «Si te dieron palabras, que te las cumplan». ¡Pinnn!... Una
hoja purpúrea descendía con lentitud... «Baltasarito, hijo, van a cogerse ciento y no sé cuántos miles de duros, si ganan».

Al fin, Baltasar fue el primero que rompió el silencio... Habló del
trabajo que le costaba venir, de lo necesario que era el recato, de que
tendrían que verse menos... Decía todo esto con acento duro, como si
Amparo fuese culpable respecto de él en algo. La cigarrera le escuchaba muda, con los labios blancos, mirando fijamente al rostro de
Baltasar, que tenía la expresión distraída del mal pagador que no
quiere recordar su deuda. Y era lo peor del caso que, por más que la
Tribuna quería echar mano de su oratoria, que le hubiera venido de
perlas a la sazón, no encontraba frases con que empezar a tratar del
asunto más importante. Al fin, como viese con asombro levantarse a
Baltasar diciendo que le esperaba el coronel para asuntos del servicio,
ella también se alzó resuelta, y le dio la noticia clara y brutalmente,
sin ambages ni rodeos, sintiendo hervir dentro del pecho una cólera
que centuplicaba su natural valor.

Un relámpago de sorpresa cruzó por las pupilas trasparentes y
yertas de Sobrado; mas al punto se plegó su delgada boca, y diríase
que le habían cerrado el semblante con llave doble y selládolo con siete
sellos. Era otro Baltasar distinto del mancebo gracioso, halagüeño y
felino de las horas veraniegas. Amparo notó que representaba diez
años más.

—Ahora —dijo, plantándose delante de él— es justo que me
cumplas la palabra[263].

—Ahora... –repitió él con voz lenta–. La palabra...

—¡De casarte conmigo! Me parece que me sobra derecho para
pedir...

—Mujer... —contestó Baltasar reposadamente, sacudiendo la

---

263 Nótese que Amparo, quien antes de su entrega a Baltasar, le venía tratando de usted y
     hasta de «don», ahora, y tras haberla dado la palabra de casamiento, consumada, consumida la entrega, le llama de tú y con furia, pasa a afirmarse en su dignidad y honradez.

ceniza del pitillo–, no todas las cosas salen a medida del deseo. Las circunstancias le obligan a uno a mil transacciones, que... Yo quisiera, lo mismo que tú, que fuese mañana, pero ponte en mi caso... Mi madre... mi padre... mi familia...

—¡Tu familia, tu familia! ¿Pues no dijiste que ella era una cosa y tú otra? ¿Le echo yo alguna mancha a tu familia, por si acaso? ¿Soy hija de algún ajusticiado, o de algún capitán de gavilla? ¿No estamos en tiempos de igualdá? ¿No es mi madre tan honrada como la tuya, repelo?

—No es eso... yo no te digo que...

—¿Pues qué dices entonces, que te quedas ahí callado? ¿Tienes algo que echarme en cara? ¿No me gano yo la vida trabajando honradamente, sin pedírtelo a ti ni a nadie? ¿Te he pedido algo, te he pedido algo? ¿Ando yo con otros?

—¿Quién te dice semejante cosa? Pero sucede que hoy por hoy lo que tú deseas, es decir, lo que deseamos, es imposible.

—¡Imposible!

—Por algún tiempo no más... No me hallo todavía en situación de prescindir de mi familia... cuando alcance una graduación superior y pueda vivir con el sueldo...

—¿No eres ya capitán?

—Graduado, pero la efectividad... En fin, te lo repito, hazte cargo; en las circunstancias por que atravieso no cabe una determinación semejante. Sería menester estar loco. Y digo más, créeme, hija; tenemos que ser muy prudentes para no comprometernos.

—¡No comprometernos! –gimió con amargura la muchacha–. ¡No comprometernos! ¿Pero tú te has figurado –pronunció, reponiéndose y recobrando su impetuoso carácter– que yo soy tonta? ¿Piensas que me puedes meter el dedo en la boca? ¿Qué compromiso ni qué... repelo, te viene a ti de todo esto? ¡La comprometida, la engañada y la perdida soy yo!

Y dejose caer en el banco de piedras, y apoyando la frente en la fría mesa de granito, rompió en convulsivos sollozos.

—No grites, hija –murmuró Baltasar, aproximándose–. No llores... que pueden oírte y es un escándalo. Amparo, mujer, vamos, no hay motivo para esos gritos.

La crisis fue corta. Levantose la oradora con los ojos encendidos, pero sin que una lágrima escaldase su mejilla morena. Indignada,

miró a Baltasar y lo encontró sereno, inconmovible, con su fina y sonrosada tez y sus ojos garzos y trasparentes, en los cuales se reflejaba
la luz del cielo sin comunicarles calor. Él quiso hacer dos o tres zalamerías a la muchacha para conjurar la tormenta; pero su ademán era
violento, sus movimientos automáticos. Amparo lo rechazó, y se
colocó por segunda vez delante de él en actitud agresiva.

—Habla claro... ¿nos casamos o no?

—Ahora no puede ser, ya te lo he dicho –contestó él sin perder su
continente flemático.

—¿Y cuándo?

—¡Qué sé yo! El tiempo, el tiempo dirá. Pero has de tener calma,
hija... un poco de calma.

—Pues abur, hasta que me pagues lo que me debes –exclamó ella
en voz vibrante, sin cuidarse de que la oyesen desde la casa o desde el
camino los transeúntes–. Yo no soy más tu juguete, para que lo sepas:
no me da la gana de andarme escondiendo, de ir con estas noches de
frío a Aguasanta y a mil sitios así por darte gusto.

Avanzó tres pasos más, y poniendo la mano en el hombro del
oficial:

—El día menos pensado... –pronunció–, cuando te vea en *las Filas*
o en la calle Mayor... me cojo de tu brazo delante de las señoritas,
¿oyes?, y canto allí mismo, allí... todo lo que pasa. Y cuando venga la
nuestra... o te hacemos pedazos, o cumples con Dios y conmigo. ¿En-
tiendes, falsario?

Y en voz queda, con acento de religioso terror:

—¿Tú no tienes miedo a condenarte? Pues si mueres así... más
fijo que la luz, te condenas. Y si viene la federal... que Dios la traiga
y la Virgen Santísima... te mato, ¿oyes?, para que vayas más pronto
al infierno.

Diciendo así, diole un empujón, y le volvió la espalda, saliendo con
paso rápido, la frente alta, la mirada llameante, a pesar del peregrino
desfallecimiento, de la desusada conmoción interior que le avisaba de
que ahorrase tales escenas. Al salir la Tribuna, una ráfaga más fuerte
desparramó por la mesa muchas hojas de vid, que danzaron un instante sobre la superficie de granito, y cayeron al húmedo suelo.

—¿Lo hará? –meditó Baltasar a sus solas–. ¿Me vendrá a marear
en público? Tengo para mí que no... Estos genios vivos y prontos son
del primer momento: pasado ese, se quedan como malvas. Quia... no

lo hace. Sin embargo, me convendría salir de Marineda una temporada...

Al pensar esto, miraba maquinalmente a las hojas secas, que valsaban con lánguido y desmayado ritmo.

—Pero ¿y Josefina? Si las noticias de mamá son ciertas, no va a ser posible abandonar una proporción que tal vez no vuelva a encontrar en mi vida. ¡Qué mil diablos! Y esa chica era guapa... ¡Lo que es guapa! ¡Qué tonterías! ¿Por qué se buscará uno estos conflictos? ¡Yo que tengo juicio para diez!

Impaciente, tiró el cigarro que estaba concluyendo. Un átomo de fuego brilló entre las hojas, que crujieron encogiéndose, y a poco la colilla se apagó[264].

---

264 Brutal final de la «relación amorosa». Amparo deviene para el señorito Baltasar una fumada y apagada colilla.

– XXXIV –
Segunda hazaña de la Tribuna

Frío es el invierno que llega; pero las noticias de Madrid vienen calentitas, abrasando. La cosa está abocada, el italiano va a abdicar porque ya no es posible que resista más la atmósfera de hostilidad, de inquina, que le rodea. Él mismo se declara aburrido y harto de tanto contratiempo, de la grosería de sus áulicos[265], de la guerra carlista, del vocerío cantonal, del universal desbarajuste. No hay remedio, las distancias se estrechan, el horizonte se tiñe de rojo, la federal avanza.

La Fábrica ha recobrado su Tribuna. Es verdad que esta vuelve herida y maltrecha de su primer salida en busca de aventuras[266]; mas no por eso se ha desprestigiado. Sin embargo, los momentos en que empezó a conocerse su desdicha fueron para Amparo de una vergüenza quemante. Sus pocos años, su falta de experiencia, su vanidad fogosa, contribuyeron a hacer la prueba más terrible. Pero en tan crítica ocasión no se desmintió la solidaridad de la Fábrica. Si alguna envidia excitaba antaño la hermosura, garbo y labia irrestañable de la chica, ahora se volvió lástima, y las imprecaciones fueron contra el eterno enemigo, el hombre. ¡Estos malditos de Dios, recondenados, que sólo están para echar a perder a las muchachas buenas! ¡Estos señores, que se divierten en hacer daño! ¡Ay, si alguien se portase así con sus hermanas, con sus hijitas, quién los oiría y quién los vería echársele como perros! ¿Por qué no se establecía una ley para eso, caramba? ¡Si al que debe una peseta se la hacen pagar más que de prisa, me parece a mí que estas deudas aún son más importantes, demontre! ¡Sólo que ya se ve: la justicia la hay de dos maneras: una a rajatabla para los pobres, y otra de manga ancha, muy complaciente, para los ricos!

Algunas cigarreras optimistas se atrevieron a indicar que acaso Sobrado se casaría, o por lo menos reconocería lo que viniese.

---

265   Cortesanos.
266   De nuevo, véasela relación con el simbolismo de don Quijote, y sus dos salidas.

—Sí, sí... ¡esperar por eso, papalanatas!²⁶⁷ ¡Ahora se estará sacudiendo la levita y burlándose bien!

—No sabes... yo no quiero que ella lo oiga, ni lo entienda —decía la Comadreja a Guardiana—, pero ese descarado ya vuelve a andar tras de la de García.

—¡Bribón! —exclamaba Guardiana—. ¡Y quién lo ve, tan juicioso como parece!

—Pues conforme te lo digo.

—Amparo tampoco debió hacerle caso.

—Mujer, uno es de carne, que no es de piedra.

—¿Se te figura a ti que a cada uno le faltan ocasiones? —replicó la muchacha—. Pues si no hubiese más que... ¡Madre querida de la Guardia! No, Ana; la mujer se ha de defender ella. Civiles y carabineros no se los pone nadie. Y las chicas pobres, que no heredamos más mayorazgo que la honradez... Hasta te digo que la culpa mayor la tiene quien se deja embobar.

—Pues a mí me da lástima ella, que es la que pierde.

—A mí también. Lástima, sí.

Y a todo el mundo se la daba. ¡Quién hubiera reconocido a la brillante oradora del banquete del Círculo Rojo en aquella mujer que pasaba con el mantón cruzado, vestida de oscuro, ojerosa, deshecha! Sin embargo, sus facultades oratorias no habían disminuido; sólo sí cambiado algún tanto de estilo y carácter. Tenían ahora sus palabras, en vez del impetuoso brío de antes, un dejo amargo, una sombría y patética elocuencia. No era su tono el enfático de la prensa, sino otro más sincero, que brotaba del corazón ulcerado y del alma dolorida. En sus labios, la República federal no fue tan sólo la mejor forma de gobierno, época ideal de libertad, paz y fraternidad humana, sino período de vindicta, plazo señalado por la justicia del cielo, reivindicación largo tiempo esperada por el pueblo oprimido, vejado, trasquilado como mansa oveja. Un aura socialista palpitó en sus palabras, que estremecieron la Fábrica toda, máxime cuando el desconcierto de la Hacienda dio lugar a que se retrasase nuevamente la paga en aquella dependencia del Estado. Entonces pudo hablar a su sabor la Tribuna, despacharse a su gusto. ¡Ay de Dios! ¿Qué les importaba

---

267   Podría haber una errata o un trabuque de la expresión papanatas, algo sin sentido, palabra que usa Benito Varela Jácome, en su edición, pero no Darío Villanueva y José Manuel González Herrán en la suya, de 1999, ni Marisa Sotelo Vázquez, en la de ella del 2000, quienes dejan lo de «papalanatas». Habría que mirarlo en el manuscrito.

a los señorones de Madrid... a los pícaros de los ministros, de los empleados, que ellas falleciesen de hambre? ¡Los sueldos de ellos estarían
bien pagados, de fijo! No, no se descuidarían en cobrar, y en comer,
y en llenar la bolsa. ¡Y si fuesen los ministros los únicos a reírse del
que está debajo! ¡Pero a todos los ricos del mundo se les daba una higa
de que cuatro mil mujeres careciesen de pan que llevar a la boca!

Y al decir esto, Amparo se incorporaba, casi se ponía de pie en la
silla, a pesar de los enérgicos y apremiantes ¡sttt!, de la maestra, a
pesar del inspector de labores, que no hacía un momento estaba
asomado a la entrada del taller, silencioso y grave.

—¡Qué cuenta tan larga... –proseguía la oradora, animándose al
ver el mágico y terrible efecto de sus palabras...–, qué cuenta tan larga
darán a Dios algún día esas sanguijuelas, que nos chupan la sangre
toda! Digo yo, y quiero que me digan, por qué nadie me contesta a
esto, ni puede contestarme: ¿hizo Dios dos castas de hombres, por si
acaso, una de pobres y otra de ricos?, ¿hizo a unos para que se paseasen,
durmiesen, anduviesen majos, y hartos, y contentos, y a otros para
sudar siempre y arrimar el hombro a todas las labores, y morir como
perros sin que nadie se acuerde de que vinieron al mundo? ¿Qué justicia es esta, retepelo? Unos trabajan la tierra, otros comen el trigo;
unos siembran y otros recogen; tú, un suponer, plantaste la viña, pues
yo vengo con mis manos lavadas y me bebo el vino...

—Pero el que lo tiene, lo tiene –interrumpía la conservadora Comadreja.

—Ya se sabe que el que lo tiene, lo tiene; pero ahora vamos al caso
de que es preciso que a todos les llegue su día, y que cuantos nacemos
iguales gocemos de lo mismo, ¡tan siquiera un par de horas! ¡Siempre
unos holgando y otros reventando! Pues no ha de durar hasta la fin
de los siglos, que alguna vez se ha de volver la tortilla[268].

—El que está debajo, mujer, debajito se queda.

—¡Conversación! Mira tú, en París de Francia, el cuento ese de la
Comun...[269] ¡Anda si pusieron lo de arriba para abajo! ¡Anda si se sacudieron! No quedó cosa con cosa... así, así debemos de hacer aquí, si
no nos pagan.

---

268 De nuevo, la disparidad entre las otras ediciones consultadas respecto a lo de «la fin de
      los siglos». Darío Villanueva y José Manuel Herrán lo dejan tal cual, Benito Varela
      Jácome lo cambia a «el fin de los siglos» y Maria Sotelo Vázquez a «el final de los siglos».
269 La Revolucionaria *Commune* instalada en París el 18 de marzo de 1871 y que terminó
      durante *La semaine sanglante* («La semana sangrienta») del 21 de mayo de ese año.

—¿Y allá, qué hicieron?

Amparo bajó la voz.

—Prender fuego... a todos los edificios públicos...

Un murmullo de indignación y horror salió de la mayor parte de las bocas.

—Y a las casas de los ricos... y...

—¡Asús! ¡fuego, mujer!

—Y afusil... y afusil... ar...

—¿Afusilar... a quién, mujer, a quién?

—A... a los prisioneros, y al arzobispo, y a los cur...

—¡Infames!

—¡Tigres!

—¡Calla, calla, que parece que la sangre se me cuajó toda!... ¿Y quién hizo eso? ¡Pues vaya unas barbaridás que cuentas!

—Si yo no las cuento para decir que... que esté bien hecho eso de... de prender fuego y afusilar... ¡No, caramba!, ¡no me entendéis, no os da la gana de entenderme! Lo que digo es que... hay que tener hígados, y no dejarse sobar ni que le echen a uno el yugo al cuello sin defenderse... Lo que digo es, que cuando no le dan a uno por bien lo suyo, lo muy suyo, lo que tiene ganado y reganado... Cuando no se lo dan, si uno no es tonto... lo pide... y si se lo niegan... lo coge.

—Eso, clarito.

—Tienes razón. Nosotras hacemos cigarros, ¿eh?, pues bien regular es que nos abonen lo nuestro.

—No, y apuradamente no es ley de Dios esa desigualdá y esa diferiencia de unos zampar y ayunar otros.

—Lo que es yo, mañana, o me pagan, o no entro al trabajo.

—Ni yo.

—Ni yo.

—Si todas hiciésemos otro tanto... y si además nos viesen bien determinadas a armar el gran cristo...

—¡Mañana... lo que es mañana! ¿Habéis de hacer lo que yo os diga?

—Bueno.

—Pues venir temprano... tempranito.

A la madrugada siguiente los alrededores de la Fábrica, la calle del Sol, la calzada que conduce al mar, se fueron llenando de mujeres que, más silenciosas de lo que suelen mostrarse las hembras reunidas, tenían vuelto el rostro hacia la puerta de entrada del patio principal.

Cuando ésta se abrió, por unánime impulso se precipitaron dentro, e
invadieron el zaguán en tropel, sin hacer caso de los esfuerzos del
portero para conservar el orden; pero en vez de subir a los talleres, se
estacionaron allí, apretadas, amenazadoras, cerrando el paso a las que,
llegando tarde, o ajenas a la conjuración, intentaban atravesar más
allá de la portería. Sordos rumores, voces ahogadas, imprecaciones
que presto hallaban eco, corrían por el concurso, que se iba animando,
y comunicándose ardimiento y firmeza. En primera fila, al extremo
del zaguán, estaba Amparo, pálida y con los ojos encendidos, la voz
ya algo tomada de perorar, y, sin embargo, llena de energía, incitando
y conteniendo a la vez la humana marea.

—Calma –decíales con hondo acento–, calma y serenidá... Tiempo
habrá para todo: aguardar.

Pero algunos gritos, los empellones, y dos o tres disputas que se
promovieron entre el gentío, iban empujando, mal de su grado, a la
Tribuna hacia la vetusta escalera del taller, cuando en éste se sintieron
pasos que conmovían el piso, y un inspector de labores, con la fisonomía inquieta del que olfatea graves trastornos, apareció en el descanso. Empezaba a preguntar, más bien con el ademán que con la
boca: «¿Qué es esto?», a tiempo que Amparo, sacando del bolsillo un
pito de barro, arrimólo a los labios y arrancó de él agudo silbido. Diez
o doce silbidos más, partiendo de diferentes puntos, corearon aquella
romanza de pito, y el inspector se detuvo, sin atreverse a bajar los es-
calones que faltaban. Dos o tres viejas desvenadoras se adelantaron
hacia él, profiriendo chillidos temerosos, y tocándole casi, y se oyó un
sordo «¡muera!». Sin embargo, el funcionario se rehízo, y cruzándose
de brazos, se adelantó, algo mudada la color, pero resuelto.

—¿Qué sucede?, ¿qué significa este escándalo? –preguntó a
Amparo, a quien halló más próxima–. ¿Qué modo es este de entrar
en los talleres?

—Es que no entramos hoy –respondió la Tribuna. Y cien voces
confirmaron la frase–: No se entra, no se entra.

—No entran... ¿pues qué pasa?

—Que se hacen con nosotras iniquidás, y no aguantamos.

—No, no aguantamos. ¡Mueran las iniquidás! ¡Viva la libertá!
¡Justicia seca! –clamaron desde todas partes. Y dos o tres maestras,
cogidas en el remolino, alzaban las manos desesperadamente, haciendo señas al inspector.

—¿Pero qué piden ustedes?

—¿No oyes, hijo? Jos–ti–cia –berreó una desvenadora al oído mismo del empleado.

—Que nos paguen, que nos paguen, y que nos paguen –exclamó enérgicamente Amparo, mientras el rumor de la muchedumbre se hacía tempestuoso.

—Vuelvan ustedes, por de pronto, al orden y a la compostura que...

—No nos da la gana.

—¡Que baile el can-can!

—¡Muera!

Y otra vez la sinfonía de pitos rasgó el aire.

—No pedimos nada que no sea nuestro –explicó Amparo con gran sosiego–. Es imposible que por más tiempo la Fábrica se esté así, sin cobrar un cuarto... Nuestro dinero, y abur.

—Voy a consultar con mis superiores –respondió el inspector, retirándose entre vociferaciones y risotadas.

Apenas le vieron desaparecer, se calmó la efervescencia un tanto. «Va a consultar» se decían las unas a las otras... «¿nos pagarán?».

—Si nos pagan –declaró la Tribuna, belicosa y resuelta como nunca–, es que nos tienen miedo. ¡Alante! Lo que es hoy, la hacemos, y buena.

—Debimos cogerlo y rustrirlo en aceite[270] –gruñó la voz oscura de la vieja–. ¡Fretirlo[271] como si fuera un pancho[272]... que vea lo que es la necesidá y los trabajitos que uno pasa!

—Orden y unión, ciudadanas... –repetía Amparo con los brazos extendidos.

Trascurridos diez minutos volvió el inspector acompañado de un viejecillo enjuto y seco como un pedazo de yesca, que era el mismo contador en persona. El jefe no juzgaba oportuno por entonces comprometer su dignidad presentándose ante las amotinadas, y por medida de precaución había reunido en la oficina a los empleados y consultaba con ellos, conviniendo en que la sublevación no era tan temible en la *Granera* como lo sería en otras Fábricas de España, atendido el pacífico carácter del país. No quisiera él estar ahora en Sevilla.

—¿Qué recado nos trae? –gritaron al inspector las sublevadas.

---

270   Comerlo en aceite.
271   Freirlo, la voz en gallego es: «Fritilo»
272   Pescado, cría del besugo

—Oíganme ustedes.

—Cuartos, cuartos, y no tanta parolería[273].

—Tengo chiquillos que aguardan que les compre mollete... ¿oyusté?, y no puedo perder el tiempo.

—Se pagará... hoy mismo... un mes de los que se adeudan.

Hondo murmullo atravesó por la multitud llegando a las últimas filas el «¿Pagan, sí o no? Pagan... ¡Un mes...! ¡Un mes, para poca salú... no consentir... todo, todo junto!». Amparo tomó la palabra.

—Como usted conoce, ciudadano inspector... un mes no es lo que se nos debe, y lo que nos corresponde, y a lo que tenemos derechos inalienables e individuales... Estamos resueltas, pero resueltas de verdá, a conseguir que nos abonen nuestro jornal, ganado honrosamente con el sudor de nuestras frentes, y del que sólo la injusticia y la opresión más impía se nos pueden incautar...

—Todo eso es muy cierto, pero ¿qué quieren ustedes que hagamos? Si la Dirección nos hubiese remitido fondos, ya estarían satisfechos los dos meses... Por de pronto se les ofrece a ustedes uno, y se les advierte que despejen el local en buen orden y sin ocasionar disturbios... De lo contrario, la guardia va a proceder al despejo...

—¡La guardia!, ¡que nos la echen!, ¡que venga! ¡Acá la guardia!

Cuatro soldados al mando de un cabo, total cinco hombres, bregaban ya en la puerta de entrada con las más reacias y temibles. No tenían, dijeron ellos después, corazón para hacer uso de sus armas; aparte de que no se les había mandado tampoco semejante cosa. Limitábanse a coger del brazo a las mujeres y a irlas sacando al patio: era una lucha parcial, en que había de todo: chillidos, pellizcos, risas, palabras indecorosas, amenazas sordas y feroces.

Pero sucedió que un soldado, al cual una cigarrera clavó las uñas en la nuca, echó a correr, trajo de la garita el fusil y apuntó al grupo: al instante mismo un pánico indecible se apoderó de las más cercanas, y se oyeron gritos convulsivos, imprecaciones, súplicas desgarradoras, ayes de dolor que partían el alma, y las mujeres, en revuelto tropel, se precipitaron fuera del zaguán, y corrieron buscando la salida del patio, empujándose, cayendo, pisoteándose en su ciego terror, arracimadas como locas en la puerta, impidiéndose mutuamente salir, y chillando lo mismo que si todas las ametralladoras del mundo es tuviesen apuntadas y prontas a disparar contra ellas.

---

273 Palabrería.

Quedose en medio del zaguán la insigne Tribuna, sola, rezagada, vencida, llena de cólera ante tan vergonzosa dispersión de sus ejércitos. Para mostrar que ella no temía ni se fugaba, fue saliendo a pasos lentos y llegó al patio en ocasión que la guardia, aprovechándose de la ventaja fácilmente adquirida, expulsaba a las últimas revolucionarias, sin mostrar gran enojo. Por galantería, el soldado del fusil administró a Amparo un blando culatazo, diciéndole «Ea... afuera...». La Tribuna se volvió, mirole con regia dignidad ofendida, y sacando el pito, silbó al soldado. Después cruzó la puerta que se le cerró en las mismas espaldas con gran estrépito de gonces y cerrojos.

Al verse fuera ya, miró asombrada en torno suyo y halló que una gran multitud rodeaba el edificio por todos lados. No sólo las que estaban dentro, sino otras muchas que habían ido llegando, formaban un cordón amenazador en torno de los viejos muros de la *Granera*. La Tribuna, viendo y oyendo que sus dispersas huestes se rehacían, comenzó a animarlas y a exhortarlas, a fin de que no sufriesen otra vez tan humillante derrota. Ya las que habían sido arrojadas por los soldados, al contacto de la resuelta muchedumbre, recobraron los ánimos decaídos, y enseñaban el puño a la muralla profiriendo invectivas.

Hicieron ruidosa ovación a su capitana que empezó a recorrer las filas calentando a las que aún tenían recelo o no estaban dispuestas a gritar. Y eligiendo dos o tres de las más animosas, mandóles que arrancasen una de las desiguales y vacilantes piedras de la calzada, que se movían como dientes de viejo en sus alvéolos, y, alzándola lo mejor posible, la condujesen ante la puerta que les acababan de cerrar en sus mismas narices. Brotó de entre los espectadores un clamoreo al ver ejecutar esta operación con tino y rapidez y oír retemblar las hojas de la puerta cuando la lápida cayó contra el quicio.

—Hacen barricadas –exclamó una cigarrera que recordaba los tiempos de la Milicia Nacional.

—Borricadas, borricadas –exclamaba una maestra–, nos van a dar por cara todo este barullo.

El propósito de las desempedradoras no era ciertamente hacer barricadas, sino otra cosa más sencilla: o bien echar abajo la puerta a puros cantazos, o bien elevar delante un montón de piedras por el cual se pudiese practicar el escalamiento. En su imprevisión estratégica olvidaban que del otro lado, al extremo del callejón del Sol, existía un portillo, un lado débil, sobre el cual debería cargar el empuje del ataque. No estaba la generala en jefe para tales cálculos: cegada por la rabia, Amparo no pensaba sino en atravesar otra vez la misma puerta por donde la habían expulsado –¡oh rubor!– cuatro soldados y un cabo. Así es que arrancada ya, casi con las uñas, la primer baldosa, se procedió a desencajar la segunda.

Apoyadas en el muro de una casita de pescadores, donde había redes colgadas a secar, Guardiana y la Comadreja miraban el motín sin tomar parte en él. Ana era remilgada, endeble como un junco, y jamás podrían sus descarnadas manos, forzudas sólo en los momentos de excitación nerviosa, levantar ni una peladilla[274] de arroyo algo grande; en cuanto a Guardiana, se creía obligada a permanecer allí, puesto que al fin el tumulto era «cosa de la Fábrica»; pero desaprobándolo, porque indudablemente, de todo aquello iban a resultar «desgracias».

—¡Mira Amparo, tan adelantada en meses, y cómo ella trajina!

—Es el demonche[275]. Ella sola levanta la piedra –contestó Ana, con la reverencia de los débiles hacia la fuerza física.

Mas la primera piedra era enorme: una losa de un metro de longitud y gruesa y ancha a proporción, y constituía un problema de dinámica al trasportarla sin auxilio de máquina alguna. Para echada a hombros de una sola persona era enorme y la aplastaría; para llevada en vilo entre varias, no se sabía cómo subirla. Amparo discurrió irla enderezando y rodando hasta la puerta, y en efecto, el sistema dio buen resultado y la piedra llegó a su sitio. Al punto que la vio colocada, tornó con infatigable ardor a intentar descuajar un nuevo proyectil. En esta faena y brega estaban entretenidas las pronunciadas, sin reparar que el sol calentaba más de lo justo y que ya eran casi las once de la mañana, cuando un rumor contenido, temeroso, leve al principio, se propagó entre el concurso cayendo como lluvia helada sobre el entusiasmo general, y causando notable descenso en los gritos y vociferaciones que coreaban el arranque de las piedras.

¿Quién dio la noticia? Un pilluelo, que, con los calzones remangados, venía al trote largo desde la plaza de la Fruta, allá en el barrio de Arriba. Oídos sus informes, las miradas se volvieron ansiosamente hacia los cuatro puntos cardinales, y cada boca murmuró pegándose a cada oído ajeno dos palabras preñadas de espanto: «Viene tropa».

274   Canto rodado, piedra pequeña.
275   Coloquial eufemismo: demonio, ángel rebelado.

Al notar la oleada del creciente rumor, abandonó la Tribuna la piedra que traía entre manos, y volviose iracunda, con la mirada rechispeante, a la inerme multitud. Su rostro, su ademán, decían claramente: «Ahora vuelven estas cobardonas a dejarme aquí plantada». En efecto, el nombrar tropa bastó para que tomasen el portante algunas de las más animosas barricaderas. ¡Pero qué fue cuando, en el punto más lejano del horizonte, se vio aparecer una nube de polvo, y cuando se oyó como el trote de muchos caballos reunidos!

Amparo anima a sus huestes. Con la nariz dilatada, los brazos extendidos, diríase que la aparición de las brigadas de caballería y fuerzas de la Guardia Civil que desembocan, unas por el camino real, otras por San Hilario, redobla su guerrero ardor, acrecienta su cólera. «No nos comerán, grita... Vamos a tirarles piedras, a lo menos tengamos ese gusto...». Nadie quiere tenerlo. La losa enorme es abandonada; las que más gritaban se escurren por donde pueden; cuando las brigadas llegan a las puertas de la *Granera*, el motín se ha disuelto, sin dejar más señales de su existencia que dos medianas baldosas, arrimadas al portón, y algunas mujeres dispersas, inofensivas, en medrosa actitud.

– XXXV –
La Tribuna se porta como quien es

Cada vez más fría la estación invernal y más calientes las noticias que de allá fuera vienen a conmover la Fábrica. Por de pronto, no quedaron estériles las disposiciones marciales demostradas el día del motín, y al siguiente cobraron las operarias sus haberes a tocateja. No era cosa de provocar el enojo del pueblo en el estado actual de España, que parecía ya la casa de Tócame Roque. Nadie se entendía; al ejército se le conocía por la «tropa amadeísta»; la artillería presentaba dimisión en masa; el Maestrazgo ardía, Saballs[276] llamaba «cabecilla» a Gaminde y Gaminde le devolvía el calificativo; los Hierros[277] ordenaban a una compañía entera de ferrocarriles suspender la circulación de trenes; corría en Cataluña moneda con el busto de Carlos VII, y la reina de más tristes destinos, la mujer de Amadeo I, a la cual tirios y troyanos nombraban desdeñosamente «la Cisterna», daba al mundo con terror y lágrimas un mísero infante, y ningún obispo se prestaba a bautizar el vástago regio. Así andaba la patria. Más adelante se ha visto que podía encontrarse mucho peor.

Amparo quedó algo abatida desde el memorable día del pronunciamiento. Había hecho tal gasto de energía y de fuerza muscular removiendo los pedruscos de la calzada, y tal dispendio de laringe, espoleando a las remisas y vacilantes, que por algún tiempo no quedó de provecho para cosa alguna. Entre el frío, la lluvia que, al ir a la Fábrica la acribillaba a alfilerazos en la piel o la bañaba con gruesos y anchos goterones que se deshacían aplastándose en su mantón, y la fatiga inherente a su estado, viose sumida en marasmo constante, que

---

276 Hay un error ortográfico en su nombre que se le debió pasar a la autora y que se repite en las tres ediciones de la original que consulto, ya que, en lugar de Saballs, era Savalls: France Savalls (1817-1885), tan destacado militar carlista y con sus batallas en Cataluña, durante la tercera guerra carlista. El otro militar es el liberal Eugenio Gaminde y Lanfot (1812-1878), que entre 1869-71, fuera Capitán General de Cataluña y en 1871-72, ministro de la Guerra. El que la narradora los despache llamándose cabecillas entre sí, muestra el desinterés de la autora, ya cuando escribía la novela, por ambos bandos y tal contienda.

277 Compañía de los Caminos de Hierro del Norte de España, cuyo ferrocarril Madrid-Irún se vio afectado por las partidas carlistas que realizaban ataques y sabotajes contra el trazado en las provincias vascongadas.

a veces iluminaba, a manera de relámpago que divide un cielo oscuro, aquella última y robusta esperanza en el advenimiento de la federal. ¡Cuán triste veía el cielo, y el aire, y todo en derredor! Parecíale a Amparo que los lugares testigos de sus dichas y sus yerros habían sido devastados, arrasados por mano aleve. La tierra del huerto que Baltasar había llamado *paraíso*, desnuda, en barbecho, aguardaba la vegetación. De los verdes y gayos maizales sólo quedaban rastrojos. Los árboles de la carretera alzaban sus ramas peladas y escuetas al brumoso cielo. El piso, lleno de charcos formados por la lluvia, se hallaba intransitable, y delante de la misma casa de la Tribuna una gran poza obstruía el paso; para entrar, Amparo tenía que saltarla, y como no calculase bien el brinco, sucedíale meter el pie en el agua helada y cenagosa, y haber de mudarse después las medias y el calzado. Algunas veces encontraba a Chinto, que se ofrecía a darle la mano para pasar el mal paso, y su ademán compasivo la encendía en ira. ¡Ser compadecida por semejante bestia! ¡A esto llegábamos después de tanto sueño, de tanta aspiración hacia la vida fácil y brillante, hacia la dicha!

Así iba desgranándose el racimo de los días de invierno, lentos aunque breves, sin que Amparo viese brillar un rayo de claridad en el firmamento ni en su destino. Aplanóse su espíritu, y cometió un acto de flaqueza. No veía a Baltasar desde la disputa en el merendero, y entróle, de pronto, deseo invencible de hablar con él, para suplicar o para increpar, ella misma no sabía para qué; pero, en suma, para desfogar, para romper aquella horrible monotonía del tiempo que pasaba inalterable. Envióle el mensaje por Ana. Baltasar respondió: «Ya iré».

—¿Piensa usted ir? –le preguntaba Borrén aquella tarde.

—¿A qué? ¿A oír lástimas que no puedo remediar? ¡Algo bueno daría por estar ahora en Guipúzcoa!

—¡Hombre... pobre chica!

Baltasar tomó su café a sorbos, muy pensativo. Calculaba que la avaricia de su madre le exponía, tal vez, a un grave compromiso. Era falta de habilidad no remitir a Amparo siquiera mil reales para tenerla contenta mientras él no aseguraba a Josefina, que engreída ahora con la perspectiva del caudal, le había acogido con hartos remilgos y escrúpulos, dificultando reanudar sus antiguos amorcillos. ¡Bah! El caso era ganar tiempo, porque apenas pusiese tierra en medio el peligro

cesaba... No obstante, el prudente Baltasar temía, temía una cam-
panada inoportuna, que diese al traste con sus nuevos planes.

—¿Qué te dijo? –interrogó ansiosamente Amparo.

—Que vendría –repuso la Comadreja.

—Pero... ¿cuándo?

—No quiso explicar cuándo.

—¿Piensa él que estoy yo para esas calmas?

—Lo que él no tiene es gana de verte el pelo.

Amparo dejó caer la cabeza sobre el pecho, y su rostro se anubló
con expresión tal de desconsuelo y enojo, que Ana la miró compadecida.

—Si algún día... si pronto... viene la república... la santa federal...
¡así Dios me salve, Ana... lo arrastro!

Ana se echó a reír con su delgada risa estridente.

—No seas tonta, mujer... no seas tonta... ¡para divertirlo y darle
un mal rato no tienes que aguardar por república ni repúblico!

—¿Que no?

—¿Sabes lo que yo había de hacer? Pues esto mismo. Coger papel
y pluma... ¿Conoce tu letra?

—Nunca le escribí.

—Mejor. Pues escribirle a la de García una carta bien explicada,
para que no se deje engañar por él.

—¿Un anónimo? ¡Quita allá!

—Un avisito... contándole lo que hizo contigo. No seas boba, anda,
más merece.

Pasaba esta conversación a la salida de la Fábrica; Ana llevó a
Amparo a su casa, en la calle de la Sastrería. Subieron a un cuartuco;
la Comadreja dio a su amiga recado de escribir, y entre las dos com-
pusieron la siguiente epístola, que fielmente se traslada a la estampa:
«Estimada Srta.: halguien que la estima le abisa que quien se guiere
casar con Usté tiene compormetida huna Chica onrada, y lea dado
palbra de casarse con ella. Es el de Sobrado, parque Usté no dude, y
Usté se iformará y veraque es verdá. Q. b. s. m. Un afetísimo
amigo[278]». La Comadreja cerró, dictó sobre y señas, puso lacre fino

---

278   Dado que desde niña Amparo era una tan ávida lectora, y tan elogiada por su maestro
       en lo de saber leer y escribir, y tan probada oradora, parece muy exagerado este trabucar
       ortográfico en la «epístola». Podríamos ver en ello, otro rasgo de la ambigüedad de la
       autora en su consideración de la protagonista, a veces alzándola y otras, como aquí, re-
       bajándola.

del que ella usaba para escribir a su capitán, pegó un sello, y dijo a la Tribuna:

—Ahora, de paso que vuelves a tu casa, la echas en el correo con disimulo.

Al bajar la escalera, estrecha y oscura como boca de lobo, zumbábanle a Amparo los oídos y apretaba convulsivamente la carta, llevándola oculta bajo el mantón. La oprimía como oprimiría un puñal, con vengativo empeño y no sin cierto interior escalofrío. Se representaba a la orgullosa señorita de García rompiendo el sobre, leyendo, palideciendo, llorando... —¡Que pene! –decíase a sí propia la oradora–. ¡Que sufra como yo!... ¿Y qué tiene que ver? Si ella pierde un pretendiente, yo he perdido la conducta y cuanto perder cabe... –Después pensaba en Baltasar... y en los Sobrados todos...–. ¡Ah!, ¡buen chasco esperaba a la avarienta de la madre, que contaba con establecer brillantemente a su hijo! No la habían querido a ella... pues ahora iban a verse desairados a su turno... ¡Ya probarían lo bien que sabe!

Se le presentaban estas ideas a medida que adelantaba por la calle de la Sastrería, calle torcida, mal empedrada, en cuyos adoquines tropezaba de vez en cuando, mientras la luz vaga de los faroles del alumbrado público, proyectándose un momento, arrojaba a las paredes blanqueadas de las casas su silueta furtiva, de líneas desfiguradas, fantasmagóricas, prolongadas por la funda del pañuelo. En la oscura noche invernal, caminando con paso atentado para salvar los charcos que dejó la lluvia de la tarde, parecíale a Amparo ir a cometer un delito, y, herida, sintiendo el dolor de su agravio, este pensamiento la embriagaba. Maquinalmente, al llegar a la entrada de la calle estrecha de San Efrén bajó una mano para recoger el vestido que se iba manchando de barro, y al hacerlo aflojáronse sus dedos y dejó de apretar la carta, cuyo satinado papel le acariciaba las falanges... Al cruzar la travesía del Puerto, su cabeza pareció despejarse, y vio el escaparate de la tercena y el buzón, con las fauces abiertas, como voceando «aquí estoy yo». Amparo soltó el vestido y sacó de debajo del mantón la mano derecha y la misiva... Detúvose antes de alzar el brazo.

—¡Un anónimo! –pensaba.

Su indómita generosidad popular se despertó. La pequeñez de la villana acción se le hacía muy patente al ir a perpetrarla.

—Debí decirle a Ana que la echase ella... Yo no tengo cara a esto –murmuró entre sí–. Y si no la echo me llamará boba... Pues mejor.

¡Esto es indecente! –balbució adelantando la carta hasta tocar con el buzón–. No, repelo –exclamó casi en voz alta bajando la mano–. Esto es una cochinada... ¡Más vale ahogarlos donde los encuentre!

Dio precipitadamente la vuelta y se metió por un callejón que lindaba con la travesía del Puerto, desembocando en el muelle. Ofreciose de pronto a sus ojos el agua negra de la bahía, que no alumbraban la luna ni las estrellas, y donde los barcos inmóviles parecían más negros aún. Arrimose al parapeto. Una brisa salitrosa, picante, le envolvió la faz. Despejósele completamente el cerebro, y con viveza suma hizo pedazos la epístola anónima. Los blancos fragmentos revolotearon un instante, como voladoras falenas[279], y cayeron sordamente en el agua, que chapoteaba contra el muro del embarcadero.

---

279   Nocturnas maripositas.

– XXXVI –

Ensayo sobre la literatura dramática revolucionaria

No hay remedio, esto se va y lo otro avanza a galope. ¿Cuándo se retira Amadeo? ¿Hoy? ¿Mañana? Y si el italiano no perdió de vista todavía la tierra española, ya es como si viésemos en plena república; no estará proclamada, pero ¿qué más da? Todo el mundo cuenta con ella de un instante a otro. Sólo bajo la monarquía de merengue que se va derritiendo y consumiendo al calor de la revolución podía ser representable el drama que anunciaban los carteles del coliseo marinedino, *Valencianos con honra*. Aunque Amparo no iba a parte alguna, tanto oyó hablar de lo intencionado y subversivo que era el drama famoso, y de cómo pintaba a los republicanos tal cual son y no según los ennegrece el pincel reaccionario, que resolvió asistir. Instalose con Ana en el paraíso, donde se amontonaba inmensa concurrencia, que les metía los pies por la cintura, los codos por las ingles; a duras penas lograron las dos muchachas apoderarse de su sitio; al fin consiguieron embutirse de medio lado en delanteras, y allí se mantuvieron prensadas, comprimidas, sin ser dueñas ni de enjugarse el sudor de la frente[280]. El calor era espeso, asfixiante. Al alzarse el telón vino una bocanada de aire más respirable a aquel horno; poco duró, pero al menos dio ánimos para atender a las primeras escenas del drama.

El cual merecía bien que se sufriese la asfixia y otros géneros de tortura, a trueque de verlo representar. Desde la exposición tuvo conmovidos y suspensos a los espectadores. No podía ser de más actualidad el argumento, basado en los sucesos políticos de Valencia de 1869. Jugaba en el enredo un espía, un vil espía, perseguidor y delator de una familia republicana a machamartillo. Perdonado este pícaro en el primer acto por los magnánimos conspiradores a quienes vendió, claro está que no había de enmendarse, y que en los actos siguientes

---

280   El que atrajera tanto esta obra y llenando el teatro, tendría que ver con lo que había sucedido en la vida real, el intento de insurrección radical republicano federalista que se dio en Valencia y que, igualmente, había tenido lugar, casi por la misma fecha, en A Coruña el 14 de octubre de 1869, como se ha señalado en la Introducción.

volvería a hacer de las suyas; no lo creyeron así los protagonistas del
drama, pero en cambio la concurrencia de la cazuela lo presintió, y en
medio del calor sofocante se oían voces ahogadas de emoción exclamando: «¡Ay! ¿Para qué perdonarán a ese tunante?... ¡Ya verás cómo
los ha de vender otra vez!... ¡Como yo le atrapase no le soltaba, no!».
Verdad es que si el bellaco del espía era tan malo que no tenía el diablo
por donde cogerlo, en cambio los personajes republicanos ofrecían
modelos de lealtad y dechados de virtudes. Cuando en el mismo acto
primero una esposa se abraza a su marido, que parte al combate, declarando con noble resolución que quiere seguirle y compartir los
riesgos de la lid, Amparo sintió como un nudo, como una bola que se
le formaba en la garganta, y haciendo un supremo esfuerzo, se agarró
a la barandilla de la cazuela y gritó «¡bien!... ¡muy bien!» dos o tres
veces, luciendo su voz de contralto. Era aquel drama el mismo que
ella había soñado en otro tiempo, cuando llegaron a Marineda los delegados de Cantabria, de cuyos riesgos y aventuras tanto deseara ser
partícipe[281]. La escena final del acto, donde todos los voluntarios republicanos, entre el fragor de la lid empeñada, doblan la rodilla al
aparecer el Señor acompañado de las monjas de San Gregorio, aflojó
suavemente los tirantes nervios de la concurrencia. Una especie de
rocío refrigerante de honradez, dulzura y religiosidad se derramó
sobre el público; las gentes experimentaban impulsos de abrazarse, de
rezar y de charlar. ¡Después dirán que los oscurantistas se levantan
por la religión! ¡Sí, sí! ¡Por cobrar las contribuciones y destruir *ferros-
carriles*! ¡Que vengan a oír esto! ¿Quién duda que los mejores cristianos son los federales?

Pasóse el entreacto en vivos comentarios acerca del drama, que
causaba favorabilísima impresión. Personas grandes se limpiaban los
ojos con el dorso de la mano haciendo tiernos momos de llanto.
¡Cuidado que se necesitaba talento y sabiduría para escribir piezas
así! Sólo era irritante lo de dejar al espía con vida, porque de fijo, en
el acto próximo, iba a salir con alguna barrabasada gorda. De tal
suerte imperaba el entusiasmo, que nadie se ocupaba en mirar a la
gente de abajo, a pesar de hallarse de bote en bote el coliseo; y como
tardase en subir el telón, hubo pateos y aplausos impacientes y
furiosos. Al fin dio principio el ansiado acto segundo.

---

281 De hecho, en la vida real Amparo habría participado como lo hicieran varias cigarreras
     en las protestas que se dieron por la represión de tal conato de insurrección en A Coruña.

Graduaba el autor hábilmente los efectos dramáticos, manejando con destreza los resortes del terror y la piedad. Ahora presentaba un mancebito que volvía de la lucha callejera a su casa, herido mortalmente, y consternando a su familia del modo que cualquiera puede figurarse. La actriz encargada de este interesante papel se había puesto sobre su cabello natural una peluca de ricitos cortos que la hacía semejante a un perro de aguas; circundaban sus ojos románticas ojeras marcadas al difumino; espesa capa de polvos de arroz imitaba la palidez de la agonía; llevaba americana muy floja para disimular la amplitud de las caderas, y entró tambaleándose y dando traspiés, con la mano apoyada en la región del pecho donde se suponía estar la herida. Por el paraíso circuló un rumor misterioso y profundo, el rugido opaco de la emoción que se comprime y refrena para mejor estallar después. Comenzó la escena de la despedida del moribundo y su familia. Cuando el padre, comandante de los voluntarios republicanos, dijo adiós al hijo confiándole la bandera, en unos versos que terminan así:

> Lleva la palma en la mano
> Mientras la patria en ofrenda
> Te da este sudario en prenda...

y corriendo hacia la concha del apuntador y mudando la voz llorona en un vocejón estentóreo, gritó cerrando de puños:

> ¡Viva el pueblo soberano!

Los llantos histéricos de las mujeres fueron cubiertos, devorados por el clamor que se alzó compacto y fortísimo, repitiendo frenéticamente el ¡viva!, a la vez que un huracán de palmadas asordó el coliseo. Contagiados, electrizados por la exaltación del público, los actores se esmeraban, bordaban su papel, y, poseyéndose, se abrazaban en realidad y se daban verdaderas puñadas en el tórax. Amparo, con medio cuerpo fuera de la barandilla, palmoteaba a más y mejor.

Durante el segundo entreacto, las gentes prensadas en la cazuela se hallaron unas miajas más anchas y cómodas, ya sea porque su volumen se había ido sentando y acomodándose al espacio, ya porque algunas, indispuestas con tan alta temperatura, mal de su grado hubieron de retirarse. Ana logró, pues, revolverse y escudriñar con sus perspicaces ojos de gato los ámbitos del teatro todo. Dio un expresivo codazo a la Tribuna, que miró hacia donde le señalaba su amiga, y divisó a las de García en un palco platea.

Fijóse especialmente en Josefina, que estaba elegante y sencilla, con traje de alpaca blanca adornado de terciopelo negro. A toda su familia, desde la madre hasta Nisita, les rebosaba el contento visiblemente; pero Josefina, en particular, no parece sino que se había esponjado con las buenas nuevas del pleito. La proximidad de la fortuna animaba, como un reflejo dorado, su tez, y hacía fulgecer en sus ojos chispas áureas. Recostada en la silla, gozaba beatíficamente del triunfo, exponiendo a la admiración de los inquilinos de las *lunetas*[282] el cuerpecillo ajustado, púdico, la línea fugitiva que se elevaba desde la cintura al hombro, el gracioso manejo de abanico, el movimiento delicado con que subía los gemelos a la altura de las cejas. No acertaba Amparo a apartar los ojos de su vencedora rival, y a duras penas la distrajo de aquella contemplación acerba el principio del tercer acto.

Aparecía en éste un oficial del ejército, que, agradecido a la hospitalidad que le habían otorgado en la casa republicana, salvaba a su vez a los dueños de ella: patético rasgo, corona de todos los excelentes sentimientos que abundaban en el drama. Cuando más moqueaba la gente y se oían más jipíos y sollozos, Amparo sintió que su mirada, atraída por irresistible imán, se clavaba otra vez en el palco de García. Abriose la puerta de este, y entró Baltasar, ceñido el fino talle por un uniforme intachable; y después de saludar cortésmente a la madre y a las niñas, se sentó al lado de la mayor, arreglándose el pelo con la enguantada mano, y estirando levemente, con notable desembarazo, la tirilla. Dirigió a Josefina en voz baja dos o tres palabras que, según el movimiento con que las acompañó, debían ser: «¿Qué tal esto?». Y la de García alzó los hombros de un modo imperceptible, que claramente significaba: «Psh... Un dramón muy cursi y muy populachero». Definida así la situación, Baltasar tomó familiarmente el abanico de la joven, y mientras lo cerraba y abría y le daba vueltas como para informarse bien del paisaje, se entabló una de esas conversaciones íntimas, salpicadas de coqueterías, de reticencias, de miradas intensas y cortas, de ahogadas risas, diálogos en que reina dulce abandono, que no serían posibles mano a mano y en la soledad, y nunca se producen mejor que entre el tumulto de un sitio público, ante miles de testigos, en el desierto de las multitudes.

---

282   Las butacas delanteras frente al escenario del Teatro.

—Pero no ves, mujer... ¡qué poca vergüenza! —exclamaba Ana señalando al grupo, del cual no se separaban las pupilas de Amparo—.
Después del... del aviso, ¿no sabes? —añadió hablándole al oído.

La Tribuna no contestó. Ana ignoraba la destrucción del
anónimo: Amparo, avergonzándose de su noble impulso, no quería
confesarlo, temerosa de que la Comadreja la tratase de *babiona*[283] y
de *pápara*[284], y aun de que repitiese la carta por cuenta propia. Ahora...
ahora, clavando las uñas en la franela roja del barandal, sentía que el
corazón se le inundaba de hiel y veneno: nada, estaba visto que era
tonta; ¿por qué no echó la carta en el correo? Pero no; esa miserable
y artera venganza no la satisfacía; cara a cara, sin miedo ni engaño,
con la misma generosidad de los personajes del drama, debía ella
pedir cuenta de sus agravios. Y mientras se le hinchaba el pecho, hirviendo en colérica indignación, el grupo de abajo era cada vez más
íntimo, y Baltasar y Josefina conversaban con mayor confianza, aprovechándose de que el público, impresionado por la muerte del espía
infame que, al fin, hallaba condigno castigo a sus fechorías, no curaba
de lo que pudiese suceder por los palcos. De Josefina, que tenía la
cabeza vuelta, sólo se alcanzaban a ver los bucles del artístico peinado,
la mancha roja de una camelia prendida entre la oreja y el arranque
del blanco cuello, y la bola de coral del pendiente, que oscilaba a cada
movimiento de su dueña.

Bien quisiera la Tribuna salir, librarse de la sensación lancinante[285]
que le producía tal vista; pero la gente que la rodeaba por todas partes,
como las sardinas a las sardinas en la banasta, no le consentía moverse
mientras el telón no se bajase. Un poco antes de terminarse el drama
hubo de ver a las de García que se levantaban, y a Baltasar que les
ponía los abrigos a todas con suma deferencia, empezando por la
madre; después se cerró la puerta del palco, y quedose Amparo con
las pupilas fijas maquinalmente en aquel espacio vacío. Aún tardó algunos minutos en comenzar el desagüe de la cazuela, y el estrepitoso
descenso por las escaleras abajo. Cogiéronse Amparo y Ana de
bracero, y empujadas por todos lados arribaron al vestíbulo y de allí
salieron a la calle, donde el frío cortante de la noche liquidó al punto

---

283 *Babiona*, boba, tonta, del it. «babbione». También podría ser una errata, en lugar de *ba-
     bilona*: torpe, boba.
284 *Pápara*, aldeana ignorante que la sorprende o deja pasmada cualquier cosa. Babiona
     aparece como algo similar.
285 Dolorosa, aguda.

el sudor en que estaban ensopadas sus frentes. Sintió la Comadreja
que el brazo de Amparo temblaba, y la miró, y le halló desencajada
la faz.

—Tú no estás bien, chica... ¿qué tienes? ¿Te da algo por la
cabeza?

—Suéltame –contestó con voz opaca la Tribuna–. A donde voy
no me hace falta compañía.

—¡María Santísima!, ¿a dónde vas, mujer?, ¿qué es esto?

—¡Que a dónde voy! Pues a apedrearles la casa, para que lo sepas.
Y recogió el mantón, como para quedarse con los brazos libres.

—Tú loqueas... Anda a dormir.

—O me dejas o me tiro al mar –respondió con tal acento de des-
esperación la muchacha, que Ana la soltó, y echó a andar a su lado,
midiendo el paso por el de la terrible y colérica Tribuna.

—Te digo que se la apedreo, mujer; tan cierto como que ahora es
de noche y Dios nos ve. ¡Repelo!,¡no hay sino hacer irrisión de las
gentes... de las infelices mujeres... de los pobres! ¿Pero tú has visto
qué descaro, qué descaro tan atroz? En mi cara... en mi cara misma...
¡me valga san Dios!, ¡que esto no pasa entre los negros de allá de
Guinea!

—Bueno... y ahora ¿qué se hace con perderse... con ir a la cárcel,
mujer?

—Desahogarme, Ana... porque me ahogo, que toda la noche
pensé que con un cordel me estaban apretando la nuez... ¡Romperles
los vidrios, retepelo!, ¡armar un belén[286], avergonzarlos, canario![287],
¡y que no me piquen las manos y que duerma yo a gusto hoy!, ¡que
tengo las asaduras aquí (señaló a la garganta) y el corazón apretao,
apretao!

—Pero mujer... mira, considera...

—No considero, no miro nada...

Este diálogo duraba mientras cruzaron las dos amigas el páramo
de Solares en dirección al barrio de Arriba, por donde suponía
Amparo que iba Baltasar acompañando a las de García hasta su casa.
El aire frío y el silencio de las calles del barrio templaron, no obstante,

---

286   Armar un lío, crear confusión. expresión que se deriva de cuando el emperador ordenó
a María y a José ir a Belén para que naciera Jesús, pero encontraron la ciudad sumida en
el caos y la confusión.

287   *Canario*, interjección para expresar una sorpresa agradable o desagradable. En esto caso,
desagradable, lo que iban sentir la familia Solares.

la sangre enardecida de la Tribuna. Pareciole entrar en algún claustro
donde todo fuese quietud y melancolía. No hollaba un transeúnte el
pavimento, que resonaba con solemnidad, y cuando menos lo pensaban las dos expedicionarias, les cerró el paso una iglesia, la de Santa
María Magdalena, alta, muda, con pórtico de ojiva, donde la luz de
los faroles dibujaba los vagos contornos de los santos de piedra que se
miraban inmóviles. Involuntariamente la Tribuna bajó la voz, y al
cruzar por delante del pórtico se santiguó, sin darse cuenta de lo que
hacía, y reportó y contuvo el paso. Ana iba a aprovechar la coyuntura
para hacer a la determinada Tribuna mil reflexiones, a tiempo que
un oficial, que volvía de la plaza de la Fruta, cruzó casi rozándose con
ellas y sin verlas, cantando entre dientes no sé qué polca o pasodoble.
Reconoció Amparo a Baltasar y echó tras él como el lebrel tras la res
que persigue. ¿Oyó Baltasar las pisadas de la Tribuna y pudo reconocerlas? ¿O era solamente que iba deprisa? Lo cierto es que se perdió
de vista al revolver de la esquina, y que, por muy diligentes que an-
duvieron las que lo seguían, no lograron darle alcance.

—Voy a llamarle a la puerta –exclamó Amparo.

—Mujer, ¿estás loca?... ¡una casa de la calle Mayor! –murmuró
Ana con respetuoso miedo–. ¿Tú sabes la que se armaría?

En horas semejantes la calle Mayor ofrecía imponente aspecto. Las
altas casas, defendidas por la brillante coraza de sus galerías reful-
gentes, en cuyos vidrios centelleaba la luz de los faroles, estaban cerradas, silenciosas y serias. Algún lejano aldabonazo retumbaba allá...
en lo más remoto, y sobre las losas el golpe del chuzo[288] del sereno re-
percutía majestuoso. Amparo se detuvo ante la casa de los Sobrados.
Era ésta de tres pisos, con dos galerías blancas muy encristaladas, y
puerta barnizada, en la cual se destacaba la mano de bronce del al-
dabón. Y entre el silencio y la calma nocturna, se alzaba tan severa,
tan penetrada de su importante papel comercial, tan cerrada a los extraños, tan protectora del sueño de sus respetables inquilinos, que la
Tribuna sintió repentino hervor en la sangre, y tembló nuevamente
de estéril rabia, viendo que por más que se deshiciese allí, al pie del
impasible edificio, no sería escuchada ni atendida. Accesos de furor

---

288   El bastón del sereno, vigilante nocturno, quien tenía las llaves de las casas; alguien que
       ya no existe, pero en las ciudades españolas hubo serenos hasta fines de los años cincuenta
       o principios de los sesenta del siglo pasado. En Madrid, por lo general, se tenía a la
       mayoría como gallegos. En la famosa obra poética de Luis Rosales, *La casa encendida*,
       oímos al sereno decirle: *¡Buena noches, don Luis!*

sacudieron un instante sus miembros al hallarse impotente contra los muros blancos, que parecían mirarla con apacible indiferencia; y de pronto, bajándose, recogió un trozo de ladrillo que la casualidad le mostró, a la luz de un farol, caído en el suelo, y con airada mano trazó una cruz roja sobre la oscura puerta reluciente de barniz, cruz[289] roja que dio mucho que pensar los días siguientes a doña Dolores y al tío Isidoro, que recelaban un saqueo a mano armada.

---

289   Según Juan Eduardo-Cirlot, en su *Diccionario de símbolos*, entre la cruz y la espada «hay una relación estrecha, puesto que ambas se esgrimen contra el monstruoso principal» (156) En el caso de Amparo, en tal acción, personificado en Baltasar y su madre doña Dolores.

– XXXVII –
LUCINA PLEBEYA[290]

Vestíase Amparo, antes de salir a la Fábrica, reflexionando que diluviaba, que de noche se habían oído varios truenos, que se quedaría gustosa en casa, y aún entre cobertores, si no necesitase saber noticias, excitarse, oír voces anhelosas que decían: «Ahora sí que llegó la nuestra... Macarroni se va de esta vez... hay un parte de Madrí, que viene la república... mañana se proclama».

Al salir de su fementido[291] lecho, la transición del calor al frío le hizo sentir en las entrañas dolorcillos como si se las royese poquito a poco un ratón. Púsose pálida, y le ocurrió la terrible idea de que llegaba la hora. Volviose al lecho, creyendo que allí se calentaría: cerró los ojos y no quiso pensar. Un deseo profundo de anonadamiento y de quietud se unía en ella a tal vergüenza y aflicción, que se tapó la cara con la sábana, prometiéndose no pedir socorro, no llamar a nadie. Mas como quiera que el tiempo pasaba y los dolorcillos no volvían, se resolvió a levantarse, y al atar la enagua, de nuevo le pareció que le mordían los intestinos agudos dientes. Vistióse no obstante, y se dio a pasear por la estancia, a tiempo que una mano llamó a la puerta del cuartuco, y antes que Amparo se resolviese a decir «adelante», Ana entró.

—¿Vienes?

—No puedo.

—¿Pasa algo, hay novedá?

—Creo... que sí.

—¿Qué sientes, mujer?

—Frío, mucho frío... y sueño, un sueño que me dormiría de pie... pero al mismo tiempo rabio por andar... ¡qué rareza!

—¿Aviso a la señora Pepa?

—No... qué vergüenza... Jesús, mi Dios... Ana querida, no la avises.

---

290   Al final, de nuevo, la autora realza a su heroína proletaria relacionándola con la romana diosa mitológica del nacimiento y veladora de las parturientas.

291   Falso o engañoso.

—¡Qué remedio, mujer! ¿Sigue eso?

—Sigue... ¡infeliz de mí, que nunca yo naciese!

—Acuéstate sobre la cama...

Con su viveza ratonil, Ana arropó a la paciente, y ya se dirigía a la puerta, cuando una quebrantada voz la llamó.

—Llévale la cascarilla a mi madre... dile que me duele la cabeza... no le digas la verdá, por el alma de quien más quieras...

—Sí que no se hará ella de cargo...

Amparo se quedó algo tranquila: sólo a veces un dolor lento y sordo la obligaba a incorporarse apoyándose sobre el codo, exhalando reprimidos ayes. Ana corría, corría, sin cuidarse de la lluvia, hacia la ciudad. Cerca de dos horas tardó, a pesar de su ligereza, en volver acompañada de un bulto enorme, del cual sólo se veían desde lejos dos magnos chanclos que embarcaban el agua llovediza, y un paraguazo de algodón azul con cuento y varillas de latón dorado. Bufaba la insigne comadrona y resoplaba, ahogándose a pesar del ningún calor y de la mucha y glacial humedad de la atmósfera; cuando penetró en la casucha, revolviose en ella como un monstruo marino en la angosta tinaja en que el domador lo enseña. Fuese derecha a la cama de la paralítica, y le dijo dos o tres frases entre lástima y chunga[292], que a esta le supieron a acíbar; cabalmente estaba deshaciéndose de ver que ni podía ayudar a su hija en el trance, ni acompañarla siquiera; aquella habitación era tan próxima a la calle, que ni soñaba en traer allí a la paciente.

Consumíase la pobre mujer presa en su jergón, penetrada súbitamente de la ternura que sienten las madres por sus hijas mientras estas sufren la terrible crisis que ellas ya vencieron... Chinto se encontraba allí, semejante a un palomino atontado... Entró la comadrona donde la llamaba su deber, y el mozo y la vieja se quedaron tabique por medio, ayudándose a sobrellevar la angustia de la tragedia que para ellos se representaba a telón corrido... La tullida maldecía de su hija que en tal ocasión se había puesto, y al mismo tiempo lloriqueaba por no poder asistirla. Y a cada cinco minutos la señora Pepa entraba en el cuartuco llenándolo con su corpulencia descomunal, y ordenando militarmente a Chinto que corriese a desempeñar algún recado indispensable.

—Aceite, rapaz... ¡un poco de aceite!

---

292   Burla festiva.

—¿Qué tal? –interrogaba la madre.

—Bien, mujer, bien... ¡Aceite, porreta!

Lo que no se encontraba en la casa, Chinto salía disparado a pedirlo fuera, prestado en la de un vecino, o fiado en las tiendas. Generalmente, al recoger una cosa, la comadrona exigía ya otra.

—Un gotito de anís...

—¿Anís? ¿Para qué? –preguntaba la tullida.

—Para mí, porreta, que soy de Dios y tengo cuerpo y también se me abre como si me lo cortasen con un cuchillo...

Y Chinto se echaba dócilmente a la calle en busca de anís... Volvía a presentarse la terrible comadre, toda fatigosa y sofocada.

—Vino... ¿hay vino?

—¿Para ti? –murmuraba sin poder contenerse la impedida.

—Para ti, para ti... ¡Para ella, demonche, que bien necesita ánimos la pobre!... ¿Piensas tú que yo le doy desas jaropías²⁹³ de los médicos, desos calmantes y durmientes? ¡Calmantes! Fuersa, fuersa es lo que hace falta, y vino, que alegra al hombre las pajarillas²⁹⁴, ¡porreta!

Quince minutos después:

—Tres onsas de chocolate, del mejor... Y mira, de camino a ver si encuentras una gallinita bien gorda, y le vas retorciendo el pescuezo... Pide también un cabito de cera... las planchadoras que haya por aquí han de tener...

—¿De cera?

—De cera, ¡porreta! ¿Si sabré yo lo que me pido? Y pon agua a la lumbre.

Y Chinto entraba, salía, dando zancajadas a través del lodo, trayendo a la exigente facultativa cera, espliego, romero, vino blanco y tinto, anís, aceite, ruda, todas las drogas y comestibles que reclamaba... En los breves intervalos que tenía de descanso el solícito mozo, se sentaba en una silla baja, al lado del lecho de la tullida, quejándose de que le fallaban las piernas de algún tiempo acá, él mismo no sabía cómo, y parece que la respiración se le acababa enteramente: el médico le afirmaba que se le había metido polvillo de tabaco en los *broncos* y en los *plumones*... Boh, boh²⁹⁵... ¿qué saben los médicos lo que uno tiene dentro del cuerpo? Hablaba así en voz baja, para no dejar de

---

293   Desdeñosa expresión popular referente a los jarabes medicinales.
294   Expresión coloquial por mostrar alegría por algo agradable como lo del vino aquí,
295   Interjección en gallego indicando indiferencia.

prestar oído a los lamentos de la paciente, que recorrían variada escala de tonos: primero habían sido gemidos sofocados; luego quejidos hondos y rápidos, como los que arranca el reiterado golpe de un instrumento cortante; en pos vinieron ayes articulados, violentos, anhelosos, cual si la laringe quisiese beberse todo el aire ambiente para enviarlo a las conturbadas entrañas; y trascurrido algún tiempo, la voz se alteró, se hizo ronca, oscura, como si naciese más abajo del pulmón, en las profundidades, en lo íntimo del organismo. A todo esto llovía, llovía, y la tarde de invierno caía prontamente, y el celaje gris ceniza parecía muy bajo, muy próximo a la tierra. Chinto encendió el candil de petróleo, y trajo caldo a la paralítica, y permaneció sentado, sin chistar, con las rodillas altas, los pies apoyados en el travesaño de la silla, la barba entre las palmas de las manos. Hacía un rato que el tabique no comunicaba queja alguna. Dos o tres amigas de la Fábrica, entre ellas Guardiana, que ya no se quejaba de la paletilla, entraban un momento, se ofrecían, se retiraban con ademanes compasivos, con resignados movimientos de hombros, con reflexiones pesimistas acerca de la fatalidad y de la ingratitud de los hombres. De improviso se renovaron los gritos, que en el nocturno abandono parecían más lúgubres: durante aquella hora de angustia suprema, la mujer moribunda retrocedía al lenguaje inarticulado de la infancia, a la emisión prolongada, plañidera, terrible, de una sola vocal. Y cada vez era más frecuente, más desesperada, la queja.

Serían las once cuando la señora Pepa se presentó en el cuarto de la tullida, enjugándose el rostro con el reverso de la mano. Sobre su frente baja y achatada, y en su grosera faz de Cibeles[296] de granito, se advertía una preocupación, una sombra.

—¿Cómo va?

—Tarda, porreta... Estas primerizas, como no saben bien el camino... —Y la comadre hizo que se reía para manifestar tranquilidad; pero un segundo después añadió—: Puede ser que... porque uno no quiere embrollos ni dolores de cabesa, ¿oyes? Yo soy clara como el agua, vamos... y no se me murieron en las manos, ¡porreta!, sino dos, en la edá que tengo... Después los médicos hablan... Y yo cuanto puedo hago, y unturas y friegas de Dios llevo dado en ella...

---

296   Diosa griega, arquetipo de la Madre Tierra. Dado lo voluminosa de señora Pepa y lo de estar a tan ras de tierra y ayudar al nacimiento de vidas, de ahí podría venir la irónica comparación.

Al afirmar esto, la comadre se limpiaba a las caderas sus gigantescas manos pringosas.

—¿Habrá que avisar al médico? –gimoteó la tullida.

—Porreta, a mi edá no gusta verse envuelta en cuentos... luego después, que si hizo así, que si pudo haser asá... que si la señora Pepa sabe o no sabe el oficio... Menéate ya, dormilón –añadió despóticamente volviéndose a Chinto...–. Ya estás corriendo por el médico, ¡ganso!

Chinto salió sin cuidarse del agua que continuaba cayendo tercamente del negro cielo, y corrió, perseguido por aquella voz cada vez más dolorida, más agonizante, que atravesaba el tabique, mientras la impedida se lamentaba de que además de morírsele la hija, iba a tener que abonar –¿y con qué, Jesús del alma?– los honorarios de un facultativo. El silencio era tétrico, el tiempo pasaba con lentitud, medido por el chisporroteo del candil y por un clamor ya exhausto, que más se parecía al aullido del animal espirante que a la queja humana. Media noche era por filo cuando Chinto entró acompañado del médico. Acostumbrado debía estar éste a tan críticas situaciones, porque lo primero que hizo fue dejar el chorreante impermeable en una silla, remangarse tranquilamente las mangas del gabán y los puños de la camisa, y tomar de manos de Chinto una caja cuadrilonga que arrimó a un rincón. Después entró en el cuarto de la paciente, y se oyó la voz gruñona de la comadre, empeñada en darle explicaciones...

A eso de un cuarto de hora más tarde volvió el soldado de la ciencia a presentarse y pidió agua para lavarse las manos... Mientras Chinto buscaba torpemente una jofaina, la madre, llorosa, temblando, preguntaba nuevas.

—Bah... no tenga usted cuidado... ese chico me dijo que se trataba de un lance muy peligroso, y me traje los chismes... no sé para qué: una muchacha como un castillo, con formación admirable, una versión que se hizo en un decir Jesús... Estamos concluyendo. Ahora la comadre basta, pero yo seré testigo.

Lavose las manos mientras esto decía, y tornó a su puesto. La mecha de petróleo, consumida, carbonizada, atufaba la habitación, dejándola casi en tinieblas, cuando dos o tres gritos, no ya desfallecidos, sino, al contrario, grandes, potentes, victoriosos, conmovieron la habitación, y tras de ellos se oyó, perceptible y claro, un vagido.

– XXXVIII –
¡Por fin llegó!

Amparo descansa abismada en el reposo inefable de las primeras horas. Sin embargo, a medida que la luz de la pálida mañana entra por el ventanillo, vuélvele la memoria y la conciencia de sí misma. Llama a Chinto ceceándolo.

—¿Qué quieres, mujer?

—Vas a ir corriendo al cuartel de infantería... Parece que ahora no sale la tropa de los cuarteles.

—Bueno.

—Si no está allí don Baltasar, a su casa... ¿La sabes?

—La sé. ¿Qué le digo?

—Le dirás... ¡veremos cómo sabes dar el recado! Le dirás que tengo un niño... ¿oyes? No vayas a equivocarte...

—Bueno, un niño...

—Un niño... no sea que digas una niña, tonto; un niño, un niño.

—¿No le digo más?

—Y que ya sabe lo que me ofreció... y que si quiere ponerse por padre de la criatura... y que mañana se bautiza.

—¿Nada más?

—Nada más... Esto... bien clarito.

Chinto salía cuando entraba Ana, que se había ido a su casa a dormir. Venía muy misteriosa, como el que trae nuevas estupendas.

—¿Y ese valor, y el pequeño? –preguntó alzando la sábana y la manta y sacando del tibio rincón donde yacía, un bulto, un paquete, un pañuelo de lana, entre cuyos dobleces se columbraba una carita microscópica amoratada, unos ojuelos cerrados, unas faccioncillas peregrinamente serias, con la seriedad cómica de los recién nacidos. Ana empezó a hablarle, a decirle mil zalamerías a aquel bollo que del mundo exterior sólo conocía las sensaciones de calor y frío; buscó una cucharilla y le paladeó con agua azucarada; arregló la gorra protectora del cráneo, blando y colorado como una berenjena, y después se sentó a la cabecera del lecho, depositando en el regazo el fajado muñeco.

—¿No sabes? –exclamó abriendo por fin la esclusa de sus noticias–. Encontré a la que les cose a las de García... No te alteres, mujer, alégrate; se largan esta tarde para Madrí, porque tuvieron parte de que ganaron el pleito y van a arreglarlo allá todo.

Volvió Amparo el rostro con lánguido movimiento, murmurando:

—Dios vaya con ellas.

—No sé que no les pase algo en el camino, porque anda todo revuelto... Me dijo esa misma chica que hoy sin falta venía la República...

—Hace... ocho días que la están anunciando...

—Calla, no hables, que te puede venir el delirio...

Y la Comadreja se dedicó a arrullar al infante mientras Amparo se sepultaba otra vez en un sopor que le dejaba el cerebro hueco, la cabeza vacía, anonadando su pensamiento y haciéndola insensible a lo que pasaba en torno suyo. Los pasos de Chinto la llamaron a la vida otra vez. Abrió los ojos, que, en la palidez amarillosa de su morena cara, parecían mayores y azulados. Chinto se acercó andando de puntillas, torpón y zambo como siempre. Además parecía hallarse muy turbado.

—Caro me costó que me dejasen pasar al cuartel –murmuró con su estropajosa habla de paisano, que salía a relucir de nuevo en los lances difíciles–. No se puede andar... Todo está revuelto... La gente corre como loca por las calles... Allí... dice que se marchó el Rey... Que en Madrí hay República...

Medio se incorporó Amparo, apartando de la frente los negros cabellos lacios con el sudor que los empapaba...

—¿Qué me dices? –balbució.

—Lo que te digo, mujer... El alcalde y el gobernador ya echaron muchos bandos, que los vi en las esquinas... Y están poniendo trapos de color en los balcones...

—¡Será la cierta! –clamó alzando las manos–. Sigue, sigue.

—Pues fui al cuartel... y allí no estaba...

—¿Irías a su casa volando? –interrogó Amparo temblona.

—Fui... y dice que...

—Acaba, maldito.

—Y dice que... –Chinto se devanó los sesos buscando una fórmula diplomática–. Dice que no está en el pueblo, porque... porque ayer se marchó a Madrí.

Quiso abrir la boca Amparo y articular algo, pero su dolorida laringe no alcanzó a emitir un sonido. Echose ambos puños a los cabellos y se los mesó con tan repentina furia, que algunos, arrancados, cayeron retorciéndose como negros viboreznos[297] sobre el emboce de la cama... Las uñas, desatentadas, recorrieron el contraído semblante y lo arañaron y ofendieron...

—Lárgate, que me voy a levantar –dijo por fin a Chinto–, a ver si reúno gente y quemo aquella maldita madriguera de los de Sobrado.

—Sí, lárgate –añadió Ana–. ¡Para las buenas noticias que traes!

En vez de obedecer, acercose Chinto a la cama, donde jadeaba Amparo partida, hecha rajas por el horrible esfuerzo de su cólera.

—Mujer, oyes, mujer... –pronunció con voz que quería suavizar y que sólo lograba ensordecer– no te aflijas, no te mates... Allí... yo... yo me pondré por padre y nos casaremos si quieres... y si no, no... lo que digas.

Como generosa yegua de pura sangre a la cual pretendiesen enganchar haciendo tronco con un individuo de la raza asnina, la Tribuna se irguió, y saltándosele los ojos de las órbitas, los carrillos inflamados por la fiebre, gritó:

—Sal, sal de ahí, bruto... ¡Quieres condenarme!

Fuese el emisario de malas nuevas con la música a otra parte, cabizbajo, convencido de que era un criminal, y la oradora permaneció sentada en la cama, arrugando las ropas en la contorsión desesperada de sus miembros y cuerpo.

—¡Justicia –clamaba–, justicia! ¡Justicia al pueblo... favor, madre mía del Amparo! ¡Virgen de la Guardia!, ¿pero cómo consientes esto? ¡La palabra, la palabra, la palaaaabra... los derechos que... matar a los oficiales, a los oficia...

Un principio de fiebre y delirio se traslucía en la incoherencia de sus palabras. Su cabeza se trastornaba y aguda jaqueca le atarazaba las sienes. Dejose caer aletargada sobre las fundas, respirando trabajosamente, casi convulsa. Ana se sintió iluminada por una idea feliz. Tomó el muñeco vivo, y sin decir palabra, lo acostó con su madre, arrimándolo al seno, que el angelito buscó a tientas, a hocicadas, con su boca de seda, desdentada, húmeda y suave. Dos lágrimas refrigerantes asomaron a los párpados de la Tribuna, rezumaron al través de las pestañas espesas, humedecieron la escaldada mejilla, y en pos

---

297   Crías de la víbora

vinieron otras, que se apresuraban desahogando el corazón y aliviando la calentura incipiente...

Al exterior, las ráfagas de la triste brisa de febrero silbaban en los deshojados árboles del camino y se estrellaban en las paredes de la casita. Oíase el paso de las cigarreras que regresaban de la Fábrica; no pisadas iguales, elásticas y cadenciosas como las que solían dar al retirarse a sus hogares diariamente, sino un andar caprichoso, apresurado, turbulento. Del grupo más compacto, del pelotón más resuelto y numeroso, que tal vez se componía de veinte o treinta mujeres juntas, salieron algunas voces gritando:

—¡Viva la República federal!

EMILIA PARDO BAZÁN
Granja de Meirás, octubre de 1882.

www.ingramcontent.com/pod-product-compliance
Lightning Source LLC
Chambersburg PA
CBHW020651030726
47498CB00002B/470